GROW

Die 5-Phasen-Transformation vom Jobbesitzer zum erfolgreichen Unternehmer

ROMAN KMENTA

IMPRESSUM

1. Auflage 09/2020
Cover: Monika Stern (sternloscreative e.U.)
Layout: Monika Stern (sternloscreative e.U.)
Illustration: VoV media & Freepik
Lektorat/Korrektorat: Peter Gura (Die Fehlerwerkstatt e.U.)
Verlag: VoV media – www.voice-of-value.com
ISBN: 978-3-903845-10-7

INHALTSVERZEICHNIS

BEVOR DU BEGINNST

Bevor du zu lesen beginnst, besuche die Ressourcenseite zu diesem Buch und hole dir weitere wertvolle Informationen zu den Buchinhalten.

Du findest dort:

- tiefergehende Blogbeiträge
- informative Podcasts
- praktische, kostenlose Checklisten und E-Books
- thematisch ergänzende Bücher und Hörbücher

  Schau vorbei – am besten jetzt gleich!
  >>> https://www.romankmenta.com/grow-buch-ressourcen/

Mache den GROW-Selbstcheck

Besonders interessieren könnte dich der GROW-Selbsttest, mit dem du dein bestehendes Geschäftsmodell bzw. deine Geschäftsidee analysieren kannst. Das Ergebnis sagt dir, ob dein Geschäftsmodell das Potenzial hat, viel Geld damit zu verdienen, ob es sich also um ein potenziell profitables Geschäftsmodell handelt. Du findest Ihn ebenso auf der Ressourcenseite.

EINLEITUNG

Herzlich willkommen – ich freue mich, dass du dieses Buch in den Händen hältst. Und ja, um das gleich am Beginn zu klären: Ich habe es im vertraulichen Du geschrieben. Ich bin zwar, wenn ich jemanden nicht kenne, eher formell und per Sie, habe aber für dieses Buch das Du gewählt, da ich denke, dass meine Worte auf diese Art mehr Wirkung entfalten. Und Wirkung ist für dieses Buch ganz besonders wichtig. Es geht zwar auf den ersten Blick um ein Businessthema, darum, dein Unternehmen zu entwickeln und es voranzubringen, erfolgreich zu sein und letztlich gutes Geld zu verdienen. Beim genaueren Hinsehen wirst du allerdings feststellen, dass es dabei – mindestens so sehr wie um die Entwicklung deines Unternehmens – um deine eigene Entwicklung geht. Warum, wird dir in Kürze sehr klar werden.

Normalerweise wäre es angebracht, mich an dieser Stelle vorzustellen, da wir uns ja vielleicht noch nicht kennen. Doch dadurch wird die Einleitung unnötig lang. Daher habe ich mich entschlossen, meine Kurzbiografie an den Schluss dieses Buches zu stellen. Du findest noch mehr über mich auf meiner Webseite unter www.romankmenta.com.

Das ist auch gut so, denn schließlich geht es in diesem Buch nicht um mich, sondern um dich und um dein Unternehmen. Das, worüber ich schreibe, habe ich selbst erlebt und umgesetzt – manches mehrfach, anderes nur ein einziges Mal. Ehrlich gesagt, habe ich das Buch auch ein wenig für mich selbst geschrieben. Ich wollte meinen vielen Gedanken zum Thema Unternehmensentwicklung, die ich schon in zahlreichen Blogbeiträgen und Podcasts verarbeitet habe, Struktur geben.

Natürlich sind ebenfalls Erlebnisse und Erfahrungen meiner Kunden, von der Einzelunternehmerin bis zum Weltkonzern, in das Buch mit eingeflossen. Schließlich muss man nicht alle Erfahrungen – und schon gar nicht sämtliche Fehler – selbst machen, um daraus zu lernen.

Was dieses Buch für dich bereithält

Als Summe dieser Einzelbausteine ist die durchgängige und logisch aufeinander aufbauende GROW-Strategie entstanden, die sich an praktischen Beispielen von Unternehmen sehr gut nachvollziehen lässt. Sie ist eine exzellente Blaupause, die dir als Leitfaden für den schrittweisen Aufbau deines eigenen Unternehmens dient.

Dieser Weg ist für alle Selbstständigen, insbesondere (aber nicht nur) für alle selbstständigen Dienstleister, optimal geeignet. Gibt es andere Methoden, um zu wachsen? Natürlich gibt es die, und bestimmte Geschäftsmodelle schlagen alternative Wachstumspfade ein. Bekanntlich führen viele Wege nach Rom. Die Wachstumsstrategie, die ich dir in diesem Buch vorstelle, ist allerdings eine, die von sehr vielen erfolgreichen Unternehmen beschritten wurde bzw. wird.

Die Ziele, die mit der GROW-Strategie verfolgt werden und die auch deine Ziele sein könnten, sind:

- mit deinem Unternehmen wachsen
- dein Unternehmen unabhängiger von dir, deinem eigenen Arbeitseinsatz und deiner Zeit machen
- passives Einkommen, also Einkommen, das nicht unmittelbar von deinem Zeiteinsatz bzw. deiner Arbeit abhängt, erwirtschaften
- raus aus der „Zeit gegen Geld"-Falle kommen und mehr persönliche Freiheit für dich erreichen
- die Einschränkungen und Grenzen für deine Verdienstmöglichkeiten eliminieren
- deinem Unternehmen selbst einen Wert geben bzw. diesen deutlich steigern

- mehr Umsatz und vor allem mehr Einkommen erzielen
- ein Ausstiegsszenario für dich entwickeln, wenn du dich von deinem Unternehmen trennen willst bzw. musst

Wenn eines dieser Ziele (die ohnehin alle zusammenhängen) bzw. vielleicht sogar sämtliche Ziele auch die deinen sind, dann war es eine sehr gute Entscheidung, dieses Buch zu kaufen.

Was du in diesem Buch nicht findest

Du wirst feststellen, dass wir uns im Rahmen dieses Buches mit sehr vielen Themen beschäftigen: Verkauf, Marketing, Organisationsentwicklung, HR, Führung u. v. m. Du wirst daher keine detaillierten Anleitungen in jedem einzelnen Bereich finden. Das würde den Rahmen des Buches eindeutig sprengen.

Auf der Ressourcenseite zum Buch – www.romankmenta.grow-buch-ressourcen – findest du allerdings zu vielen Fachgebieten weiterführende Links oder Literaturempfehlungen, die diese Themen in die Tiefe gehend behandeln. Dieses Buch ist ein Strategiebuch. Es zeigt den Weg und die wichtigsten Schritte auf, die du machen kannst, um dein Unternehmen zu entwickeln und deine Ziele zu erreichen.

Die 5 Phasen deiner Unternehmenstransformation

Das Buch beruht auf einem Konzept, das die Entwicklung deiner selbstständigen Tätigkeit in ein Unternehmen in 5 Phasen – man könnte ebenso gut „Stufen“ oder „Levels“ sagen – einteilt und beschreibt. Wobei das Wort „Entwicklung“ vielleicht nicht das passendste ist. Mit Entwicklung assoziiert man meistens etwas, das wächst, sich dabei aber nicht grundlegend verändern muss. So gesehen würde ich das im Buch genutzte Konzept der 5 Phasen eher als eine Vorgehensweise beschreiben, mit der du dein Unternehmen transformierst. Mit einer normalen Entwicklung kommst du nicht von Phase 1 in Phase 5. Wenn du diesen Weg beschreitest, bedeutet das eine Transformation für dein Business, aber vor allem für dich selbst.

Anhand der groben Beschreibung der 5 Phasen, die gleich folgt, wirst du ganz rasch und klar erkennen ...

- in welcher Phase du dich gerade befindest,
- was für die jeweilige Phase typisch ist,
- welche Vorteile, aber auch welche Nachteile jede einzelne Phase für dich hat,
- wo dort, wo du dich befindest, deine Limits sind,
- warum du Veränderungen vornehmen und dich weiterentwickeln solltest,
- was du konkret tun musst, um dein Unternehmen in die nächste Phase weiterzuentwickeln.

Diese Entwicklung deines Unternehmens hat dabei in erster Linie mit dir und deiner eigenen Entwicklung zu tun, vor allem zu Beginn, wenn du und dein Unternehmen noch zu 100 % verwoben und – beruflich betrachtet – dasselbe sind. Daher bezeichnen die 5 Phasen nicht dein Unternehmen, sondern dich.

Unternehmensentwicklung ist Persönlichkeitsentwicklung.

Diese 5 Phasen und deine unterschiedlichen Rollen darin sind:

1. **Jobbesitzer** – macht alles selbst
2. **Selbstständiger** – hat einen ersten Mitarbeiter
3. **Baumeister** – baut ein Unternehmen aus einzelnen Systemelementen auf
4. **Manager** – widmet sich ganz der Führungsaufgabe
5. **Unternehmer** – führt den Geschäftsführer, arbeitet selbst nicht mehr operativ im Unternehmen

Entwicklung
Arbeitszeit vs. Einkommen

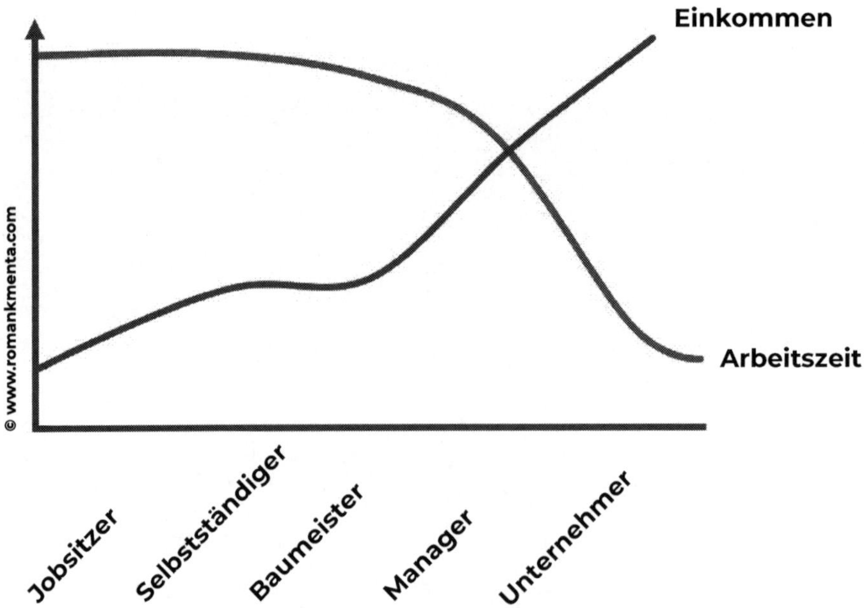

Im Verlauf des Buches wirst du diese 5 Phasen eingehend kennenlernen. Die kurzen Beschreibungen, die ich den jeweiligen Phasen angefügt habe, sollen dir als erste Orientierung dienen. Es geht im Moment nur darum, dass du diese 5 Phasen und die Begrifflichkeiten grob zuordnen kannst.

Gleichzeitig erkennst du vielleicht schon, wo du dich im Moment befindest und wohin die Reise in diesem Buch für dich geht bzw. gehen kann. Die Grafik gibt dir eine Idee von diesem Fahrplan, wobei die Verläufe im Einzelfall recht unterschiedlich aussehen können. Mit Einkommen (siehe Grafik) ist nicht dein Umsatz gemeint, sondern das, was als Ertrag bzw. Gewinn übrig bleibt.

Die Kurvenverläufe können in der Praxis flacher, steiler oder auch welliger ausfallen. Die Grundtendenz ist jedoch immer jene, dass mittelfristig die Arbeitszeit weniger und dein Einkommen höher wird.

Dabei ist es nicht zwingend notwendig, dass du dein Geschäft bis zur Phase 5 entwickelst. Dies hängt letztlich davon ab, was du willst, was dich erfüllt und was genau deine Ziele sind.

Bereits der Schritt von Phase 1 zu Phase 2 bringt dich ein schönes Stück voran. Und auch, wenn du dir Phase 4 oder gar 5 jetzt vielleicht noch gar nicht vorstellen kannst – zumal sich dein „Arbeitstag" in Phase 5 deutlich von dem unterscheiden wird, was du jetzt machst –, könnte es durchaus sein, dass du im Laufe deiner Entwicklung Gefallen daran findest. Lass dich einfach überraschen.

Jeder Weg beginnt mit dem ersten Schritt.

PHASE / ENTWICKLUNGSSTUFE 1

JOBBESITZER

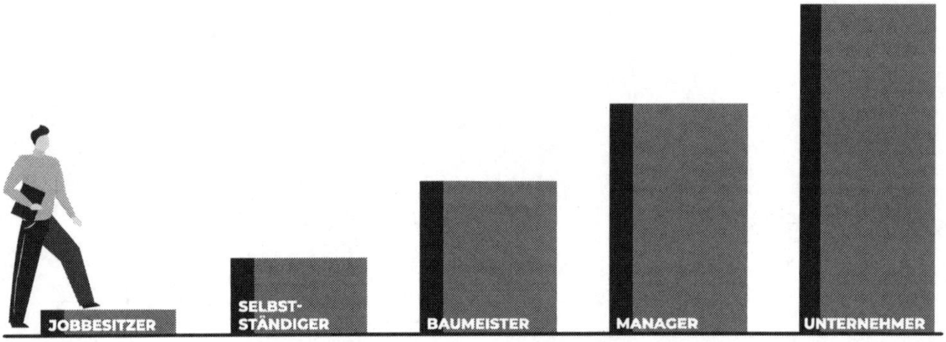

Karl macht sich selbstständig

Karl ist wieder einmal frustriert. Zutiefst frustriert. Sein Chef, ein völlig inkompetenter Dilettant, will einfach nicht verstehen, dass es ein Fehler ist, seinem Kunden in diesem Punkt nicht entgegenzukommen. Jetzt, da er so viel Arbeit in dieses Projekt gesteckt hat und der Auftrag zum Greifen nah liegt, würde es sein Chef verbocken und zum Scheitern bringen.

Und das wäre nicht das erste Mal. Solche Situationen, die Karls Blutdruck in die Höhe schnellen lassen und ihm den Schlaf rauben, passieren im Unternehmen, in dem er arbeitet, immer öfter. Es ist nicht nur dieser inkompetente Vorgesetzte. Es gibt so vieles, von dem Karl sich denkt – nein, von dem er weiß, dass er selbst es besser machen könnte. Aber man lässt ihn nicht. Für Karl ist es ein Kampf gegen Windmühlen, den er inzwischen aufgegeben hat. Das gute Gefühl, das er noch vor zwei Jahren hatte, als er seinen Job antrat, ist vollkommen verschwunden. Der anfängliche Spaß am Job existiert nicht mehr. Was geblieben ist, sind Frust, Ärger und Stress. 12-Stunden-Arbeitstage sind keine Seltenheit, und dafür ist das, was er verdient, definitiv zu wenig. Viel zu wenig!

Letztens hatte er mit einem selbstständigen Berater im Rahmen eines Projektes zu tun und war mit ihm ein wenig ins Plaudern gekommen. Dieser Kerl verdient am Tag das, wofür Karl beinahe einen ganzen Monat schuften muss! Und ehrlich gesagt: Das, was dieser Berater dafür abgeliefert hat, kann Karl auch. Dessen ist er sich ganz sicher. Immer öfter denkt Karl daran, alles hinzuschmeißen. Aber nicht, um in einen anderen Job bei einer anderen Firma zu wechseln. Das würde nichts bringen, davon ist er überzeugt. In den anderen Firmen – und davon kennt er aufgrund seiner Tätigkeit einige – läuft die Sache im Prinzip nicht anders. Schnell wäre er wieder an dem gleichen Punkt angelangt, an dem er jetzt ist. Nein, die Lösung heißt „Selbstständigkeit"! Immer stärker ist in Karl der Gedanke gereift, sich selbstständig zu machen. Er will endlich wieder das tun dürfen, was ihm Spaß bereitet. Er möchte sein eigener Herr sein, um nicht mehr den Anordnungen irgendwelcher Vorgesetzten, die keinerlei Ahnung haben, folgen zu müssen.

Und er will vor allem mehr Geld – deutlich mehr Geld – verdienen, um seinen Kindern und seiner Frau das Leben bieten zu können, das er ihnen bieten möchte. Außerdem will er sich endlich an die Verwirklichung seiner Ziele und Träume machen können. Mit seinem Angestelltengehalt würde das alles niemals etwas werden.Karl hat sich schon genau überlegt, womit er sich selbstständig machen möchte. Er ist in dem, was er beruflich macht, ein Top-Experte mit jahrelanger Erfahrung. „Im Grunde kann ich genau das, was ich jetzt für meinen Arbeitgeber mache, auch selbst Unternehmen anbieten", so sein naheliegender und durchaus logischer Gedanke und gleichzeitig das Grundkonzept für seine Selbstständigkeit. Die Kosten, um zu starten, sind überschaubar. Was ihn bisher noch zurückgehalten hat, ist die ungewisse Antwort auf die Frage, wie schnell er Kunden an Land ziehen könnte. Seine Frau und er haben zwar einige Ersparnisse, aber die laufenden Kosten sind mit zwei Kindern im besten Teenageralter und einem Haus, das noch nicht abbezahlt ist, nicht zu vernachlässigen. Karl hat mit seiner Frau schon mehrmals darüber gesprochen. Sie teilt seine Bedenken, kann aber nicht mehr mitansehen, wie frustriert er jeden Tag aus der Arbeit nach Hause kommt.

Die falschen Gründe für eine Selbstständigkeit

So oder so ähnlich wie Karl erging es vielen Selbstständigen, die ich kenne. Die Hauptbeweggründe, sich selbstständig zu machen, sind oftmals:

- Frust in der Angestelltentätigkeit
- zu viel und zu andauernder Stress
- zu viel Arbeit
- zu geringes Einkommen
- nicht das tun können, was einem Spaß macht

Häufig ist der Schritt in die Selbstständigkeit wie bei Karl eine Flucht. Eine Flucht nach vorne zwar, aber dennoch eine Flucht. Und einen so wichtigen Schritt wie den Start einer Selbstständigkeit als Flucht anzutreten, ist gefährlich. Die genannten Gründe, aus denen sich Menschen selbstständig machen, sind allzu verständlich und durchaus relevant – jedoch allesamt hochgradig egoistisch. Ganz sicher sollten sie nicht die alleinige Grundlage für einen solch folgenreichen Schritt darstellen. Genau das tun sie aber für viele. Taten sie übrigens auch für mich. Um mit einer Selbstständigkeit eine wirtschaftlich erfolgreiche Existenz zu gründen, dürfen nicht die eigenen Bedürfnisse im Mittelpunkt stehen, sondern es müssen die Bedürfnisse der Kunden sein. Nur dafür werden Kunden bereit sein, Geld zu bezahlen.

Dieser Fokus auf die eigenen Bedürfnisse zum Start einer Selbstständigkeit beeinflusst in hohem Maße auch die Wahl der selbstständigen Tätigkeit.

Wie die Mutter zum Kind

Wie wird die selbstständige Tätigkeit ausgewählt? Wenn jemand flüchtet, dann ist die Vorgehensweise oft keine sehr rational überlegte und durchdachte. Oftmals ist die Wahl der neuen beruflichen Tätigkeit eine

Abfolge von einfachen Gedankengängen, durchmischt mit einer Menge Emotion.

Wenn der Entschluss erst einmal getroffen ist – „So kann das nicht weitergehen. Ich mache mich jetzt selbstständig!“ –, dann wird die Entscheidung, in welche Richtung es gehen soll, oft von folgenden Fragen dominiert:

- Was mache ich jetzt schon? (... denn da kenne ich mich aus und das könnte ich ja auf selbstständiger Basis machen)
- Was macht mir Spaß? (... denn ein wesentlicher Beweggrund, sich selbstständig zu machen, ist für viele, endlich nur mehr das zu tun, was ihnen Spaß macht)
- Was kann ich mir leisten? (... denn die Existenzgründung muss schließlich finanziert werden)

Individuell spielen sicherlich noch andere Überlegungen mit. Und natürlich könnte das in deinem Fall ganz anders laufen bzw. abgelaufen sein.

Diese drei Fragen sind verständlich, sie drängen sich förmlich auf. Und dennoch greifen sie zu kurz, führen in die Irre und sind bisweilen gefährlich und grundfalsch. Für die Wahl der Selbstständigkeit gibt es eine Reihe von Faktoren, die entscheidend sind und auf die ich später noch eingehen werde. Einen Punkt, den Spaß, möchte ich jedoch gleich abhandeln. Du kannst dabei den Begriff „Spaß“ gerne durch „Freude“, „Lust“ oder irgendeine andere angenehme Emotion ersetzen, die du mit deiner Tätigkeit verbindest.

„Tu, was dir Spaß macht“ – der schlechteste Ratschlag

„Tu, was dir Spaß macht, und mach ein Business daraus!“ – so lautet ein Ratschlag, den man heutzutage von Businesscoaches an jeder sozialmedialen Ecke hören kann.

Gleichzeitig ist es einer der sichersten Wege in eine berufliche Sackgasse, aus der viele nicht mehr herauskommen. Doch was kann so schlecht daran sein, das zu tun, was einem Spaß macht? Mehr, als du denkst. Und sorry, gleich vorweg: Ich werde mit dem Spaß ein wenig hart ins Gericht gehen – aber nur zum Besten für dein Geschäft. Lass uns also einmal einen Blick auf die Nachteile dieser Strategie werfen.

Vielen macht dasselbe Spaß

Kaum jemand macht sich als Insektenvernichter, Tatortreiniger oder Sondermüllentsorger selbstständig. Mal abgesehen davon, dass es hoffentlich auch in Zukunft nicht zu viele Tatorte zu reinigen geben wird, liegt der Hauptgrund dafür darin, dass all das keine Tätigkeiten sind, die „Spaß machen".

Sie sind nicht „sexy" oder anziehend, zumindest nicht aus Sicht der meisten Menschen. Wie würde das klingen, wenn dich jemand nach deiner neuen Selbstständigkeit und sich danach erkundigt, was du denn so machst, und du müsstest antworten: „Ich bin Tatortreiniger." Nicht ganz das Wahre, oder? Spaß machen – offenbar in den Augen sehr vieler Menschen – hingegen Tätigkeiten wie Coaching, Social-Media-Beratung oder einfach nur Influencer.

Diese selbstständigen Tätigkeiten werden im Moment sehr gehypt. Und genau aus diesem Grund gibt es sehr viele, die ihre Selbstständigkeit in diesen Bereichen wagen.

Viele machen dasselbe, weil vielen dasselbe Spaß macht.

Doch „viele“ ist nicht gut für den einzelnen Anbieter. Viele Anbieter bedeuten eine starke Konkurrenz. Und zahlreiche Konkurrenten wiederum machen die Preise kaputt, weil es immer welche gibt, die ihre Strategie darin sehen, billiger als die anderen zu sein, bzw. einfach nicht genug Selbstwert haben, um für ihre Dienstleistung einen angemessenen Preis zu verlangen.

Viele Jäger sind nicht nur der Hasen,
<sondern vor allem auch der Jäger Tod.

In manchen Bereichen wie etwa beim Coaching wird aus meiner Sicht das meiste Geld nicht mit dem Coachen selbst verdient, sondern mit Coaching-Ausbildungen bzw. von Coaches, die anderen Coaches beibringen, wie sie mit Coaching Geld verdienen. Verrückt, oder? Gleichzeitig ist das aber nicht neu. In der Zeit des berühmten Goldrausches gingen die meisten Goldschürfer leer aus. Geld hingegen verdienten die Ausrüster, indem sie die Goldgräber mit Werkzeug versorgten – und das mit deutlich weniger Risiko, als sie beim Goldschürfen gehabt hätten.

Wenn aus Spaß Ernst wird, macht es keinen Spaß mehr

Hast du schon einmal erlebt, dass du etwas, das dir an sich Spaß bereitet, so oft wiederholt hast, bis es dir irgendwann keinen Spaß mehr gemacht hat? Dass du sogar völlig die Lust daran verloren hast? Die Gefahr ist noch deutlich größer, wenn es deinen beruflichen Alltag bestimmt und du es daher tagein, tagaus machen musst. Es ist eine Sache, gerne zu backen, ab und an oder zu besonderen Anlässen, weil du jemandem eine Freude machen möchtest. Jeden Tag viele Stunden in der Küche zu verbringen, alles auf Facebook und Instagram zu dokument-ieren und jede Woche ein bis zwei Blogbeiträge zu diesem Thema zu schrei-ben, kann dagegen sehr schnell zu einer belastenden Pflicht werden, die mit Spaß dann nichts mehr zu tun hat. Mal im Ernst: Wenn aus Spaß Ernst wird, macht es oft keinen Spaß mehr!

Dass es dir Spaß macht, bedeutet nicht, dass du auch gut darin bist

Einstein hat irrsinnig gerne Violine gespielt, sagt man. Glücklicherweise ist er Physiker geworden, denn darin war er echt gut. Von seinem Violinspiel konnte man das angeblich nicht behaupten. Viele Kunden leiden heute darunter, dass zu viele Menschen das tun, was ihnen Spaß macht, ohne dabei Rücksicht darauf zu nehmen, was sie wirklich können.

Es ist bisweilen unglaublich, wer bzw. was sich so alles in manchen Branchen herumtreibt. Viele davon wären wahrscheinlich besser beraten, Tatorte zu reinigen (und sie würden dabei auch mehr Geld verdienen). Ob Apotheker, Arzt oder Automechaniker – sie alle brauchen eine solide Ausbildung, um ihrem Gewerbe nachgehen zu dürfen. Und das ist gut so. Doch überall dort, wo keine Zugangsbarrieren vorhanden sind, wimmelt es von Menschen, die tun, was ihnen Spaß macht. Ohne Rücksicht auf Verluste, die oftmals Verluste der Kunden sind. Zum Glück können sie meistens keinen nachhaltigen Schaden anrichten, sondern werden einfach nicht mehr nachgefragt.

Du willst nicht aufhören damit

Wenn mir etwas Spaß macht, dann will ich mehr davon. Am liebsten würde ich die ganze Zeit über nur Dinge tun, die mir Spaß machen. Doch genau darin versteckt sich ein potenzielles weiteres Problem für dich und dein Geschäft. Damit dein Geschäft wachsen kann, musst du dich schrittweise von der Kerntätigkeit deines Geschäftes lösen. Für den Fotografen ist dies das Fotografieren, für den Berater das Beraten und für den Fitnesstrainer das Trainieren von Fitnesshungrigen. Und das fällt dir umso schwerer, je mehr Spaß du daran hast.

Kauft den Spaß auch irgendjemand?

Bei all dem Spaß sollte man niemals darauf vergessen, dass irgendwann auch Geld im Spiel sein sollte. Man benötigt also Kunden, die etwas kaufen. Ich weiß, Geld ist nicht das Wichtigste auf der Welt. Doch wenn niemand etwas kauft, ist dieser Spaß kein Geschäft, sondern – wie bei etlichen Selbstständigen, die ich kenne – lediglich ein (kostspieliges) Hobby.

Selbst wenn dir deine selbstständige Tätigkeit enormen Spaß bereitet, musst du dir seriöserweise immer die Frage stellen (und das möglichst früh): Kauft das eigentlich jemand? Gibt es dafür einen Markt? Ja, ich weiß schon, für ***Red Bull*** etwa gab es ebenfalls keinen Markt. Niemand fragte nach einem Energydrink, bis ***Red Bull*** diesen Markt schuf. In langwieriger, anstrengender, mühsamer Kleinarbeit.

Und: Die Menschen haben immerhin auch vor Red Bull schon etwas getrunken (was die Sache ein wenig vereinfachte). Auch ***Apple*** erschuf den iPad-Markt scheinbar aus dem Nichts, und alle fragten sich anfangs: Was mache ich bloß mit so einem Ding?

Wenn du meinst, dein Produkt bzw. deine Dienstleistung ist dazu angetan, einen komplett neuen Markt zu schaffen, und du selbst hast das Zeug, die Ressourcen und die Ausdauer dazu, dann wünsche ich dir sehr viel Erfolg dabei. Die Welt braucht Menschen wie dich – ernsthaft! Neue Märkte zu schaffen ist ein potenziell sehr profitabler Weg ... zumindest dann, wenn es gelingt. Dennoch: Ein einfacher Weg ist es sicherlich nicht.

Ist das nicht ein Widerspruch zu Nachteil #1? Ich hatte doch geschrieben, dass es ein Nachteil sei, wenn (zu) viele dasselbe machen. Die Wahrheit liegt, wie so oft, irgendwo in der Mitte.

Du solltest nicht der Einzige sein, aber gleichzeitig ist es natürlich einfacher, wenn für dein Angebot bereits eine grundlegende Nachfrage besteht.

Spaß als Kriterium Nr. 1 ist gefährlich

Heißt das jetzt, dass dir deine Tätigkeit überhaupt keinen Spaß machen soll oder gar darf? Das will ich damit nicht behaupten, zumal ich ja nicht als die große Spaßbremse dastehen will. Alles in allem könnte man sagen:

Wenn Spaß der entscheidende Faktor für die Wahl deiner Tätigkeit ist, dann ist deine Lage ernst.

Es spricht gar nichts gegen Spaß an deiner Tätigkeit. Allerdings darf der Spaß am Coachen, am Webseiten-Bauen, am Fotografieren, am Steuerberaten oder am Vor-Gericht-für-Klienten-Streiten nicht DAS Entscheidungskriterium sein. Allzu oft stelle ich allerdings fest, dass es genau das ist.

Spaß ja, aber …

Genauer betrachtet ist Spaß sogar sehr wichtig – mit einer klitzekleinen Einschränkung. Eigentlich geht es sogar nur um einen einzigen Buchstaben, der jedoch einen riesigen Unterschied macht.

Wichtig ist nicht primär der Spaß IM Business, sondern vor allem der Spaß AM Business.

… stets vorausgesetzt, dein Geschäft soll wachsen und sich weiterentwickeln. Ansonsten reicht vielleicht auch der Spaß IM Business aus.Dieser Unterschied zwischen IM und AM Business wird uns im Laufe dieses Buches noch ausführlich beschäftigen.

Er ist grundlegend für dein Geschäft und er ist der Schlüssel zu einer ganz neuen Dimension für dein Business.

Von einem Hamsterrad ins nächste Hamsterrad

Genau diese Art der Auswahl der selbstständigen Tätigkeit – die Flucht aus dem stressigen Job oder vor einem unfähigen Chef, die Orientierung an Kriterien wie Spaß sowie die einfache Fortsetzung dessen, was man schon als Angestellter macht – führt in die sogenannte „Zeit gegen Geld"-Falle.

Viele Selbstständige wollen dem Hamsterrad der Angestelltentätigkeit entkommen, landen dabei aber erneut in einem solchen. Dem selbstständigen Hamsterrad zwar, aber nichtsdestotrotz einem Hamsterrad. Einem, das man sich sogar selbst gebaut hat, doch das wird meist erst sehr spät erkannt. Man rutscht da, wie so oft im Leben, Schritt für Schritt hinein.

Haben sie erst einmal erkannt, in welcher Fall sie stecken, versuchen viele Selbstständige dann, diesem Hamsterrad zu entfliehen. Wie? Indem sie schneller laufen. Doch oh Wunder – das funktioniert auch diesmal nicht.

Schneller zu laufen verstärkt das Problem gewissermaßen sogar. Man könnte sagen:

Je besser du gebucht bist, desto mehr bist du im Hamsterrad deines Business gefangen.

Job oder Business?

Der Begriff „Business" wird heutzutage inflationär verwendet. Jeder, der nicht als Arbeitnehmer irgendwo angestellt ist, besitzt ein Business. Sein Business. Doch die Verwendung des Begriffs „Business" in diesem

Zusammenhang ist nicht nur inflationär, sondern auch falsch. Ich muss allerdings gestehen: Auch ich verwende diesen Begriff in meinen (bisherigen) Büchern und Artikeln immer wieder inflationär UND bisweilen sogar falsch. Doch für dieses Buch hier ist es grundlegend wichtig, den Begriff korrekt zu verwenden und gleich von Beginn an klarzustellen: Wenn du selbstständig bist, über keine permanenten Mitarbeiter verfügst und quasi alles, was für dein „Business“ zu tun ist, selbst machst, dann hast du KEIN BUSINESS! Sorry, wenn ich dir das jetzt so hart sagen muss, aber dann hast du einen JOB.

Die Selbstständigkeit ist auch nur ein Job.

Deshalb ist die passende Bezeichnung für Menschen auf dem ersten Level der unternehmerischen Entwicklung „Jobbesitzer“. Anders als Angestellte, denen ihr Job geliehen wurde und jederzeit weggenommen werden kann, besitzen Unternehmer auf diesem Level ihren Job. Sie haben ihn quasi gekauft.

Ja, ich weiß, viele werden jetzt sagen: „Moment mal! Meinen Job habe ich gekündigt, als ich mich selbstständig gemacht habe.“ Stimmt, damals hast du deinen Job gekündigt. Und das, was du jetzt tust, mag sich in vielerlei Hinsicht von dem, was du einst gemacht hast, unterscheiden. Doch in einem entscheidenden Punkt ist alles beim Alten geblieben: Als selbstständiger Dienstleister tauschst du immer noch deine Zeit gegen Geld. Auch als Handwerker etwa ist das nicht unähnlich, solange du allein arbeitest.
Das bedeutet, dass du nach wie vor kein Geld bekommst, wenn nicht arbeitest. Wobei ... das stimmt so nicht ganz. Es ist sogar schlimmer als früher, als du noch angestellt warst: Damals hast du nämlich auch dann Geld erhalten, wenn du auf Urlaub oder im Krankenstand warst. Selbst wenn du einfach gerade mal keine Lust hattest zu arbeiten (was ich dir jetzt nicht unterstellen will, aber auch das soll vorkommen) und 1 oder 2 Tage kürzergetreten bist,

hast du von deinem Arbeitgeber Geld bekommen. Als Selbstständige oder Selbstständiger, vor allem in der Dienstleistungs-branche, ist die Realität sehr viel klarer und härter: Keine Arbeit – kein Geld! So gesehen hast du deine Situation selbst verschlechtert. Viele Selbstständige erleben das genauso, sie werfen nach einigen Monaten oder Jahren der Selbstständigkeit entnervt das Handtuch und flüchten sich erneut in eine Angestelltentätigkeit.

Standardgeschäftsmodell „Zeit gegen Geld tauschen"

Doch zum Glück hast du dieses Buch gekauft und damit deine Chancen, dass es dir nicht so ergehen wird, dramatisch verbessert. Wenn du aktuell deine Zeit gegen Geld tauschst, dann bist du in guter und vor allem zahlreicher Gesellschaft. Die allermeisten Selbstständigen befinden sich in genau derselben Situation. Ob das jetzt die Staranwältin mit Stundensätzen von 500 € oder 1.000 € ist, der Webdesigner, der 80 € pro Stunde verrechnet, oder die Friseurin, die vielleicht nur 25 € pro Stunde bekommt.

Natürlich hat es die Staranwältin besser (und sie ist im Entwicklungsprozess vielleicht schon ein kleines Stückchen weiter), doch im Grunde ist die Situation dieselbe: Wenn die Anwältin heute einmal nicht arbeiten kann oder mag, dann kann sie diese Zeit auch keinem Mandanten verrechnen. Warum ich auf diesem Punkt so herumreite? Weil es enorm wichtig ist, dass du dir deine Situation eingestehst und ehrlich zu dir bist. Falls du als Selbstständiger alles selbst machst, dann hast du kein Business, sondern dann hast du einen Job. Wenn du erst einmal auf diese Art und Weise reinen Tisch machst, wird es dir viel leichter fallen, aus deinem Job tatsächlich ein Business zu machen. Genau darum geht es in diesem Buch.

Warum es schlecht ist, einen Job zu haben

Aber vielleicht bist du ja gerade sehr glücklich und zufrieden mit deinem Job. Du hast reichlich Aufträge, nette Kunden, machst das, was dir Spaß bereitet, und verdienst mehr, als du dir während deiner Angestelltentätigkeit je erträumt hättest. Das könnte natürlich der Fall sein. Doch wenn du dieses Buch gekauft hast, gibt es wahrscheinlich etwas, das dich an dieser Situation stört oder dir zumindest zu denken gibt. Lass mich daher auf die Nachteile und Gefahren eingehen, die diese Art Job, die Situation als Jobbesitzer, mit sich bringt (und lass mich dabei auch ein wenig den Teufel an die Wand malen).

Ich führe laufend Umfragen unter meinen selbstständigen Lesern durch, weil mich brennend interessiert, womit sie sich so beschäftigen und was sie quält. (Das gibt mir, nebenbei erwähnt, eine Menge Ideen für Bücher und Beiträge, die für meine Leser informativ und aufschlussreich sind.) Die Ergebnisse dieser Umfragen werde ich in die folgenden Absätze mit einfließen lassen. Was sind also die Nachteile, Probleme bzw. sogar Gefahren, die damit verbunden sein können, Jobbesitzer zu sein?

Probleme mit der Kundenakquise

Die Kundenakquise ist gemäß meinen Umfragen die permanente Herausforderung Nr. 1 für Selbstständige und Unternehmer. Für viele hat sie allerdings den eher schalen Beigeschmack einer lästigen und unangenehmen Aufgabe bzw. eines echten Problems.

Keine Zeit

Viele Selbstständige klagen darüber, dass sie keine Zeit haben. Sie arbeiten sehr viel – weil sie entweder gut gebucht sind oder weil sie es gerade nicht sind und daher sämtliche Hebel in Bewegung setzen müssen, um an neue Aufträge zu kommen.

Das Business als Hochschaubahn

Vor allem die Selbstständigen, die in oder an Projekten arbeiten (Trainer, Berater, Webdesigner etc.) kennen die Hochschaubahn sehr gut. Zuerst hat man keine Aufträge und bemüht sich, welche zu bekommen. Man hätte Zeit, doch diese muss in die Akquise gesteckt werden. Dann hat man Aufträge, muss diese abarbeiten und findet daher keine Zeit, um Akquise zu machen. Dies wiederum führt dazu, dass man nach erfolgreicher Erledigung der Aufträge erneut keine hat – und das Spiel beginnt von vorne.

Man läuft ständig, ohne wirklich voranzukommen. Ich selbst habe in meiner Laufbahn als Unternehmer diese Situationen immer wieder durchlebt.

Jetzt könnte man immer noch fragen: Und was ist so schlimm daran? Aus eigener Erfahrung sind es mehrere Dinge:

Die Hochschaubahn der Jobsitzer

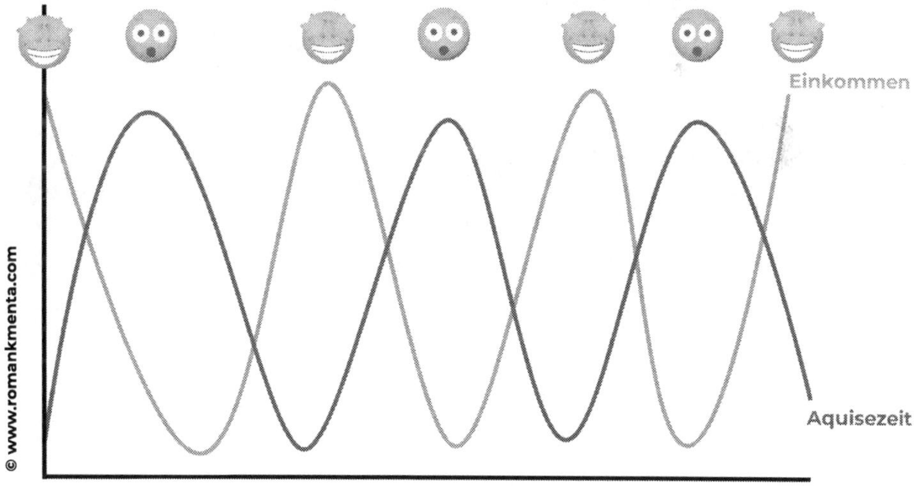

- Du hast in keiner dieser Phasen ausreichend Zeit, die Dinge zu tun, die für dich privat wichtig sind, und auch nicht jene, die für die Entwicklung deines Unternehmens wichtig sind.

- Du arbeitest ständig IM und kaum AM Unternehmen (auf diesen entscheidenden Punkt werde ich später noch genauer eingehen).
- Diese Hochschaubahn bringt ein ständiges Auf und Ab der Gefühle mit sich. Die Aufs sind dabei naturgemäß nicht das Problem. Die emotionalen und finanziellen Löcher hingegen, in denen du die Aufträge abgearbeitet hast und versuchst, neue an Land zu ziehen, können enormen Druck und Stress verursachen.

Zu wenig Einkommen

Es ist erschreckend, wie wenig viele Selbstständige verdienen. Wenn man den Statistiken und Umfragen auch nur einigermaßen glauben darf, verdienen sehr viele weniger, als sie in einer ihren Fähigkeiten angemessenen Angestelltentätigkeit verdienen würden. Jahresumsätze, nicht Gewinne, von 20.000 € bis 30.000 € sind da keine Seltenheit. Aber selbst 50.000 € (für viele bereits ein durchaus ambitioniertes Ziel) sind, betriebswirtschaftlich betrachtet, viel zu wenig.

Bedenkt man die betrieblichen Ausgaben für Auto, Büro und Marketing etc., dass man sich versichern muss und dass schließlich der Finanzminister ebenfalls ein gehöriges Stück vom Kuchen für sich beansprucht, beginnt die Selbstständigkeit erst ab einem Jahresumsatz in Höhe von 100.000 € wirtschaftlich Sinn zu machen. Auch emotional entspannt sich dann alles zunehmend.

Selbst wenn du der Meinung sein solltest, dass du gar nicht so viel Geld benötigst, um ein schönes Leben zu führen, solltest du nicht vergessen, dass es überlebenswichtig ist, ein dickes finanzielles Polster aufzubauen, um dein Unternehmen durch akute Krisen zu bringen. Die Corona-Krise 2020 hat uns das sehr deutlich vor Augen geführt.

Diese 100.000 € als Richtwert passen für die klassischen selbstständigen Dienstleister. Wenn du – als Handwerker etwa – physische Produkte herstellst oder als Handelsware verkauft, muss dieser Wert aufgrund des Wareneinsatzes deutlich höher sein.

Luxusproblem „voll gebucht"

Die zu niedrigen Einkommen betreffen übrigens nicht nur jene Selbstständigen, die zu wenig Aufträge haben. Noch schlimmer dran sind diejenigen, die gut gebucht oder sogar voll ausgebucht sind und trotzdem zu wenig verdienen. Auch wenn das Einkommen mehr als 100.000 € beträgt, kann das im Verhältnis zur Zeit, die in die Selbstständigkeit gesteckt wird, viel zu wenig sein. Da sind 16-Stunden-Tage und 6 bis 7 Arbeitstage pro Woche keine Seltenheit. An dieser Stelle muss ich allerdings eines klarstellen: Ich bin ganz und gar nicht dagegen, viel zu arbeiten (vor allem nicht, wenn es Spaß macht) – aber der Einsatz muss sich bezahlt machen! Viel zu arbeiten und dennoch wenig zu verdienen ist eine schlechte Kombination.

Dieses Phänomen basiert auf zu niedrigen Stunden- oder Tagessätzen und ist für die Entwicklung deiner Selbstständigkeit hin zu einem Business ein wesentlicher Ansatzpunkt, um den wir uns noch eingehend kümmern werden.

Enormes Risiko

Wie hoch das Risiko als Selbstständiger ist, ist den meisten nicht bewusst. Das gesamte wirtschaftliche Wohl deines Unternehmens hängt einzig und allein an der Einsatzfähigkeit deiner Arbeitskraft. Solltest du einmal – Gott bewahre! – krank sein, vor allem länger und schwerer, oder so krank, dass du deine Tätigkeit nicht ausüben kannst, sinkt dein Einkommen ganz rasch auf null. Dummerweise wird uns das meistens erst dann bewusst, wenn dieser Fall tatsächlich eintritt. Ich selbst hatte einmal eine relativ harmlose, dafür aber umso hartnäckigere Halsentzündung und ausgerechnet zwei Wochen mit mehreren Vorträgen vor mir. Irgendwie schaffte ich es, meine Stimme halbwegs funktionstüchtig zu erhalten, zumindest so weit, dass ich reden konnte. Hätte ich das nicht hinbekommen, hätte das einen Einkommensentgang von beinahe 20.000 € bedeutet.

Das hat mir deutlich bewusst gemacht, wie instabil das Fundament meiner Rednertätigkeit ist. Gleichzeitig war es ein Auslöser dafür, mich intensiv damit zu beschäftigen, meine Selbstständigkeit zu einem Business zu entwickeln und dieses Buch zu schreiben.

Limitiertes Einkommen

Solange du deine Zeit gegen Geld tauschst, limitierst du dein Einkommen. Natürlich kann man die 100.000 € Jahresumsatz auf diese Art und Weise ebenfalls schaffen, aber deinem Einkommen sind systembedingte Grenzen gesetzt. Mehr als 24 Stunden hat auch dein Tag nicht, und irgendwo gibt es eine Grenze für den Preis, den deine Kunden für deine Tätigkeit zu zahlen bereit sind. Wie du diese nach oben schrauben kannst, erfährst du etwas später. Wie die Ergebnisse einer vom Deutschen Institut für Wirtschaftsforschung im Jahr 2015 publizierten Untersuchung zeigen, sind die durchschnittlichen Einkommen von Solo-Selbstständigen deutlich niedriger als jene von Selbstständigen mit Mitarbeitern. Auch die Chance, Spitzeneinkommen zu erzielen, ist für Unternehmen mit Mitarbeitern deutlich höher.

Abhängigkeit vom Selbstwert

Gerade als selbstständiger Dienstleister ist dein Einkommen sehr stark von deinem Selbstwert abhängig. Je höher dein Selbstwert, desto höher sind die Stunden- oder Tagessätze, die du am Markt zu verlangen wagst und auch erhältst. Mit deiner fachlichen Qualifikation hat das oft (erschreckend) wenig zu tun. Ich kenne etliche sehr gut qualifizierte Dienstleister, die sich unter Wert verkaufen – und zwar einzig und allein deshalb, weil sie sich selbst nicht mehr wert sind. Und solange du es nicht schaffst, deinen inneren Wert zu erhöhen, wirst du schwer damit kämpfen, höhere Honorare zu erhalten. Die grundlegende Gesetzmäßigkeit diesbezüglich lautet:

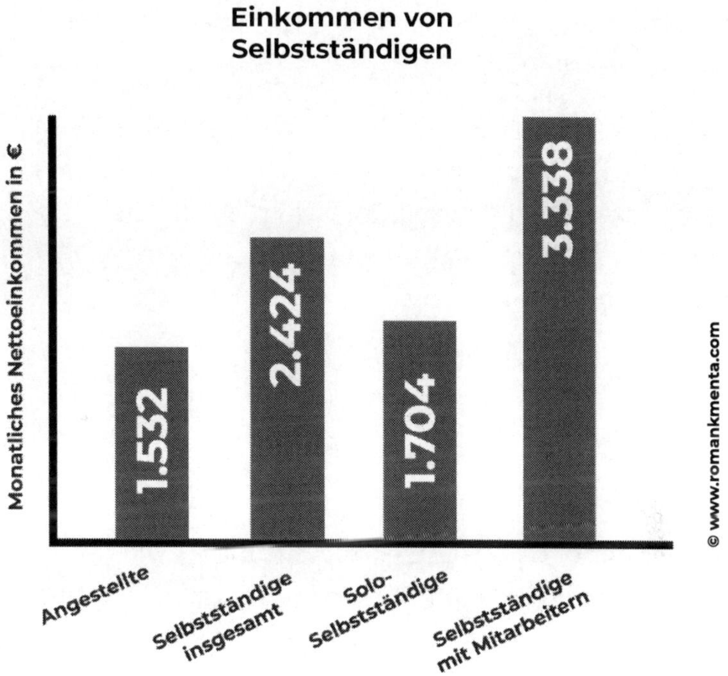

Selbstwert = Marktwert

Diese Abhängigkeit deines Einkommens von deinem Selbstwert ist ein typisches Merkmal einer selbstständigen Tätigkeit. Unter anderem aus dieser Abhängigkeit gilt es durch den Entwicklungsweg, den wir in diesem Buch gemeinsam beschreiten werden, zu entkommen.

Kein Exit-Szenario

Das letzte Problem vieler Jobbesitzer ist sehr wahrscheinlich keines für die meisten Leser bzw. keines, das sie bis jetzt als solches wahrgenommen hätten. Aber vielleicht hast du ja schon einmal darüber nachgedacht, wie lange du das, was du gerade machst, auch weiterhin noch machen willst: herumreisen und Vorträge halten oder Trainings durchführen, Webseiten bauen, Menschen massieren (was ich mir per se sehr anstrengend vorstelle), Steuererklärungen für andere ausfüllen oder Menschen fotografisch ins rechte Licht setzen.

Bis du in Rente gehst? Bestens! ... Vorausgesetzt, es gibt dann noch eine Rente. Viele Selbstständige geben aber zu, dass sie das, was sie jetzt noch sehr gerne machen, nicht ewig tun wollen. Einerseits könnte es langweilig werden, andererseits aber auch zu anstrengend (wie z. B. das viele Reisen bei meiner eigenen Rednertätigkeit).

Und daran knüpfen sich zwei Fragen:

- Was wirst du dann tun?
- Was passiert mit dem von dir aufgebauten Business?

Wenden wir uns der ersten Frage zu: Was machst du, wenn du das, was du jetzt machst, nicht mehr tun willst oder tun kannst? Natürlich könntest du etwas (ganz) anderes von vorne beginnen. Sehr wahrscheinlich würde es wieder eine Art der Selbstständigkeit sein. Inhaltlich vielleicht ganz anders, aber nicht weniger anstrengend bzw. mühsam als das, was du jetzt erlebst. Zudem bist du dann auch noch einige Jahre älter. Und nun zur zweiten Frage: Was passiert mit deiner aufgebauten Selbstständigkeit? Wenn du deine selbstständige Tätigkeit einige Jahre betrieben hast, dann hast du Umsatz erwirtschaftet, einen Kundenstamm aufgebaut, Know-how entwickelt etc.

Das alles hat einen gewissen Wert. Solange du Jobbesitzer bist, ist dieser Wert allerdings nicht in einen Preis umsetzbar. Dein Unternehmen ist sehr schwer bis nicht verkaufbar, weil es kein Unternehmen ist, sondern, wie wir vorhin festgestellt haben, ein Job. Und ja, es gibt Menschen, die sich einen Job kaufen, aber der dafür erzielbare Preis ist minimal.

Wie wäre es, wenn du bereits jetzt beginnst, ein Exit-Szenario zu entwickeln, das eine Lösung für beide Fragen bietet? Etwas, das dir genügend Einkommen verschafft, um sehr gut davon leben zu können, wenn dich das, was du jetzt machst, nicht mehr freut. Und etwas, das du sogar verkaufen kannst, wenn du möchtest, und mit dem du für all die Werte, die du im Laufe der Zeit aufgebaut hast, einen richtig guten Preis erzielst.

Ich weiß, das mag für manche noch weit weg sein – aber einen ernsthaften Gedanken ist es definitiv wert.

Du kannst auch da bleiben, wo du bist

Wenn dich alle diese Argumente, Nachteile und Gefahren, die mit dem Jobbesitzer-Dasein einhergehen, nicht beeindrucken und für dich keine sind, kannst du natürlich genau da bleiben, wo du gerade bist. Ich kenne Selbstständige, die ihre Tätigkeit glücklich und zufrieden bis zur Rente und darüber hinaus ausführen. Wenn du aber den einen oder anderen der oben genannten Nachteile bereits erlebst oder schon einmal erlebt hast, wenn du bspw. voll im Auf und Ab der Gefühle gefangen bist, die die Hochschaubahn verursacht, oder du rund um die Uhr arbeitest und dafür definitiv nicht genug verdienst, dann lade ich dich ein, mit mir gemeinsam den nächsten Schritt zum Selbstständigen zu gehen.

Es warten viele Veränderungen auf dich. Grundlegende Veränderungen. Und es wird spannend, das kann ich dir bereits jetzt versprechen.

PHASE / ENTWICKLUNGSSTUFE 2
SELBSTSTÄNDIGER

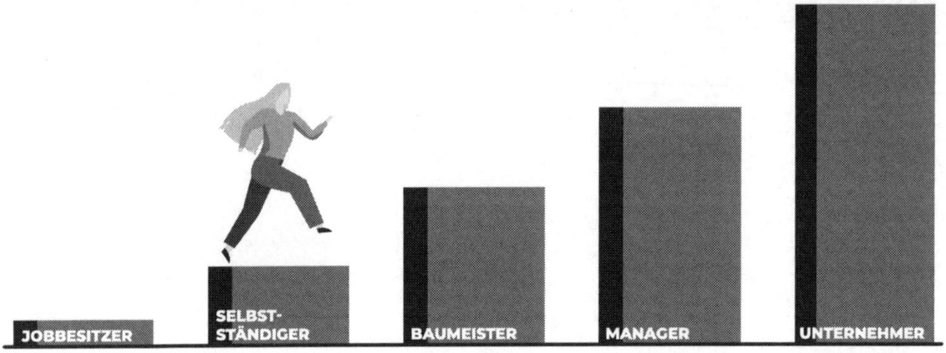

Deine Entwicklung und dementsprechend die Entwicklung deines Unternehmens beginnt damit, dass du am Ende des vorigen Kapitels erkannt hast, dass die Nachteile als Jobbesitzer die Vorteile überwiegen, und du deshalb für dich beschlossen hast, den nächsten Schritt zu gehen. Als Selbstständiger gibt es ein paar wesentliche Unterschiede zum Jobbesitzer. Du hast konkrete Ziele und Pläne für dich und dein Unternehmen (wenn wir es an dieser Stelle schon einmal so bezeichnen).

2 Jahre später

Karl hatte letztlich den Mut gehabt, seinen Job als Angestellter hinzuschmeißen, und den Schritt in die Selbstständigkeit gewagt. Es war ihm nicht leichtgefallen, aber er hatte es einfach nicht mehr ausgehalten, Tag für Tag in die Firma zu gehen. Seither ist viel passiert. Die Gründung selbst, der ganze Papierkram mit den Ämtern und Behörden, war relativ rasch erledigt und viel einfacher gewesen, als er befürchtet hatte. Die Hoffnung, dass auch die nächsten Schritte so mühelos klappen könnten, war allerdings sehr rasch von der Realität zunichte gemacht worden. Gerade jene Kunden, die er bereits gekannt und von denen er gedacht hatte, dass sie sich ganz leicht als Kunden für seine neue Firma würden gewinnen lassen, hatten keinerlei Interesse gezeigt.

Zwar hatte er etliche Gespräche geführt und war zu seinem Schritt in die Selbstständigkeit beglückwünscht worden – aber Aufträge hatten sich daraus keine ergeben.Abgesehen von ein paar kleinen Projektchen, die kaum die Bezeichnung „Auftrag" verdienten, sondern eher schlecht bezahlte Gefälligkeiten gewesen waren, war es ihm ein ganzes Jahr lang nicht gelungen, auch nur ein einziges Geschäft an Land zu ziehen. Karl hatte mit einigem gerechnet, aber nicht damit, dass es so schwierig werden würde.

Nach einem Jahr erfolgloser Selbstständigkeit waren die Finanzen und ebenso die Nerven – sowohl seine eigenen als auch die seiner Frau – mehr als nur angespannt gewesen. Zum Glück hatte seine Frau einen gut bezahlten Job als Führungskraft im Rechnungswesen eines Automobilkonzerns. Sie war es auch, die das Thema, dass er sich vielleicht wieder einen Job suchen könnte, immer öfter angesprochen hatte. Zuerst nur als Frage, ob das eine Option für ihn sein könnte, dann jedoch immer mehr als Forderung mit dem Hinweis auf die Verantwortung, die er als Familienvater trug. Das Resultat dieser Gespräche waren häufig Streitigkeiten gewesen, oftmals sehr laut ausgetragen.

Insgeheim musste Karl ihr recht geben. Ein wenig zumindest, auch wenn er es zu diesem Zeitpunkt niemals eingestanden hätte. Aber wenn er halbe Nächte lang wach lag und sich Sorgen über seine berufliche und finanzielle Zukunft machte, stellte er sich selbst die gleiche Frage. Dann endlich, nach einem Jahr, kam der erste erlösende Auftrag, der alle Zweifel und Sorgen beiseiteschob. Es war ein großes Projekt, das sich rein zufällig über einen Bekannten ergab, im Rahmen dessen Karl 150 Projekttage als Auftrag erhielt. Das war, wenn man Vor- und Nachbereitung mitbedachte, ein ganzes Jahr Arbeit. Sonderlich gut bezahlt war die Tätigkeit allerdings nicht. Er kam damit noch nicht ganz auf das Bruttoeinkommen, das er als Angestellter gehabt hatte – aber welche Wahl hatte er? Und es war ein Anfang. Schließlich konnte er ja noch weitere Kunden an Land ziehen und so seinen Umsatz vergrößern. Zumindest verdiente er endlich wieder regelmäßig Geld. Jetzt, ein Jahr später, ist das Projekt zu Ende. Karl hat viel gearbeitet. Phasenweise war es stressiger, als es sein angestellter Job jemals gewesen war. Er hat einiges gelernt und immerhin Geld verdient, wenn auch nicht so viel, dass er hätte Rücklagen bilden können. Und er hat – entgegen seinen Plänen und Hoffnungen – keine Zeit gefunden, sich um neue Projekte und Kunden zu kümmern.

Wenn er ehrlich zu sich selbst ist, befindet er sich jetzt in derselben Situation wie vor dem Projekt, nur um ein Jahr älter und um ein paar Erfahrungen reicher.

So wie Karl (oder zumindest so ähnlich) ergeht es zahlreichen Jobbesitzern. Entweder haben sie viel Arbeit und keine Zeit – und das zudem noch für relativ wenig Geld – oder sie haben wenig Arbeit, dafür aber große Sorgen, wie es weitergehen soll. Diese Situation ist jedoch durch das Denken und die Entscheidungen, die in die Selbstständigkeit geführt haben, quasi vorprogrammiert. Soll sich die Situation ändern, dann muss das grundlegende Denken ein anderes sein und es müssen darauf basierend andere Entscheidungen getroffen werden. Und genau darum geht es in Phase 2.

Die Ziele für Phase 2

Für diese Phase deiner Unternehmensentwicklung gibt es einige wesentliche Ziele, deren Erreichung die entscheidende Basis für die Phasen 3 und 4 darstellen.

Der erste Schritt aus dem Hamsterrad

In Phase 2 geht es vor allem darum, einen ersten Schritt aus dem Hamsterrad zu machen, wenn auch nur einen ganz kleinen, was nicht bedeutet, dass es ein einfacher ist. Es geht darum, am eigenen Leib zu erleben, wie es da draußen ist, und eine erste Idee davon zu erhalten, wie der Weg aussehen könnte, auf den du dich gerade machst.

Höhere Preise und Honorare

In dieser Phase wird es sehr viel um dein Einkommen, genauer gesagt um deine Stundensätze und den Wert deiner Zeit gehen. Es ist absolut notwendig, deine Honorare, deine Tages- und Stundensätze auf ein Level zu steigern, das dir ausreichend Zeit verschafft, um dein Unternehmen aufzubauen. Was genau ich damit meine, werden wir ausführlich besprechen.

Mehr AM, weniger IM Unternehmen arbeiten

Das dritte wesentliche Ziel in Phase 2 besteht darin, mehr AN deinem Unternehmen zu arbeiten oder vielleicht überhaupt erst einmal damit zu beginnen. Viele Jobbesitzer arbeiten ausschließlich IN ihrem Unternehmen. In Phase 2 wirst du das ändern.

Unternehmergedanken

Um diese Ziele zu erreichen, gilt es in dieser Phase, ein paar grundlegende Konzepte zu verstehen, und es braucht wesentliche Veränderungen in deinem Denken. Einige dieser Konzepte – ich nenne sie „Unternehmergedanken" – werden möglicherweise deiner jetzigen Weltanschauung widersprechen. Wäre das nicht so, dann würdest du dich bereits in einer anderen Phase deiner persönlichen bzw. Unternehmensentwicklung befinden. Gib diesen Gedanken und Konzepten daher eine Chance. Dabei hast du oft noch nichts Konkretes zu tun. Es geht nur darum, deine Sichtweise zu ändern. Diese „Unternehmergedanken" habe ich im folgenden Abschnitt zusammengefasst und erklärt.

Unternehmergedanke #1 – Ich bin NICHT mein Unternehmen

Als Jobbesitzer bist du dein Unternehmen, zumindest sehen und empfinden das viele so. Es gibt keine Trennung zwischen dir und deinem Unternehmen, weil du alles, was dein Unternehmen ausmacht, allein ausführst.

Diese Sichtweise bzw. dieses Gefühl ist vor allem bei selbstständigen Dienstleistern sehr stark ausgeprägt. Das ist deshalb so, weil die Kernleistung selbst – die Erstellung der Grafik, die Programmierung der Webseite, das Fotografieren oder auch das Personal Training – ebenfalls vom Jobbesitzer persönlich ausgeführt wird.

Wenn ein Kunde etwa mit einem Foto nicht zufrieden ist, dann kann durchaus der Gedanke aufkommen, dass der Fotograf schlecht ist. Wenn aber das Auto, das man gekauft hat, nicht so funktioniert, wie es sollte, dann ist es ggf. ein schlechtes Auto, aber kein schlechter Autoverkäufer. Diese Nichttrennung zwischen Person und Unternehmen bereitet vielen selbstständigen Dienstleistern in zweierlei Hinsicht Probleme.Erstens ist etwaige Kritik, die bei Reklamationen an der Leistung geäußert wird, doppelt hart, weil diese als Kritik an der eigenen Person empfunden wird. Zweitens, und das ist für dein Einkommen extrem wichtig, hängt dein Marktwert, wie vorhin erwähnt, sehr stark von deinem Selbstwert ab. Ich kenne viele Selbstständige, die keine höheren Honorare erhalten, weil sie es nicht glaubhaft schaffen, höhere Honorare zu verlangen. Sie bringen diese oft im barsten Sinne des Wortes nicht über die Lippen. Oder aber sie bringen sie über die Lippen, allerdings nicht, ohne sie im selben Satz noch mit einem Weichmacher abzuschwächen.

„Mein Honorar würde 1.500 € betragen ... wenn das für Sie okay ist." Solche Formulierungen (in diesem Fall mit „würde" und dem Nebensatz als Abschwächung) sind sehr oft zu hören, wenn Kunden nach Preisen fragen. Meistens erfolgen sie auch noch in Kombination mit körpersprachlichen Hinweisen, die darauf schließen lassen, dass der Anbieter nicht hinter seinem Preis steht und durchaus bereit ist, etwas nachzulassen. Eine Preisforderung, die auf diese Art und Weise vorgebracht wird, ist geradezu eine Einladung für den Kunden, nach einem Nachlass zu fragen. Wie du dein Honorar so verpacken und kommunizieren kannst, dass genau das nicht passiert, erfährst du ausführlich im Beitrag „Preisnennung – Die teuersten Fallen", den du im Ressourcenbereich zu diesem Buch findest. Wenn du aber dein Denken änderst und dich als Person sowie dein Unternehmen als zwei getrennte Einheiten siehst, dann fällt es dir leichter, mit diesen Problemen umzugehen. Nicht, dass sie damit bereits vollkommen aus der Welt wären – Kritik an deiner Leistung wird bisweilen immer noch schmerzen, und die Preisformulierung ist dadurch auch noch nicht so, wie sie sein sollte. Dennoch ist es ein wichtiger Grundstein für deine Entwicklung und damit für die Entwicklung deines Unternehmens.

Ersetze daher den Gedanken bzw. das Gefühl „Ich bin mein Unternehmen" durch die Sichtweise „Ich arbeite für mein Unternehmen".

Unternehmergedanke #2 – AM Unternehmen statt IM Unternehmen arbeiten

Sobald du die Idee verinnerlicht hast, dass du nicht das Unternehmen bist, sondern dass dieses vielmehr eine von dir getrennte eigene Einheit ist, bist du bereit für das nächste grundlegende Konzept.

IM Unternehmen vs. AM Unternehmen

Die Unterscheidung zwischen der Arbeit IN deinem Unternehmen und AN deinem Unternehmen ist von grundlegender Bedeutung für die Entwicklung deines Unternehmens. Lass uns ein wenig genauer darauf eingehen.

Arbeit IM Unternehmen

Unter der Arbeit IN deinem Unternehmen verstehe ich vor allem all jene Tätigkeiten, die mit der Abwicklung deiner Aufträge zu tun haben. Dazu zählen die Programmierung von Webseiten, die Durchführung eines Seminars, der Gerichtstermin als Anwalt, aber auch das Schreiben von Rechnungen oder das Organisieren von geschäftlichen Reisen. Man könnte diese als die „operativen" Aufgaben bezeichnen.Doch auch in anderen Bereichen abseits der Auftragsabwicklung gibt es jede Menge Arbeit IM Unternehmen zu tun.

Ein paar Beispiele dazu:

- Angebote und Auftragsbestätigungen schreiben
- Kaltakquise per Telefon durchführen
- die Belege für den Buchhalter für den Monatsabschluss vorbereiten bzw. die Buchhaltung selbst machen
- Rechnungen bezahlen

Arbeit AM Unternehmen

Die Arbeit AM Unternehmen umfasst all jene Tätigkeiten, die nicht unmittelbar operativ mit dem laufenden Betrieb zu tun haben, aber mittel- und langfristig umso wichtiger sind.

Einige Beispiele für die Arbeit AM Unternehmen:

- eine neue Webseite erstellen
- ein Angebotspaket entwickeln
- über langfristige Ziele nachdenken
- Seminare zur Weiterbildung besuchen oder ein Fachbuch lesen (was

bedeutet, dass du jetzt gerade, während du dieses Buch liest, AN deinem Unternehmen arbeitest)

- Mitarbeiter einstellen

Die Grenzen zwischen der Arbeit IM und der Arbeit AM Unternehmen sind allerdings nicht immer so klar und trennscharf, sondern oft eher fließend. Es hängt von der Situation ab, in der sich dein Unternehmen befindet, ob etwas noch Arbeit IM oder schon Arbeit AM Unternehmen ist.

Nehmen wir als Beispiel die neue Webseite: Wenn du diese selbst erstellst (weil deine WordPress-Kenntnisse dafür ausreichen), dann ist das sicherlich mehr Arbeit AM Unternehmen, als wenn du etwa als Coach mit Klienten arbeitest. Gleichzeitig wäre es noch weiter im Bereich der Arbeit AM Unternehmen angesiedelt, wenn du die neue Webseite an einen professionellen Webdesigner auslagerst, diesen briefst und mit ihm regelmäßige Projektmeetings durchführst. Im Grunde geht es hierbei nicht darum, für jede einzelne Tätigkeit genau zu definieren, ob diese im Bereich der Arbeit IM oder der Arbeit AM Unternehmen angesiedelt ist. Es geht darum, das Grundkonzept zu verstehen und zu beginnen, es umzusetzen.

Warum AM Unternehmen arbeiten?

Wenn dein Unternehmen wertvoller werden und wachsen soll, dann braucht es dafür Ressourcen – Aufmerksamkeit, Zeit, Geld und Know-how. Je mehr davon du deinem Unternehmen gibst, desto besser sind seine Entwicklungschancen. Die Aufmerksamkeit ist dabei der grundlegende Stellhebel. Wie mit einer Weiche lenkst du damit den Energiefluss. Wenn du deine Aufmerksamkeit auf dein Unternehmen lenkst, dann können die anderen Ressourcen auch dorthin fließen, wo sie benötigt werden. Und genau darüber schreibe ich hier im Moment: deinem Unternehmen Aufmerksamkeit zu geben und ihm damit Energie in verschiedenen Formen zuzuführen.

Solange du deine Aufmerksamkeit nur bei der Durchführung der Aufträge und bei deinen Kunden hast (was in gewissen Zeiten extrem wichtig ist), wird sich dein Unternehmen nicht entwickeln. Karl ist es genauso ergangen: ein ganzes Jahr nur operative Arbeit und als Resultat keinerlei Weiterentwicklung.

Ganz konkret heißt das für dich:

- Du musst dir Zeit freischaufeln, um AN deinem Unternehmen arbeiten zu können.
- Wie du das schaffst, werden wir uns noch in dieser Phase ansehen.
- Du musst Geld, das du einnimmst, clever in dein Unternehmen reinvestieren.

Viele Selbstständige entnehmen alles, was nicht unmittelbar zum Begleichen der notwendigen Rechnungen dient.

- Du musst dein Know-how ständig weiterentwickeln.
- Die Möglichkeiten dafür sind heutzutage vielfältig: Seminare, Bücher, Audiobooks, Podcasts, YouTube-Videos – vieles davon steht kostenlos rund um die Uhr zur Verfügung.

„Müssen" ist natürlich ein starkes Wort (sorry dafür). Du „musst" natürlich nur dann, wenn du mit deinem Unternehmen die Ziele dieser Phase 2 erreichen willst.

Zu viel IM und zu wenig AM Unternehmen

Generell stelle ich fest, dass die meisten Selbstständigen, aber auch viele Unternehmer, zu viel IM und zu wenig AM Unternehmen arbeiten. Bei genauerer Betrachtung würde ich sogar behaupten:

Der Hauptgrund für Misserfolg im Business ist zu viel Arbeit IM und zu wenig Arbeit AM Unternehmen.

Die Arbeit IM Unternehmen ist meist dringend (Kunden warten ungern) und wichtig. Es gibt bei vielen Selbstständigen auch sonst niemanden, der die erforderlichen Tätigkeiten durchführen würde (ein Problem, um das wir uns demnächst kümmern). Und wie vorhin ausführlich erläutert, bereitet diese Arbeit eben vielen so großen Spaß, dass sie nichts lieber tun.

Unternehmergedanke #3 – Ich muss nicht arbeiten, um Geld zu verdienen

Selbstständige, vor allem selbstständige Dienstleister, tauschen meistens ihre Zeit gegen Geld. Das bedeutet, die Leistung wird nach Stunden oder Tagen abgerechnet. So gesehen ist es nicht verwunderlich, wenn sich der Glaubenssatz „Ich muss arbeiten – wirklich aktiv Zeit investieren –, um Geld zu verdienen" festsetzt. Das ist schließlich die erlebte Praxis. Doch für deine eigene Weiterentwicklung und die deines Unternehmens ist dieser Glaubenssatz hinderlich. Er blockiert dich und limitiert dein Einkommen durch die knappe dir zur Verfügung stehende Zeit. Das Ziel, das wir mit diesem Buch verfolgen, ist vielmehr, ein Unternehmen zu entwickeln, in das du irgendwann (genauer gesagt in Phase 4 und 5) deutlich weniger oder gar keine Zeit mehr investierst (zumindest nicht operativ). Die Grundlage dafür ist es, dass du umzudenken beginnst und diesbezüglich deinen Glaubenssatz „Ich muss arbeiten, um Geld zu verdienen" änderst. Dieser besitzt keine allgemeine Gültigkeit! Ich kenne viele Unternehmer – und du wahrscheinlich ebenfalls –, die jedes Jahr vollkommen entspannt viele Wochen lang auf Urlaub fahren und auch während dieser Zeit gutes Geld verdienen. Stellt sich also die Frage: Wenn du nicht arbeitest – wer arbeitet dann? Das ist eine sehr interessante Frage. Die Antwort darauf lautet: Dein Unternehmen arbeitet unabhängig von dir. Es besteht aus funktionierenden Systemen, die du dann eingerichtet haben wirst.

Wenn du hart arbeiten musst, ist das ein Zeichen dafür, dass es dein Business nicht tut.

Produktive neue Glaubenssätze, die du dir in diesem Zusammenhang aneignen könntest, sind etwa:

- „Ich kann Geld verdienen, ohne zu arbeiten."
- „Der Einsatz meiner Zeit ist kein Maßstab für die Höhe meines Einkommens."
- „Mein Unternehmen arbeitet und produziert Einkommen für mich."

Lies dir diese selbst laut vor. Wie geht es dir damit? Möglicherweise gibt es da eine hartnäckige Stimme in dir, die sich meldet und sagt: „Moment mal. Das stimmt nicht!" Lass sie ruhig gewähren, aber füge ein kleines Wörtchen hinzu: Das stimmt noch nicht!

Wir werden gemeinsam daran arbeiten, genau das für dich und dein Unternehmen Wirklichkeit werden zu lassen.

Unternehmergedanke #4 – Entspezialisierung ist erfolgsentscheidend

Als Jobbesitzer und Selbstständiger bist du Spezialist bzw. Spezialistin in dem, was du machst. Das ist wichtig, denn deine Kunden wollen, dass ein echter Spezialist die Arbeit durchführt, die sie in Auftrag gegeben haben.

Spezialisierung, oftmals hochgradige Spezialisierung, sowie in kleine und kleinste Nischen des Marktes vorzudringen ist etwas, das für Jobbesitzer und Selbstständige (auf Entwicklungsstufe 2) ein wesentlicher Erfolgshebel ist. Spezialisten können höhere Honorare verlangen und erhalten diese auch.

Ich empfehle ebenfalls meinen Klienten, die als Jobbesitzer oder Selbstständige ein profitables Geschäft aufbauen wollen, sich zu spezialisieren. So verbessern sie den Umrechnungskurs ihres „Zeit gegen Geld"-Einsatzes. Ihre Zeit wird wertvoller. Das ist übrigens einer der nächsten Schritte, über den wir uns unterhalten werden. Um jedoch dein Unternehmen aufzubauen und zu wachsen, musst du genau das Gegenteil tun: Du musst dich entspezialisieren. Du musst vom Spezialisten zum Generalisten werden.

Schau dich in der Wirtschaft um. Spezialisten (fest angestellte oder auch selbstständige) verdienen bisweilen gutes, manche auch sehr gutes Geld. Doch für wen arbeiten sie? Für Generalisten, die als Unternehmer oder Führungskräfte weitaus mehr Geld verdienen als die Spezialisten. Diese Kehrtwendung ist nicht einfach zu vollziehen, wie ich aus eigener Erfahrung weiß, aber sie ist unbedingt notwendig. Je mehr du AM und je weniger du IM Unternehmen arbeitest, desto vielfältiger sind die Anforderungen an dich. Als Führungskräftecoach etwa musst du vor allem ein ausgezeichneter Coach sein, um für deine Klienten hilfreich zu sein.

Erfolgreiche Unternehmer sind moderne 50-Kämpfer.

Als Coaching-Unternehmer (was immer das dann für dein Unternehmen genau bedeuten mag) benötigst du, um dein Unternehmen aufzubauen und zu führen, sehr viel mehr Fähigkeiten und Know-how (50 ist vielleicht noch weit untertrieben), wie z. B.:

- Verkauf
- Marketing (online, offline, Social Media etc.)
- Recruiting

- Mitarbeiterführung und Teambuilding
- Buchhaltung und Steuern
- IT

Dabei kannst du niemals in allen diesen Bereichen so viel wissen bzw. so gut sein wie ein Spezialist, der sich ausschließlich auf ein einziges Fachgebiet konzentriert.

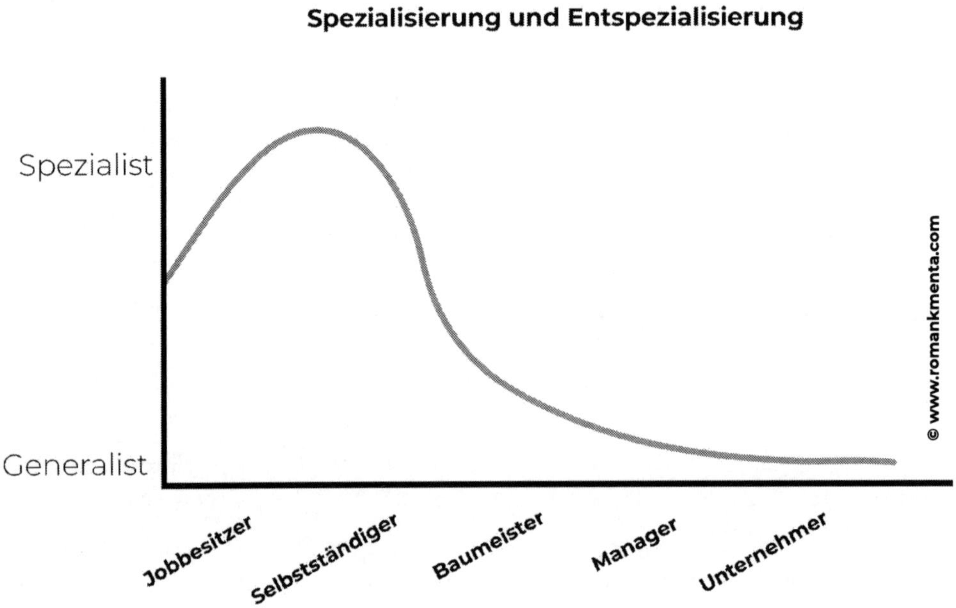

Deshalb hast du eben Spezialisten, die für dich arbeiten und letztlich für dich Geld verdienen. Um allerdings überhaupt etwas an einen Spezialisten auslagern zu können, musst du über jedes einzelne Fachgebiet zumindest so viel Kenntnis besitzen, dass du weißt, wie es funktioniert und was möglich ist. Ein Beispiel aus meinem eigenen Unternehmen: Mir ist bekannt, dass man auf Facebook Werbung schalten kann, und habe ebenfalls schon kleinere Anzeigen bzw. Kampagnen selbst aufgesetzt. Gleichzeitig weiß ich, dass Facebook-Werbung, technisch gesehen, sehr viel mehr zu leisten imstande ist. Facebook Pixel, Facebook Lookalike Audiences usw. – hier gibt es einige sehr spezielle und durchaus komplexe Dinge, die man mit Facebook-Kampagnen anstellen kann, um die Ergebnisse zu verbessern. Jetzt könnte ich natürlich selbst zum Spezialisten werden und mir all dieses Wissen aneignen, doch das schaffe ich zeitlich nicht. Daher engagiere ich Spezialisten, die das viel besser und schneller erledigen als ich. Gleichzeitig kann ich mit ihnen auf Augenhöhe sprechen, sie briefen und mich über den Fortschritt des Projektes austauschen, weil ich über ausreichendes Generalistenwissen dazu verfüge.

Ist das einfach? Nein, ganz und gar nicht! Ich behaupte sogar, dass es in den letzten zwei Jahrzehnten sehr viel komplexer geworden ist, Unternehmer zu sein, weil es mittlerweile viel mehr Möglichkeiten gibt. Früher hat es etwa als ortsansässiger Dienstleister gereicht, wöchentlich eine Viertelseite im Lokalblatt zu schalten, um neuen Kunden zu gewinnen.

Heute hat derselbe lokale Dienstleister eine Unzahl von Online- und Offline-Möglichkeiten, um auf sich aufmerksam zu machen und mit seinen Kunden in Kontakt zu kommen. Generalist zu sein ist gegenwärtig sehr viel schwieriger als noch vor 20 oder sogar vor 10 Jahren, und die Komplexität steigt weiterhin an. Selbstverständlich kannst du nicht alles tun, was es gibt. Du kannst nicht auf jeder Plattform und in jedem Medium aktiv sein. Allerdings musst du den Überblick haben, um entscheiden zu können, wo du tätig sein und damit deine Zeit und dein Geld investieren willst (oder sogar musst) und welche Felder du im Moment unbespielt lässt.

Permanente Weiterbildung ist eine Grundvoraussetzung

Daher ist es unbedingt nötig, dass du dich in allen relevanten Bereichen permanent weiterbildest und dein Know-how entwickelst. Das braucht heutzutage weniger Geld, aber mehr Zeit.

Fast alle Informationen sind rund um die Uhr verfügbar über:

- YouTube-Videos
- Podcasts
- Blogs und Fachartikel
- Audiobooks
- Bücher
- Online-Kongresse

Das meiste davon ist sogar gratis.

Zusätzlich macht es Sinn, ab und an Geld in die Hand zu nehmen und Seminare zu besuchen bzw. für spezielle Herausforderungen einen Berater oder Coach zu engagieren. Ich habe selbst manchmal den Fehler begangen, mir gewisse Dinge eigenständig zu erarbeiten, statt gleich einen Coach zu engagieren, der mir sehr viel rascher helfen kann, mein Projekt zu starten bzw. umzusetzen oder mein Ziel zu erreichen.

Werde zu dem Kunden, den du haben willst

Lass uns noch kurz an dieser Stelle verweilen. Es gibt Selbstständige, die für ihre Leistung höhere Honorare erzielen wollen und regelmäßig daran scheitern. Bei genauerer Betrachtung sind es oft Menschen, die in sich selbst wenig oder gar nichts investieren.

Wenn ein Coach etwa niemals 10.000 € für die Begleitung durch einen kompetenten Coach ausgeben würde, darf er sich nicht wundern, wenn er es nicht schafft, seinerseits Interessenten davon zu überzeugen, für seine eigenen Produkte und Leistungen ähnlich hohe Summen auszugeben, und sie zu Kunden zu machen.

Man strahlt eben – natürlich unbewusst – gewisse Einstellungen und Haltungen an seine Umgebung aus.

Unternehmergedanke #5 – Ich bin Unternehmer

Etwas ganz Grundlegendes, das du verändern musst, wenn du mit deinem Business wachsen willst, ist dein Selbstbild. Wer bzw. was bist du? Was antwortest du auf die Frage: „Was machen Sie denn so beruflich?" – Bist du Masseur, Coach, Berater, Grafiker, Fotograf ... oder selbstständig?

Das alles sind Selbstbilder, die sich auf deine Tätigkeit als Spezialist beziehen. Dieses Selbstbild ist absolut in Ordnung für die Phase 1. Für die Phase 2 (und in weiterer Folge vor allem für die Phasen 3 bis 5) ist es wichtig, dass du dich nicht mehr als Spezialist siehst, sondern mehr und mehr als Unternehmer. Diese Veränderung deines Selbstbildes hat gewaltige Auswirkungen auf dein Leben ... und wahrscheinlich nicht nur auf dein berufliches.

Ein Unternehmer ...

- denkt anders,
- handelt anders,
- hat andere Glaubenssätze,
- kleidet sich anders,
- spricht anders,
- hat andere Interessen,

- verbringt seine Zeit mit anderen Menschen und
- an anderen Orten,
- sieht die Welt mit anderen Augen,
- hat andere Ziele,
- hat einen anderen Fokus und
- wird anders wahrgenommen.

Fake it till you make it

Wie aber verändert man nun sein Selbstbild? Das ist leichter gesagt als getan. Eine von vielen Möglichkeiten, daran zu arbeiten, ist die „Fake it till you make it"-Methode, wie ich sie gerne bezeichne.

Es war im Jahr 2007. Ich hatte mein Franchise-Unternehmen in Österreich verkauft und war nach Deutschland gegangen, um dort als Franchisegeber und gleichzeitig als mein erster eigener Franchisenehmer dasselbe Franchisesystem aufzubauen, das ich über die Jahre zuvor sehr erfolgreich in Österreich betrieben hatte. Und obwohl ich in Österreich im Jahr davor mit Trainings und Coachings mehr als 500.000 € Umsatz erreicht hatte, gelang es mir im ersten Jahr in Deutschland zwar, die GmbH zu gründen, einen Standort zu finden und einzurichten, zwei erste Mitarbeiterinnen einzustellen, einige Trainer und sogar die ersten Franchisenehmer ins System zu holen und auszubilden – aber ich erzielte keinen einzigen Euro Umsatz. Wie ich das angestellt habe, ist mir selbst heute noch ein Rätsel. Vielleicht kannst du dir vorstellen, wie hart das war, vor allem deshalb, weil ich die Jahre zuvor im selben Geschäft noch sehr erfolgreich tätig gewesen war. Bei einer von vielen Analysen meiner Situation war mir aufgefallen, dass ich immer noch meinen inzwischen in die Jahre gekommenen Opel mit einem Kilometerzählerstand jenseits der 200.000 fuhr.

Nur war das eben ein Auto, das – gelinde gesagt – kein Fahrzeug war, das man einem erfolgreichen Unternehmer zuschreiben würde. Bei näherer Betrachtung fiel mir zudem auf, dass ich mich erfolglos fühlte, und zwar jedes Mal, wenn ich hinter dem Lenkrad saß oder auch nur an mein Auto dachte. Gleichzeitig hatte ich zu diesem Zeitpunkt nicht das Geld für ein neues, adäquates Fahrzeug. Der Gedanke, dass dieses Auto – so seltsam das klingen mag – etwas mit meiner Erfolglosigkeit zu tun haben könnte, verstärkte sich, je mehr ich darüber nachdachte. Schließlich kam ich zu der Überzeugung, dass ich dringend etwas ändern musste. Ein neues Auto kaufen konnte bzw. wollte ich nicht, aber mieten war kostenseitig insofern okay, als ich die Miete jederzeit beenden konnte. Das nächste halbe Jahr fuhr ich also Leihwagen – Mercedes E-Klasse, 5er-BMW und andere Modelle der gehobenen Mittelklasse. Schlagartig stellte sich ein vollkommen anderes Gefühl ein, wenn ich im Auto saß. Mein Selbstbild als erfolgreicher Unternehmer war auf diese Weise sehr viel leichter aufrechtzuerhalten. Das Fahrzeug übte einen starken Einfluss auf mein Denken und mein Gefühl aus.

„Mein Gott – ist das oberflächlich!“, wirst du jetzt vielleicht denken. Das kann ich verstehen. Auch mir selbst kommt es oberflächlich vor, mich von dem Auto, das ich fahre, so sehr beeinflussen zu lassen. Doch das bedeutet nicht, dass es nicht effektiv ist und funktioniert. Und ehrlich gesagt, kann ich sehr gut damit leben, dass etwas oberflächlich ist, wenn es wirkt und dazu führt, dass es mir besser geht. Möglicherweise kennst du diese Art von Effekt in anderen Bereichen, in denen Äußerlichkeiten dein Denken und deine Emotionen beeinflussen:

- Fühlst du dich in einem neuen, perfekt sitzenden Anzug oder Kostüm nicht auch anders als in der Jogginghose und dem Schlabbershirt?
- Wirkt es sich auf dein Gefühl aus, wenn du im 6-Sterne-Luxushotel nächtigst anstatt in der 3-Sterne-Pension?

- Kann nicht auch eine Flasche Champagner (vom wirklich guten und teuren) einen Kick bewirken (vom Alkohol mal ganz abgesehen)?

Das alles könnte man wahrscheinlich als oberflächlich bezeichnen – aber es wirkt.

Doch wie ging es mit meinem Business in Deutschland weiter? So seltsam es klingen mag, aber mein neues Mietauto war der Startschuss für mein Geschäft. Es begann zu funktionieren, Aufträge kamen herein und ich schaffte in den folgenden 12 Monaten einen Umsatz von über 300.000 €.

Hätte das nicht auch ohne neues Auto funktioniert? Vielleicht. Ganz genau werden wir das wohl nie wissen. Ich für meinen Teil bin fest davon überzeugt, dass das neue Fahrzeug einen wesentlichen Beitrag zur Veränderung meines Geschäftes geleistet hat.

Gestalte dein zukünftiges Ich

Und genau diesen „Fake it till you make it"-Effekt kannst du ebenfalls nutzen. Wie genau funktioniert das? Die übliche Reihenfolge ist „Denken > Handeln > Sein". Das bedeutet, dass du auf eine bestimmte Art und Weise denkst, bestimmte Gedanken hast. Aus diesen Gedanken folgen dann entsprechende Handlungen und aus diesen Handlungen wiederum dein Seinszustand und auch dein Selbstbild. Du schließt quasi automatisch und unbewusst aus deinen Handlungen darauf, wer oder wie du bist.

Dazu ein stark vereinfachtes Beispiel: Ein Selbstständiger denkt, dass er mehr als 50 € Honorar pro Stunde nicht erhalten kann. Die Handlungen, die daraus folgen, sind, dass er Preisforderungen über 50 € nur sehr schwer und unsicher über die Lippen bringt bzw. erst gar nicht versucht, mehr zu verlangen. Aus der Fülle dieser Handlungen, die er immer wieder setzt, ergibt sich dann das Selbstbild als hart arbeitender, aber schlecht verdienender „Zeit-gegen-Geld-Tauscher".

Sei das, was du werden willst

Was du nun tun kannst, um dein Selbstbild zu verändern und andere Ergebnisse zu erhalten, ist, diese Abfolge umzukehren und mit dem Sein zu beginnen. Du beginnst also mit deinem Ziel. Wenn du z. B. das Ziel hast, Unternehmer zu sein, der operativ wenig bis gar nichts mehr arbeitet und ein sehr hohes Einkommen hat, dann kannst du dir überlegen, wie so jemand ist und was für ein Leben so jemand führt. Du beschreibst also dein künftiges Ich, und zwar so detailliert wie möglich.

Beantworte dir folgende Fragen:

- Wie bzw. was wirst du denken?
- Welche positiven Glaubenssätze wirst du haben? Und vor allem: Welche negativen Glaubenssätze wirst du nicht mehr haben?
- Wie bzw. was wirst du arbeiten?
- Wie wirst du dich kleiden?
- Welche Körperhaltung wirst du einnehmen? Man hat festgestellt, dass erfolgreiche Menschen schon allein an ihrer Körperhaltung erkannt werden. Das könntest du übrigens jetzt gleich mal ausprobieren.
- Was wirst du nicht mehr tun? (ganz entscheidend!)
- Mit welchen Menschen wirst du zu tun haben? Und noch wichtiger: Mit welchen Menschen wirst du nicht mehr zu tun haben?
- Welchen Hobbys wirst du nachgehen?
- Was für ein Auto wirst du fahren?
- Wo und wie wirst du deinen Urlaub verbringen?

- Wofür wirst du dich engagieren?
- Wie wird dein Tagesablauf aussehen?

Versetze dich auf diese Art und Weise in dein zukünftiges Ich und beginne, dein Leben so zu leben, wie dein künftiges Ich es machen wird. Ich weiß, dass du natürlich nicht alles gleich umsetzen kannst. Wenn dein zukünftiges Ich bspw. einen Ferrari besitzt, dann bedeutet das nicht, dass du gleich losziehen, dir einen kaufen und dich damit hoch verschulden solltest. Aber wenn der Ferrari ein wichtiger Bestandteil deines Ziels ist, dann könntest du einmal einen solchen für ein Wochenende mieten. Das kostet ebenfalls Geld, ist aber finanzierbar. Viele dieser Dinge, die du aufgelistet hast, kosten allerdings wenig bis gar kein Geld.

Von außen nach innen

Du setzt also möglichst viele Handlungen, die derjenige, der du sein willst, setzen würde. Und diese Handlungen, Orte und Dinge verändern Schritt für Schritt dein Denken. Genauso wie meine neuen Mietautos das meinige beeinflusst haben und wie sich jemand in einem neuen, gut sitzenden Anzug wichtiger und wertvoller fühlen wird als in Jogginghose und T-Shirt.

Du beginnst mit einer Veränderung im Außen und beeinflusst dadurch das Innen, dein Denken. Statt „Denken > Handeln > Sein“ drehst du die Ursache-Wirkung-Kette um zu „Sein > Handeln > Denken“. Du bist schon so, wie du sein willst, um schließlich so zu werden, wie du sein kannst.

Verwirrend? Seltsam? Kann ich gut verstehen. Aber gib der Veränderung eine Chance und probiere es einfach aus. Nebenbei kannst du sehr viel Spaß damit haben.

Unternehmergedanke #6 – Ich brauche Mitarbeiter, um zu wachsen

Eine der größten Hürden auf dem Weg vom Jobbesitzer zum Selbstständigen ist der erste Mitarbeiter. Dabei kann das jemand sein, der in deinem Unternehmen fest angestellt ist oder – theoretisch – auch ein Freelancer. In jedem Fall spreche ich von jemandem, mit dem du regelmäßig und fix zusammenarbeitest. Eine Grafikerin, die einmalig beauftragt wird, um ein Logo zu entwickeln, fällt nicht in die Kategorie „Mitarbeiter". Mit ihr geht man keine mittel- oder längerfristige (finanzielle) Verpflichtung ein, sondern man bezahlt den vereinbarten Betrag für das Projekt, und das war's.

Auslagern, was du selbst tun könntest

Etwas auszulagern, das man selbst nicht kann, ist einfach und fällt kaum einem Selbstständigen schwer. Die größere Hürde ist es, etwas auszulagern, das man auch selbst erledigen kann. Noch höher wird diese Hürde, wenn es darum geht, etwas auszulagern, das man sehr gut kann und/oder sehr gerne macht. Solche Tätigkeiten werden von den meisten Selbstständigen selbst erledigt, was dazu führt, dass sie – einer verbreiteten Redensart zufolge – „selbst und ständig" arbeiten. Doch genau an diesem Punkt beginnt es für die Entwicklung deines Unternehmens spannend zu werden. Gleichzeitig sind viele Selbstständige genau hier mit massiven Blockaden konfrontiert.

Die Blockaden auf dem Weg zum ersten Mitarbeiter

Ich nehme dir gerne ein wenig Arbeit ab ... nur für den Fall, dass die eine oder andere Blockade, die dieser Idee vom ersten Mitarbeiter entgegensteht, jetzt in deinem Kopf aufgetaucht ist. Ich habe alle diese Blockaden in Form von Einwänden schon von Klienten gehört, mit ihnen ausführlich diskutiert und sie daher im Folgenden für dich kurz zusammengefasst. Es gibt eine Reihe von Gründen, warum die Hürde zum erster Mitarbeiter eine so große ist.

Bindungsangst

Viele Selbstständige haben Angst, sich durch einen Mitarbeiter mit Fixkosten zu belasten, die sie dann auch in schwachen Monaten zu tragen haben. Doch erstens kann man sich von Mitarbeitern trennen (selbst wenn dies manchmal schwerfällt). Und zweitens gibt es jede Menge Freelancer, mit denen du wie mit Mitarbeitern zusammenarbeiten kannst. Wie bezahlt wird – als Gehalt oder auf Honorarbasis –, ist ein, aber nicht das entscheidende Kriterium (und hat auch steuerliche sowie arbeitsrechtliche Relevanz). Die Kosten sind bei genauerer Betrachtung nicht so hoch, wie viele meinen. Du kannst bereits um 200–300 € pro Monat beginnen, ein paar Stunden pro Woche auszulagern. Die Anzahl der schwachen Monate, in denen dir die Finanzierung deines Mitarbeiters schwerfällt, wird abnehmen, wenn du diesen richtig einsetzt. Entscheidend dabei ist: Ein Mitarbeiter muss dir mehr bringen, als er dich kostet, sonst machst du etwas falsch.

Tätigkeiten sind nicht delegierbar

„Meine Tätigkeiten sind sehr speziell und daher nicht delegierbar." – Glaubst du das wirklich? Echt jetzt? Du wärst der erste Mensch, den ich treffe, der ausschließlich so extrem heikle, wichtige, komplizierte oder komplexe Aufgaben zu erfüllen hat, dass diese nicht delegierbar sind.

Wachstumskiller Nr. 1: Glauben, alles selbst machen zu müssen!

Wenn das so ist, hast du kein Delegationsproblem, sondern eines mit deinem Perfektionismus. Zugegeben, es wird auch in deinem Business Tätigkeiten geben, die schwieriger zu delegieren sind als andere. Akzeptiert. Doch in jedem Fall gibt es viele Tätigkeiten, die recht einfach zu delegieren sind und dich nicht nur extrem viel Zeit, sondern meist auch Nerven kosten.

Was du als Erstes delegieren solltest und wie, damit werden wir uns später noch intensiv auseinandersetzen.

Kein Platz für Mitarbeiter

In genau dieser Situation befinde ich mich selbst. Ich habe im Moment keinen Platz für Mitarbeiter – und dennoch habe ich mehrere. Im digitalen Zeitalter ist die Vorstellung, dass immer alle an einen Ort kommen müssen, um dort zu arbeiten, vollkommen überholt. Deine Mitarbeiter sollen dort arbeiten, wo es ihnen Spaß macht und wo sie produktiv sein können. Wozu gibt es das Internet, E-Mail, Telefon, Sykpe etc.? Alle 2 Monate etwa treffe ich meine Mitarbeiter physisch. Das reicht für viele Tätigkeiten vollkommen. Und wenn du ein Business betreibst, z. B. eine Massagepraxis, bei dem der Ort wichtig ist, dann musst du entweder ohnehin vergrößern, wenn du wachsen willst, oder du überlegst dir ein mobileres und ortsungebundenes Konzept. Lass dich jedenfalls durch zu wenig Platz nicht am Wachstum hindern.

Mitarbeiter sind nicht zu finden

Wenn das ernsthaft der Fall ist, dann bist du einen Riesenschritt weiter: Du hast die Entscheidung, einen Mitarbeiter an Bord zu holen, bereits getroffen und suchst nun welche. Nur dann kannst du nämlich zu dem Eindruck kommen, dass sie schwer zu finden sind. Doch in den meisten Fällen, in denen ich diesen Grund höre, handelt es sich lediglich um eine Ausrede für eine andere der angeführten Ursachen. Ich habe immer Mitarbeiter gefunden, wenn ich ernsthaft welche gesucht habe. Natürlich kann es manchmal länger dauern, die Richtigen zu finden. Weitersuchen, lautet dann die Devise ... und früh beginnen. Jetzt gleich!

Ich habe selbst genug Zeit

Oft höre ich, dass kein Mitarbeiter benötigt wird, weil man selbst – aufgrund noch schwacher Buchungslage – ausreichend Zeit hat, alle anfallenden Tätigkeiten selbst zu erledigen. Das stimmt sogar. Und genau so wird es bleiben, wenn du dir keinen Mitarbeiter an Bord holst. Du wirst für die Dinge, die in deinem Unternehmen getan werden müssen, immer Zeit haben bzw. sie dir nehmen müssen. Oft sind es administrative Kleinigkeiten – die Vorbereitung der Buchhaltung, die Ablage, Angebote ausarbeiten etc. –, die in diese Kategorie fallen.

Gleichzeitig werden aber all jene Dinge, die wesentlich wertvoller für dich und dein Unternehmen sind, nicht umgesetzt, weil du dich mit Tätigkeiten blockierst, die nicht ausreichend zur Wertsteigerung deines Unternehmens beitragen. Solltest du ernsthaft davon überzeugt sein, nicht zu wissen, wie du deine Zeit auf eine wertvollere Art und Weise einsetzen kannst (was ich nicht glaube), dann schicke mir eine Mail. Ich habe ganz sicher jede Menge Ideen für dich.

Ich kann mir keine Mitarbeiter leisten

Das ist einer der grundlegenden Denkfehler in dieser Phase. Die Wahrheit (oder zumindest das, was ich als „Wahrheit“ bezeichne, wenn es darum geht, dich und dein Business voranzubringen) ist vielmehr das genaue Gegenteil.

~~*Ich kann mir keine Mitarbeiter leisten!*~~
Ich kann es mir nicht leisten, KEINE Mitarbeiter zu haben!

Du musst nicht wachsen, um dir Mitarbeiter leisten zu können, sondern du musst dir Mitarbeiter leisten, um wachsen zu können. Mitarbeiter ermöglichen und beschleunigen dein Wachstum. Betriebswirtschaft 101: Ein Mitarbeiter – der richtige Mitarbeiter richtig eingesetzt – erwirtschaftet für dein wachsendes Unternehmen mehr Geld, als er dich kostet. Wäre dem nicht so, würde ich keinem Unternehmen empfehlen, Mitarbeiter einzustellen. Praktisch betrachtet weiß ich, dass das dennoch für viele verkehrt klingt. Wie soll denn das gehen, wenn man in dieser Phase das Geld für Mitarbeiter einfach nicht hat? Das kann ich gut nachvollziehen. Zwei Gedanken dazu:

Kein Geld zu haben entspricht in den allermeisten Fällen nicht der Wahrheit. Oft wird das Geld lediglich für etwas anderes ausgegeben, für Dinge, die Geld kosten, statt Geld zu erwirtschaften. Oft heißt „kein Geld" aber auch nur „nicht viel Geld", was uns zum zweiten Gedanken führt.

Diese Vorstellung wird das Thema Mitarbeiter für dich sehr viel leichter verdaubar machen. Wenn ich von einem ersten Mitarbeiter spreche, dann im Normalfall nicht von einer Vollzeitkraft. Ganz abhängig von der jeweiligen Situation kannst du mit ein paar wenigen Stunden pro Woche beginnen.

Der psychologische Effekt des ersten Mitarbeiters

Viel wichtiger als die Menge der Arbeit, die dir ein Mitarbeiter abnehmen kann, ist zu Beginn der psychologische Effekt. „Fake it till you make it!" – du erinnerst dich!? Ein Mitarbeiter, und sei es nur eine 2-Wochenstunden-Kraft, macht etwas für dein Selbstbild als Unternehmer.

„Unternehmer haben Mitarbeiter. Du hast Mitarbeiter, daher musst du ein Unternehmer sein." So lautet die Schlussfolgerung deines Unterbewusstseins. Das Außen beeinflusst auch hier das Innen.

Und dieser Mitarbeiter leistet vor allem Arbeit, die du nicht selbst machen musst. Bei 2 Stunden pro Woche sind das immerhin 9 Stunden pro Monat.

Du gewinnst auf diese Weise einen ganzen Arbeitstag, den du in den Aufbau deines Unternehmens investieren kannst.

Das Ganze kostet dich 100–150 € im Monat. Wir sprechen von 35 € pro Woche (mit Nebenkosten!). Ich kenne keinen Selbstständigen, der mir glaubhaft vermitteln kann, dass er sich keinen Mitarbeiter dieser Art leisten kann. Ist dieses Gehalt nicht zu niedrig? Sehr wahrscheinlich beginnst du nicht damit, die Arbeiten auszulagern, die hochqualifizierte Menschen erfordert, sondern eher die einfachen und kostengünstigen.

Dass diese Hürde vor allem eine mentale und keine finanzielle ist, zeigt sich nicht zuletzt daran, dass in weiterer Folge eine Ausweitung der Wochenarbeitszeit des betreffenden Mitarbeiters von 2 auf 5, 10, 20 ... Stunden pro Woche für die meisten eine ganz einfache Übung darstellt. Und das ist genau der Weg, den du beschreiten solltest und auch kannst.

Fang klein an, aber fang gleich an.

Warte nicht, bis du genug Umsatz machst bzw. ausreichend Geld verdienst, um dir Mitarbeiter leisten zu können, sondern halte vom ersten Tag an Ausschau nach den richtigen Mitarbeitern. Es braucht ohnehin oft Zeit, bis du ihn oder sie findest.

Diese Gedanken schließen unmittelbar an das nächste Thema an. Sie sind sogar sehr eng damit verknüpft, aber so wichtig, dass ich noch tiefer einsteigen möchte.

Unternehmergedanke #7 – Zeit ist mein wertvollstes Gut

„Die Zeit ist unser wertvollstes Gut" – eine oft gehörte Aussage, die in den allermeisten Fällen aber nicht mehr als ein Lippenbekenntnis ist.

Gerade sehr viele Jobbesitzer behandeln ihre Zeit nicht als ihr wertvollstes Gut. Ganz im Gegenteil. Da wird die Zeit beim Tausch gegen Geld oft viel zu billig verkauft. Sie wird sogar verschenkt, denn „es ist ja nur Zeit", die vermeintlich nichts kostet. Es wird Zeit in Projekte investiert, in die wir niemals Geld investieren würden.

Wenn du in etwas kein Geld investieren würdest, solltest du auch keine Zeit investieren. An den Taten sollst du sie messen

Wenn man also nicht die Worte, sondern vielmehr die Taten beurteilt, ist Geld wertvoller als Zeit. Doch nüchtern betrachtet ist das schlichtweg nicht wahr.

- Zeit ist nicht vermehrbar – Geld schon (wie die letzten Jahre deutlich zeigen).
- Zeit, die verbraucht ist, kann nicht wiedergewonnen werden – Geld schon.
- Der Zeitverbrauch kann nicht gestoppt, nicht aufgehalten und schon gar nicht gespart werden – Geld schon.

Zeit ist also alles in allem das wesentlich wertvollere und knappere Gut. Wahrscheinlich das knappste Gut überhaupt. Daher sollten wir sie auch so behandeln. Auf deinem Weg vom Selbstständigen zum Unternehmer musst du dir genau diesen Gedanken zu eigen machen.

Wie viel ist deine Zeit wert?

Wie viel deine Zeit wert ist, darüber könnte man sehr lange philosophieren, ohne je wirklich die Wahrheit zu ergründen. Doch so gerne ich auch bisweilen ein wenig philosophiere – ich bin kein Philosoph, sondern Betriebswirt und damit ein Zahlenmensch. In der Betriebswirtschaft lässt sich der Wert der Zeit berechnen. Auf Euro und Cent genau.

Und genau das werden wir jetzt tun. Zwar lässt sich kein absoluter Wert deiner Zeit festlegen (das wäre, wie gesagt, eine Frage der Philosophie), aber es lässt sich sehr wohl berechnen, wie viel deine Zeit für dein Unternehmen wert ist. Das kannst du an mehreren Kriterien festmachen.

Den Wert deiner Zeit berechnen

Eine Messlatte wäre der Gewinn, den du mit deinem Unternehmen erzielen willst. Warum? Deine Aufgabe ist es, Deckungsbeiträge und Erträge für dein Geschäft zu erwirtschaften. Als Jobbesitzer machst du das noch selbst.

Wenn du z. B. 50.000 € Gewinn pro Jahr erreichen möchtest und dafür bspw. jedes Jahr 48 Wochen durchschnittlich 50 Stunden arbeitest (2.400 Stunden), dann ist jede einzelne deiner Stunden für dein Unternehmen knapp 21 € wert. Viel? Wenig? Kommt darauf an? Jedenfalls ist das ein Wert, den du kennen solltest.

Du könntest aber zur Berechnung auch die Stunden heranziehen, die du von Kunden gebucht bist. Sagen wir mal, das wären 3 Tage pro Woche mit je 10 Stunden. Das macht im Jahr 1.440 fakturierte Stunden, die dann gemessen an deinem Zielgewinn zumindest je 35 € wert sind. Wenn dein Zielgewinn steigt (50.000 € sind sicherlich nicht das Ende der Fahnenstange), steigt der Wert deiner Zeit ebenso. Du könntest diese Rechnung ebenso mit dem Umsatz statt mit dem Gewinn anstellen, denn das ist die näherliegende Kennzahl. Du holst Aufträge und erwirtschaftest damit Umsatz für dein Unternehmen. Natürlich ist dann der Wert deiner Zeit, gemessen am Umsatz, deutlich höher. Würden bei dieser am Umsatz orientierten Berechnung z. B. 100 € herauskommen, so bedeutet das, dass du jede Stunde (im Durchschnitt) 100 € Umsatz machen musst (das wären bei einem 10-Stunden-Tag 1.000 €), um deinen Wert für dein Unternehmen zu realisieren.

Manche werden jetzt erleichtert aufatmen, weil ihre Stundensätze über den 35 €, 50 € oder gar 100 € liegen, die sich durch die eine oder andere Berechnung ergeben hat – doch halt!

Natürlich kannst du mit dieser Art Berechnung deinen Stundensatz ausrechnen, aber das wäre grundfalsch. Darum geht es nämlich an dieser Stelle überhaupt nicht. Vielmehr möchte ich dich auf einen gänzlich anderen Gedanken bringen. Dieser errechnete Wert hilft dir dabei, zu entscheiden, was du auslagern solltest und in welcher Reihenfolge.

Erfolgsfaktor Delegation

Wenn deine Zeit gemäß deiner Rechnung z. B. 35 € pro Stunde wert ist, dann solltest du alles, was jemand anderer um weniger als 35 € pro Stunde für dich erledigen kann, an eine andere Person delegieren, anstatt es selbst zu machen.

Nehmen wir als praktisches Beispiel die Vorbereitung für die Buchhaltung. Irgendjemand muss die Belege sortieren und an den Steuerberater schicken (vorausgesetzt, man macht die Buchhaltung nicht zur Gänze selbst). Monat für Monat. Jetzt stehst du dabei vor folgender Entscheidung: Entweder du beauftragst dich selbst damit um 35 € (das entspricht dem errechneten Wert deiner Zeit), oder du übergibst diese Arbeit einem Mitarbeiter, dem du (samt Nebenkosten) dafür 17,50 €, also die Hälfte, bezahlst. Unter uns gesagt: Natürlich kannst du das viel besser. Aber glaube mir, der Mitarbeiter macht das gut genug. ;-)

Wie entscheidest du dich? Was ist, so betrachtet, die betriebswirtschaftlich sinnvolle Entscheidung? Selbst machen oder übergeben? Natürlich ist rein rechnerisch die Entscheidung ganz einfach, logisch und klar. Dennoch zeigt die gelebte Praxis, dass viele Jobbesitzer und Selbstständige sich trotzdem dafür entscheiden, es selbst zu tun. Seltsam, oder? Gar nicht so sehr, wenn man die Gründe, warum so entschieden wird, näher betrachtet.

Die „guten" Gründe, alles selbst zu machen

Oft ist schlicht (noch) kein Mitarbeiter da, dem man den Papierkram in die Hand drücken könnte. Das ist etwas, das mir immer wieder passiert, da alle meine Mitarbeiter remote (d. h. von irgendeinem anderen Ort aus, nur nicht in meiner unmittelbaren Umgebung) arbeiten. Viele Selbstständige haben Zweifel daran, dass der Mitarbeiter die Arbeit auch wirklich gut machen würde, und erledigen die Aufgabe deshalb selbst. Wie oben erwähnt, muss der Mitarbeiter es aber gar nicht besser machen als du. Er muss es schlicht und einfach nur gut genug machen. Es gibt definitiv Bereiche, in denen sich überragende Qualität in der Ausführung deutlich mehr bezahlt macht als beim Vorbereiten der Buchhaltung.

Der wichtigste Grund dafür, dass Jobbesitzer viel zu viele Dinge selbst erledigen, ist der, dass sie mangels Aufträgen ohnehin Zeit dazu haben. Warum also einen Mitarbeiter bezahlen, wenn man selbst zwar 35 € pro Stunde wert ist, aber im Moment keinen Kunden an der Hand hat, dem man diese 35 € pro Stunde (bzw. hoffentlich viel mehr) verrechnen kann. Dieser Gedankengang ist zwar nicht unlogisch, aber trotzdem falsch bzw. unproduktiv. Immerhin könntest du dich selbst mit einer Tätigkeit beauftragen, die für dein Unternehmen mehr wert ist. Und da gibt es sehr, sehr vieles. Einen potenziellen Kunden anrufen, eine Marketingkampagne für dein neuestes Angebot konzipieren oder – noch wertvoller – einen guten Mitarbeiter suchen und an Bord holen. An Tätigkeiten, die mehr als 35 € für dein Unternehmen wert sind, mangelt es wahrlich nicht. Und sollte dir dennoch nichts einfallen, werden wir dafür demnächst hier Abhilfe schaffen.

Arbeitest du in deiner 100.000-Euro-Zone?

Zu Beginn dieses Buches haben wir die 100.000 € als Untergrenze für ein sinnvolles Einkommen als Unternehmer in den Raum gestellt. Demzufolge könntest du dich fragen, ob du in deiner 100.000-Euro-Zone arbeitest.

Was meine ich damit?

Wie viel tragen Ihre Tätigkeiten zu Ihrem Einkommen bei?

	< 10€ *pro Stunde*	100€ *pro Stunde*	1.000€ *pro Stunde*	> 5.000€ *pro Stunde*
Admin	• Spesenabrechnung • Ablage machen • Büromaterialien kaufen • Reiseplanung	• Administrative Tätigkeiten delegieren • Mitarbeiter für einfache Aufgaben einschulen	• Organisationsstruktur der eigenen Firma optimieren • Mitarbeiter für komplexe Tätigkeiten einschulen	• Die richtigen Mitarbeiter auswählen
Blog	• Korrekturlesen • Blogs online stellen • Blogs online verteilen	• Blogs schreiben • Keywords suchen und festlegen • Lektorat & Media Management outsourcen • Blogbilder suchen	• Ideen für Blogbeiträge kreieren • Headlines schreiben • Blogbilder auswählen	• Geschäftsmodell für Blog aufsetzen • Affiliate Produkte auswählen • Affiliate Modelle selbst gestalten
Buch	• Korrektur lesen • Grafiken gestalten	• Lektorat auslagern • Layout delegieren • Ghostwriter beauftragen • Vermarktungskonzept umsetzen • Buch schreiben	• Konzept für Buch schreiben • Content liefern • Vermarktungskonzept ausarbeiten	• Verlagsverhandlungen • Vermarktunskonzept für Launch kreieren
Networking	• Unspezifische Netzwerktreffen besuchen	• Unproduktive Netzwerktreffen streichen • Spezifische Netzwerktreffen besuchen	• Konzepte für produktive Netzwerktreffen erstellen • High Class Mastermind Gruppe ins Leben rufen	• Bezahlte Mastermind Gruppen organisieren und betreiben
PR	• Presseverteiler recherchieren • PR Texte online stellen • Presseaussendungen umsetzen	• PR Texte schreiben • PR Kampagnen planen • Presseaussendungen planen	• Interviews geben • PR Kampagnen ausarbeiten • Kontakte zu wichtigen Journalisten pflegen	• Ideen für PR Kampagnen kreieren • Kooperationen mit Medien erdenken und vereinbaren
Social Media	• Einfache Social Media Umsetzungsarbeit	• Qualifizierte Social Media Umsetzungsarbeit	• Social Media Kampagnen ausarbeiten	• Ideen für Social Media Kampagnen kreieren
Verkauf	• Adressrecherche • Telefonische Kaltakquise • Auftragsbestätigungen • Standard-Kundenfragen beantworten	• Zielkunden definieren • Angebote schreiben • Reklamationen qualifiziert bearbeiten	• Mit echten Interessenten und Kunden sprechen • Angebote präsentieren • Verkaufstexte schreiben • Verkaufsprozess designen	• Vorträge halten • An Gruppen verkaufen • Mit Großkunden verhandeln • Neue Produkte / Angebote kreieren
Website	• Webseiten erstellen	• Inhalte & Layout für Webseiten erstellen • Website-Texte schreiben • SEO Maßnahmen umsetzen	• Konzepte für produktive Webseiten erstellen • Texte für Verkaufsseiten schreiben • SEO Maßnahmen definieren	

Fotos: www.fotolia.com © www.romankmenta.com inspiriert von Perry Marshall

Die 100.000-Euro-Zone ist als Metapher dafür zu verstehen, dass du an den für dein Unternehmen wertvollsten Tätigkeiten arbeitest und die weniger wertvollen delegierst.

Dabei möchte ich betonen, dass „weniger wertvoll" in keinster Weise herabwürdigend gemeint ist. Belege zu sortieren (um bei unserem vorherigen Beispiel zu bleiben) ist eine ebenso wichtige Tätigkeit, die jemand regelmäßig machen muss. Ansonsten hättest du relativ rasch ein wenig erfreuliches Feedback vom Finanzamt. „Wertvoll" oder auch „weniger wertvoll" ist hier als rein betriebswirtschaftliche Betrachtungsweise zu verstehen. Du arbeitest also immer dann in deiner 100.000-Euro-Zone, wenn du dich gerade den wertvollsten Tätigkeiten widmest.

Um die Sache für dich zu vereinfachen, habe ich eine Aufstellung von für Selbstständige typischen Aufgaben gemacht und diese in verschiedene Wertklassen eingeteilt. Die Zahl ganz oben im Spaltenkopf ist hierbei nicht als exakter Wert zu verstehen, sondern als grober Richtwert, als Metapher. Dieser soll einfach nur deutlich machen, in welcher Dimension von mehr oder weniger wertvoll sich die jeweilige Tätigkeit bewegt. Die Übersicht habe ich – nachdem sie ziemlich groß ist – für dich als Poster gestaltet, das du dir im Ressourcenbereich herunterladen und ausdrucken kannst.

Immer wieder höre ich von Lesern und Klienten, dass dieses Poster extrem hilfreich ist und sie es an der Wand über bzw. neben dem Schreibtisch hängen haben, um ständig an den Wert ihrer Zeit erinnert zu werden.

Zusammenfassung der Unternehmergedanken der Phase 2

Unternehmergedanke #1 –
Ich bin NICHT mein Unternehmen

Unternehmergedanke #2 –
AM Unternehmen statt IM Unternehmen arbeiten

Unternehmergedanke #3 –
Ich muss nicht arbeiten, um Geld zu verdienen

Unternehmergedanke #4 –
Entspezialisierung ist erfolgsentscheidend

Unternehmergedanke #5 – Ich bin Unternehmer

Unternehmergedanke #6 –
Ich brauche Mitarbeiter, um zu wachsen

Unternehmergedanke #7 – Zeit ist mein wertvollstes Gut

Transferaufgaben – vom Jobbesitzer zum Selbstständigen

Auf den letzten Seiten haben wir durch die Veränderung einiger Denkweisen das Fundament dafür gelegt, dass du dein Unternehmen von Phase 1 in die Phase 2 entwickelst und ein echter Selbstständiger bzw. eine richtige Selbstständige wirst. Im nächsten Abschnitt geht es darum, was du konkret dafür tun musst. Es geht um deine Transferaufgaben, wie ich sie gerne nenne, weil sie dich von der einen in die nächste Phase bringen.

Was das betrifft, ist die Entwicklung von Phase 1 zu Phase 2 ein sehr großer Schritt. Da kommt einige Arbeit auf dich zu. Nachdem ich nicht weiß, was genau deine Ausgangslage ist, kann es aber auch gut sein, dass du das eine oder andere ohnehin bereits umgesetzt hast. Wir werden sehen.

Transferaufgabe #1 – Entwickle deine Vision

Über Ziele und Visionen wurden bereits ganze Büchereien geschrieben. Offenbar ist das ein wichtiges Thema. Die Grenzen deiner Welt sind immer nur durch die Grenzen in deinem Kopf definiert.

An dieser Stelle möchte ich mich für die ungenaue Verwendung der Begriffe „Vision“, „Mission“ und „Ziele“ entschuldigen. Ich weiß natürlich, dass man alle diese Begriffe ganz genau und trennscharf definieren und verwenden kann, aber das mache ich hier nicht. Für unsere Zwecke ist es an dieser Stelle vollkommen ausreichend, sie alle in einen Topf zu werfen.

Der Grund, warum ich das Thema „Visionen und Ziele“ in diesem Buch behandeln möchte (wenn auch nicht annähernd erschöpfend), ist folgender: Typische Jobbesitzer wollen mit dem, was sie gelernt haben, oft einfach nur Geld verdienen. Vielen macht es (wie oben erwähnt) Spaß, wenngleich lange nicht allen. Aber letztlich ist es ein Job, der Geld bringt. Dabei ist das Ziel „Geld verdienen“ per se gar nicht schlecht.

Ich bin einer der Letzten, die daran etwas auszusetzen hätten. Es ist nur bei Weitem zu wenig, um dich mit der Energie zu versorgen, die du benötigst, um dich auf den Weg zu begeben und all die Dinge umzusetzen, die es braucht, um dich weiterzuentwickeln.

Du brauchst ein Warum

Das bedeutet, du benötigst etwas, das das reine Geldverdienen übersteigt. Etwas, das größer und langfristiger ist und dich wirklich packt, sodass du am liebsten genau daran arbeitest. Es geht darum, dass du weißt, warum du das tust, was du machst.

Dieses Warum – man könnte es auch „Vision“ oder „langfristiges“ Ziel nennen – versorgt nicht nur dich mit der nötigen Energie. Es zieht gleichzeitig Kunden und Menschen ganz allgemein an, die die gleichen Ideen und Beweggründe in ihrem Leben haben.

Simon Sinek hat diesen Gedanken in seinem Buch „Frag immer erst: Warum“, das ich dir an dieser Stelle wärmstens ans Herz lege, sehr gut auf den Punkt gebracht. (Den Link dazu findest du auf der Ressourcenseite.) Mache dich also auf die Suche nach deiner Vision, deinen langfristigen Zielen, deinem Warum. Genau das ist nämlich einer der wesentlichen Unterschiede zwischen Jobbesitzern und Selbstständigen: Die Letzteren haben eine Vision, eine Idee, ein Ziel, das das reine Geldverdienen übersteigt. Interessanterweise ist das Geld oft das, was sich automatisch ergibt, wenn jemand seine Vision mit Energie und Hartnäckigkeit verfolgt (stets vorausgesetzt, es geht um etwas im wirtschaftlichen Bereich).

Die richtigen Zielkriterien

Wie sollte so ein Ziel, so eine Vision denn nun aussehen? Du hast sicher schon einmal die SMART-Formel für Ziele kennengelernt oder zumindest darüber gehört (wenn nicht, google diese einfach).

Sie ist für manche Ziele in Teilbereichen durchaus verwendbar. Für das, worum es mir hier geht, möchte ich dir aber andere Kriterien an die Hand geben, die dir bei dieser Aufgabe helfen. Es sind Kriterien, die sich für mein eigenes Business und letztlich auch für mein Leben als sehr praktisch und hilfreich erwiesen haben.

Setze deine eigenen Ziele

„Na, wessen Ziele soll ich denn sonst setzen?“, könntest du dich jetzt fragen. Doch so abwegig ist dieses Kriterium nicht. Es werden extrem oft Ziele gesetzt – bewusst und oft auch unbewusst –, die die Ziele anderer sind.

Beispiele dafür sind:

- Der Sohn will Arzt werden, weil seine Mutter sich das schon immer gewünscht hat.
- Jemand will 10 Kilo abnehmen, weil andere meinen, er bzw. sie sei übergewichtig.
- Jemand will einen Marathon laufen, weil viele in seinem Freundeskreis das ebenfalls schon gemacht haben.

Öfter, als wir glauben, orientieren wir uns beim Zielesetzen an anderen statt an dem, was wir selbst wollen. Wir setzen uns sogenannte „Imageziele“ und erfüllen, wenn wir diese Ziele erreichen, damit die Ziele und Vorstellungen anderer. Unsere eigenen wahren Ziele bleiben dabei häufig auf der Strecke.

Der wichtigste Punkt erscheint mir daher, an den eigenen Zielen zu arbeiten. Seine eigenen beruflichen und Lebensziele (oftmals sind diese sehr eng verknüpft) zu finden, ist häufig ein zwar nicht einfaches, dafür aber ein extrem wichtiges Unterfangen.

Starte oben

Beginne damit, dir über die obersten, wichtigsten und meist auch längerfristigen Ziele (einige Jahre bis Jahrzehnte) Gedanken zu machen. Wenn du dieses bzw. diese hast, kannst du dich von dort nach unten zu den detaillierteren und kurzfristigen Zielen (1–12 Monate) arbeiten.

Nutze deine Emotionen als Basis

Anstatt sehr kopflastig und rational vorzugehen, ist die Basis für Ziele, die dich wirklich beflügeln, nicht nur dein Verstand, sondern vor allem deine Emotion. Und das hat einen ganz konkreten Grund. Wenn du dir mit dem Kopf Ziele setzt, dann arbeitest du dabei möglicherweise gegen deine Gefühle, aber ...

Wenn deine Emotionen im Widerspruch zu deinem Verstand stehen, dann hat der Verstand schlechte Chancen.

Du stehst dir ansonsten möglicherweise selbst im Weg, weil Verstand und Emotionen zwar am selben Strang, aber in unterschiedliche Richtungen ziehen.

Warum nicht die Energie und den Schwung aus deinen Gefühlen mitnehmen und in die Richtung gehen, in die dich deine Emotionen ohnehin ziehen? Dadurch hast du von Haus aus eine starke innere (intrinsische) Motivation für dein Ziel. Du musst dich nicht ständig dafür „motivieren“ und deine Zielerreichung wird auf diese Weise sehr viel leichter.

Setze dir große Ziele

Große Ziele haben mehrere Vorteile für dich:

- Wenn du dir ein großes Ziel setzt, brauchst du nicht dauernd neue Ziele finden bzw. neue Ziele setzen, weil du die vorherigen schon wieder erreicht hast.
- Große Ziele strahlen stärker auf andere aus. Wenn du dir große Ziele setzt, ziehen sie andere an – auch potenzielle Mitarbeiter oder Geschäftspartner –, die diese Ziele ebenfalls erreichen und gemeinsam mit dir daran arbeiten wollen.
- Wenn Elon Musk – der Gründer von Tesla und der Raketenfirma SpaceX – sich vorgenommen hat, den Mars zu besiedeln, dann wird dieses Ziel zwar mehr Gegner, aber auch mehr echte Fans finden, als wenn es nur darum ginge, nächstes Jahr den Umsatz um 5 % steigern zu wollen ... womit ich nicht alle meine Leser zum Mars schicken will.
- Wenn du dir hohe Ziele setzt, erscheinen Hindernisse auf dem Weg zur Zielerreichung wesentlich kleiner und versperren dir nicht den Blick auf dein Ziel.
- Große Ziele bringen oft große Ergebnisse. Und selbst, wenn du diese nicht erreichst, bist du meist ein schönes Stück weiter gekommen, als wenn du nur kleine Ziele formulierst.

Wie groß sollten deine Ziele sein?

„Nicht kleckern, sondern klotzen“ lautet die Devise. Setze dir Ziele, die so groß sind, dass ...

- sie den Rahmen des Realistischen sprengen.

Große Ziele

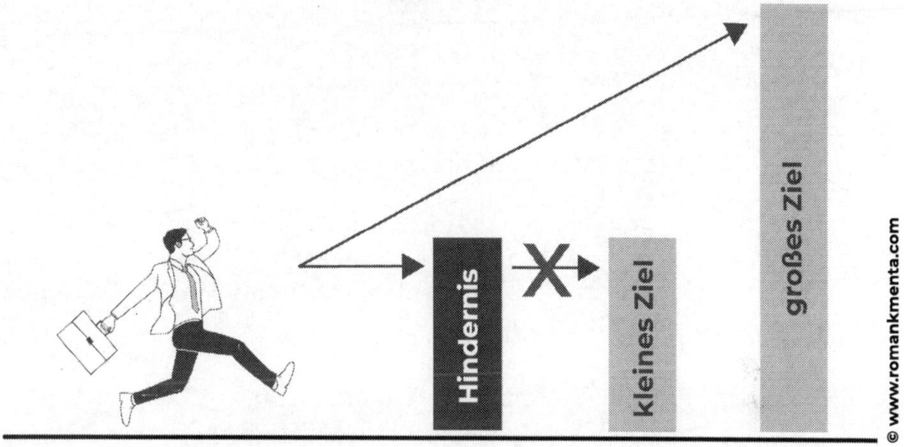

- du es nicht wagst, diese laut auszusprechen, aus Angst, dich zu blamieren.
- du zumindest in Teilbereichen die Welt damit verändern wirst.
- du zu Beginn gar keine Idee hast, wie du sie jemals erreichen kannst.

Daraus ergibt sich automatisch die Frage: „Wie soll ich diese Ziele bloß erreichen?“ Das ist eine sehr gute und produktive Frage, selbst wenn du nicht sofort eine Antwort darauf findest.

Ziele sind dann groß, wenn du dir diese nicht laut zu sagen traust aus Angst, dich zu blamieren.

Erlebnisse statt Dinge

Eine weitere Strategie, mit der ich – mit fortschreitender Lebenserfahrung – immer besser fahre, ist jene, beim Zielesetzen vor allem Immaterielles in den Fokus zu stellen. Statt wie früher Dinge als Ziel zu haben – nichts spricht grundsätzlich dagegen –, habe ich immer öfter Erlebnisse als Ziel.

Beispiele für Erlebnisse als berufliche Ziele:

- als Keynote Speaker vor 10.000 Menschen sprechen
- monatlich von einem großen Fernsehsender zu einem passenden Thema interviewt werden
- auf der Titelseite einer großen Tageszeitung zu erscheinen ... und das idealerweise nicht als Negativbeispiel ;-)

Natürlich setze ich mir auch immer noch materielle Ziele, aber ich stelle fest, dass die anderen oft viel spannender und motivierender sind. Wichtig bei diesen Zielen ist allerdings immer, dass sie zu deinem Warum passen.

Wo sind deine wahren Grenzen?

Zusammenfassend geht es im Grunde um die Frage nach deinen Grenzen. Oft sind diese nicht dort anzutreffen, wo du sie ursprünglich vermutet hattest.

*Wann hast du zuletzt etwas getan,
was jenseits deiner Grenzen war,
nur um festzustellen, dass deine wahren Grenzen
noch weit entfernt sind?*

Sieh das als Aufruf zur Grenzüberschreitung.

Transferaufgabe #2 – Prüfe dein Geschäftsmodell

Eine weitere grundlegende Sache, die du auf deinem Weg vom Selbstständigen zum Unternehmer zumindest überdenken, möglicherweise aber auch überarbeiten musst, ist dein Geschäftsmodell. Jeder Selbstständige und jedes Unternehmen hat ein Geschäftsmodell, manchmal auch mehrere. Dabei haben die allerwenigsten Jobbesitzer oder Selbstständigen jemals bewusst über ihr Geschäftsmodell nachgedacht.

Was ist ein Geschäftsmodell?

Doch was ist das überhaupt – ein Geschäftsmodell? Es ist ein System, mit dem ein Unternehmen Umsatz bzw. Gewinn erzielt. Es beschreibt die Art und Weise, wie das Unternehmen erfolgreich Geschäfte machen kann. Diese Definition lässt sich am besten anhand eines Beispiels (in 3 Varianten) aus dem Verlagswesen beschreiben:

- **Variante 1**
  Ein Magazin wird hergestellt und am Kiosk verkauft. Mit dem Verkaufserlös werden die Produktionskosten abgedeckt und ein Gewinn erzielt.
- **Variante 2**
  Ein Magazin wird hergestellt und an die Leser verschenkt. Einen Teil des Platzes im Inneren verkauft man als Werbeflächen für Unternehmen und erwirtschaftet damit einen Ertrag.
- **Variante 3**
  Die letzte Variante ist eine Mischung aus den beiden zuvor genannten Varianten für Geschäftsmodelle im Verlagsbereich (Werbeeinnahmen und Verkaufserlöse).

Das sind drei analoge Beispiele von Geschäftsmodellen für Magazine.

Digitale Geschäftsmodelle sind in den letzten Jahren stark am Zunehmen. Für unser Magazin könnten die digitalen Geschäftsmodellvarianten z. B. so aussehen:

- **Variante 1**
  Ein Onlinemagazin wird mit kostenlosem Inhalt produziert. Einen Erlös erzielt man durch den Verkauf der Werbefläche an Google AdWords.

- **Variante 2**
  Ein Onlinemagazin wird herausgegeben und über einen täglichen Newsletter an zahlende Abonnenten verkauft (was zusätzliche Werbefinanzierung nicht ausschließt).

- **Variante 3**
  Ein kostenloses Onlinemagazin wird herausgegeben. Über dieses werden Produkte und Dienstleistungen aus dem angeschlossenen eigenen Onlineshop verkauft.

Wie du siehst, gibt es eine Vielzahl von Geschäftsmodellen, und durch die Digitalisierung nimmt die Anzahl der Möglichkeiten für neue, innovative Geschäftsmodelle ständig zu.

Geschäftsmodelle sind oft nicht bewusst gewählt

Die Wahl des Geschäftsmodells betrifft einerseits Existenzgründer, die dabei sind, sich zu überlegen, womit bzw. wie sie sich selbstständig machen wollen. Wenn du aber bereits seit Längerem selbstständig bist, ist dieses Thema für dich genauso relevant.

Erstens hast du vielleicht noch nie bewusst über dein Geschäftsmodell nachgedacht, sondern einfach etwas übernommen, was andere ebenfalls machen. Wer sagt, dass das so bleiben muss? Shell Oil wurde als Unternehmen gegründet, das Muscheln nach England importierte und verkaufte (deshalb das Logo mit der Muschel, vermute ich) – und schau, was sie jetzt machen. Die Flexibilität, alles (zumindest ab und an) infrage zu stellen, solltest du dir bewahren. Oder aber du denkst darüber nach, dein Geschäft zu erweitern. Das solltest du allerdings nur auf Basis eines erfolgversprechenden Geschäftsmodells tun. Wie auch immer: Für dich als (zukünftigen) Unternehmer ist das eines der allerwichtigsten Themen.

Ein Unternehmen = viele Geschäftsmodelle

Wie bereits kurz erwähnt, bist du beim Aufbau deines Unternehmens nicht auf ein einziges Geschäftsmodell beschränkt. Die Praxis zeigt, dass viele Unternehmen mehrere Geschäftsmodelle erfolgreich betreiben, und das oft mit ein und demselben Produkt.

Gartengeräte verkaufen und Gartengeräte vermieten sind zwei vollkommen unterschiedliche Geschäftsmodelle, wenngleich es um dasselbe Produkt geht.nDabei empfehle ich dir jedoch, unbedingt im gleichen Bereich und vor allem bei der gleichen Zielgruppe zu bleiben (also nicht Coaching, Tattoos und Immobilienmaklerei gleichzeitig zu betreiben). Innerhalb dieses Bereichs kannst du aber durchaus verschiedene Geschäftsmodelle betreiben.

Meine Geschäftsmodelle als Beispiel

Als Beispiel dazu soll mein eigenes Unternehmen dienen. Bei allem, was ich selbst mache, geht es darum, Selbstständige und Unternehmer dabei zu unterstützen, mehr Umsatz und vor allem mehr Profit zu erzielen. Innerhalb dieses Bereiches betreibe ich folgende Geschäftsmodelle:

- Ich verkaufe meine Zeit in Form von Dienstleistung als Redner, Coach/Berater und Trainer an Unternehmen und Organisationen.

- Ich verkaufe Tickets für selbst organisierte Veranstaltungen an Teilnehmer (das ist ein anderes Geschäftsmodell als das vorige).
- Ich verkaufe meinen Onlinekurs „Ein Business, das läuft" über eigene, meist digitale Wege an Selbstständige.
- Ich schreibe und verkaufe Bücher und ich produziere Hörbücher über Verlage bzw. über meinen eigenen Verlag (das wiederum sind zwei unterschiedliche Geschäftsmodelle).
- Ich empfehle fremde Produkte auf meiner Webseite und manchmal auch in meinem Newsletter und bekomme dafür Verkaufsprovision (ein Affiliate-Marketing-Geschäftsmodell).

Dadurch, dass ich mit jedem meiner Geschäftsmodelle dieselben Zielgruppen anspreche, befruchten sich diese Geschäftsmodelle gegenseitig sehr stark. Ein Zuhörer bei einem Vortrag kauft anschließend ein Buch bzw. fragt wegen einer Beratung an. Ein Buchleser wiederum kommt aufgrund des Buches in eine meiner öffentlichen Veranstaltungen usw.

Würden alle diese Geschäftsmodelle allerdings nicht im selben thematischen Bereich sein, wäre all das für ein Unternehmen in meiner Größenordnung (mit 3 Teilzeitmitarbeitern) nicht machbar.

Das Märchen von mehreren Standbeinen

Ich treffe immer wieder auf Selbstständige, die als One-Man- bzw. One-Woman-Show mehrere Geschäftsmodelle in unterschiedlichen Bereichen betreiben – z. B. Webseiten erstellen und Immobilien verkaufen. Die Gründe hierfür können unterschiedlich sein.

Es kann sich etwa einfach so ergeben haben – was übrigens wieder ein starkes Anzeichen dafür ist, dass die wenigsten wirklich über ihr Geschäft und ihr Geschäftsmodell nachdenken.bOft ist der Hauptgrund dahinter der, dass der Selbstständige meint, damit mehr Sicherheit zu haben. Wenn – wie in unserem Beispiel – die Immobilienmaklerei nicht läuft, dann kann man immer noch als Webdesigner Geld verdienen bzw. umgekehrt. Das klingt gar nicht unvernünftig, oder?

Trotzdem funktioniert es nicht bzw. nur in den seltensten Fällen. Die Umsätze in allen beteiligten Geschäftsmodellen tröpfeln meist so dahin. Der Selbstständige arbeitet rund um die Uhr, und trotzdem bringt nichts von beidem wirklich Geschäft. Es ist „nicht Fisch und nicht Fleisch", wie der Volksmund sagt. Bei genauerer Betrachtung ist das keineswegs verwunderlich. Bedenkt man, wie viel Arbeit dahintersteckt, um auch nur ein einziges Business, das funktioniert, und zumindest Umsätze (oder besser Gewinne) jenseits unserer 100.000-Euro-Marke aufzubauen, so sind die Chancen, das mit zwei oder drei Geschäftsmodellen gleichzeitig zu tun, gegen null gehend. So viel Zeit und Energie hast du einfach nicht!

Warum ist ein Nagel vorne spitz? Klar, damit er möglichst leicht ins Holz eindringen kann. Wäre er vorne breit, würde das nicht funktionieren.

Mehrere Standbeine verwässern die Positionierung

Auch deine Positionierung wird dadurch sehr verwaschen. Wofür stehst du? Wie wirst du in der Öffentlichkeit wahrgenommen? Als Makler oder als Webdesigner? Oder bist du der einzige immobilienmakelnde Webdesigner?

Zu wem haben potenzielle Kunden wohl mehr Vertrauen und wem sprechen sie mehr Kompetenz zu: Dem Webdesigner, der nur das und nichts anderes macht?

Oder dem, der zusätzlich Immobilien vertickt und bei der Gelegenheit vielleicht auch noch Nahrungsergänzungsmittel an den Mann bzw. die Frau bringt?

Ich sage das deshalb so deutlich, weil kaum ein Tag vergeht, an dem mir nicht irgendein neues, tolles Produkt oder eine neue, nie dagewesene Geschäftsidee angeboten wird. Manchmal (wenn auch selten) ist etwas dabei, bei dem ich zweimal hinschaue ... und dann bewusst Nein sage.

Unter uns gesagt, habe ich zu meinem Leidwesen genau diesen Fehler – mir zu viel allzu Verschiedenes auf einmal umzuhängen – mehr als einmal gemacht. Ich habe mir die Finger verbrannt (von meinem Geld ganz zu schweigen), doch im Laufe der Zeit zumindest ein wenig daraus gelernt. Es fällt mir heute sehr viel leichter, Angebote abzulehnen, die nicht in den Rahmen passen, in dem ich mich bewege.

Scanner-Persönlichkeiten

Ich weiß, es gibt eine Menge Menschen (vielleicht gehörst du ebenfalls dazu), denen es sehr schwer fällt, sich auf ein und dieselbe Sache zu konzentrieren. „Scanner-Persönlichkeiten" ist eine Bezeichnung, die sich in diesem Zusammenhang in den letzten Jahren etabliert hat. Für diese habe ich zwei frohe Botschaften:

Erstens kannst du alles, was dich interessiert und wofür du Talent hast, machen – aber nicht alles muss ein Business sein. Es gibt schließlich auch noch Hobbys. Wenn du Immobilienmakler bist und dich in deiner Freizeit gerne mit WordPress beschäftigst und für einen Freund mal eine Webseite erstellst, ist das absolut okay. Doch du musst deshalb kein Geschäft daraus entwickeln.

Und zweitens: Du darfst aus allen deinen Interessen ein Business machen – nur eben nicht gleichzeitig. Sobald du ein Business zumindest bis Phase 3, besser noch bis Phase 4 aufgebaut hast, stehen dir vielleicht wieder ausreichend freie Ressourcen zur Verfügung, um ein weiteres Business in Angriff zu nehmen.

Die richtigen Geschäftsmodelle für dein Business

Nach diesem kleinen (und zugegeben etwas emotionalen) Exkurs zurück zum eigentlichen Thema. Ich habe zu Beginn dieses Abschnittes gesagt, dass du über dein Geschäftsmodell nachdenken sollst. Aber wie? Es gibt zwei grundlegende Bereiche in Bezug auf Geschäftsmodelle, über die es sich nachzudenken lohnt:

- Welche Arten von Geschäftsmodellen gibt es? (Vielleicht kommst du so auf neue Ideen, die deinen bisherigen Denk- bzw. Tätigkeitsrahmen erweitern oder gar sprengen.)
- Wie weiß ich, ob ein Geschäftsmodell potenziell profitabel – und damit erfolgreich – ist?

Arten von Geschäftsmodellen

Obwohl es eine schier unübersichtliche Vielfalt von Branchen, Produkten und Dienstleistungen gibt, ist die Zahl der Geschäftsmodelle, die diesen zugrunde liegen, sehr überschaubar. Für unsere Zwecke habe ich mich dabei an jenen Bereichen orientiert, in denen ein Unternehmen Wertschöpfung betreiben kann. Man könnte diese auch zusammenfassen oder in noch kleinere Einheiten unterteilen. Du wirst feststellen, dass sich die Bereiche überschneiden. Das macht aber gar nichts. Den Zweck, dir einen Minileitfaden (mit Beispielen) zu geben, um über dein Geschäftsmodell nachzudenken, erfüllen sie bestens.

- **Forschung und Entwicklung**
  als Dienstleister Aufträge für Forschung oder Produktentwicklung übernehmen
- **Produktion/Herstellung**
  Produkte für andere herstellen

- **Dienstleistung**
  Die Kerndienstleistung an sich: Der Immobilienmakler verkauft Immobilien.

- **Handel**
  Einkauf und Verkauf von Produkten und das Erzielen von Gewinnen daraus

- **Vertrieb**
  Vertrieb von Produkten für andere (z. B. die klassische Handelsvertretung)

- **Marketing**
  Kreativleistungen von Werbe- und Marketingagenturen verkaufen

- **Logistik**
  Durchführung von Transport, Lagerung und Versanddienstleistung

- **After-Sales-Service**
  Reparatur- und Wartungsdienste aller Arten verkaufen

- **Marktforschung**
  Übernahme von Marktforschungsprojekten

- **Management**
  bezahlte Übernahme von Managementtätigkeiten

- **Ausbildung**
  Aus- und Weiterbildung für Unternehmen oder Privatpersonen

- **Einkauf**
  Verkauf von ausgelagertem Einkauf als Dienstleistung

- **Entsorgung und Recycling**
  Übernahme von Entsorgungsleistung und ggf. auch von Rohstoffrecycling bzw. auch in Kombination mit dem Handel der daraus entstehenden Rohstoffe

- **Vermietung**
  Vermietung von Geräten und Immobilien aller Art

An dieser Stelle möchte ich dir übrigens das hervorragende Buch „Geschäftsmodelle entwickeln – 55 innovative Konzepte mit dem St. Gallener Business Model Navigator“ empfehlen. (Den Link dazu findest du im Ressourcenbereich.)

Exkurs – 8 Kriterien für profitable Geschäftsmodelle

Bei all den unterschiedlichen Möglichkeiten und Varianten von Geschäftsmodellen möchte ich allerdings eine grundlegende und extrem wichtige Frage aufwerfen und diskutieren: Wann ist ein Geschäftsmodell ein potenziell profitables Geschäftsmodell für dich?

Unter „profitabel“ verstehe ich übrigens eines, das nicht nur potenziell gute Umsatzchancen hat (das ist schließlich die Grundlage), sondern das auch gute Gewinne erzielen kann.

„Ohnehin klar!“, könnte man jetzt denken. So klar ist das allerdings nicht angesichts der Tatsache, dass unprofitable Geschäftsmodelle wie die Pilze aus dem Boden sprießen und sich Heerscharen von Existenzgründern mit solchen Modellen selbstständig machen ... nur um irgendwann ernüchtert festzustellen, dass ihr Business zu wenig oder gar nichts bringt. Um es dir leichter zu machen, (d)ein Geschäftsmodell zu überprüfen, zu beurteilen oder kritisch zu hinterfragen, habe ich im Folgenden 8 Kriterien beschrieben, anhand denen du das Profitpotenzial (d)eines Geschäftsmodells festmachen kannst.

Kriterium #1 – Hohe Zugangsbarrieren

Wenn ein Business- bzw. Geschäftsmodell für quasi jedermann leicht zu beginnen ist, weil die Zugangsbarrieren äußerst niedrig oder vielleicht gar nicht vorhanden sind, ist die Chance ziemlich hoch, dass viele Menschen dieses Business starten.

Das Vorhandensein vieler Mitbewerber drückt meist auf Preise und Margen. Vor allem dann, wenn es sich um kaufmännisch unqualifizierte Mitbewerber handelt, die glauben, ihr Geschäft in erster Linie über niedrigere Preise und Aktionen ankurbeln zu müssen.

Viel Feind, viel Ehr ... aber wenig Profit!

Man könnte daher sagen: Schwierig ist gut – zumindest dann, wenn es um dein Geschäftsmodell geht. Die besten Mitbewerber sind diejenigen, die nicht vorhanden sind. MLM-Netzwerken beizutreten ist, so gesehen, für die allermeisten eine schlechte Idee, wenn es um profitable Geschäftsmodelle geht – vor allem dann, wenn das System schon länger am Markt ist. Die Zugangsbarrieren dafür sind meist sehr niedrig. Bei manchen Systemen kann sprichwörtlich jeder mit an Bord kommen, wenn er das möchte ... selbst, wenn er noch gar nicht davon überzeugt ist, dass er das möchte. Für diejenigen, die ein neues Multi-Level-Marketing-Netzwerk als Unternehmen gründen, kann das hingegen ein sehr profitables Geschäftsmodell sein.

Hohe Hürden bringen hohe Profite

Je mehr und je größere Hürden es für die Gründung eines Geschäftes oder den Einstieg in ein Business gibt, desto besser für diejenigen, die diese bereits erfolgreich gemeistert haben. Das Gleiche trifft auch auf den erfolgreichen

Betrieb eines profitablen Geschäftsmodells zu. Vielen gelingt zwar der Start, sie schaffen es aber nicht, die Hürden im Betrieb zu meistern.

Beispiele für profitable Hürden

Was können nun solche Hürden und Barrieren sein, die die Qualität und vor allem die Profitabilität und Nachhaltigkeit für Geschäftsmodelle erhöhen?

- eine bekannte und rechtlich geschützte Marke
- ein technisches Patent
- eine zertifizierte Vorgehensweise
- eine umfangreiche Ausbildung mit einer herausfordernden Prüfung
- Gebietsschutz oder eine andere Form der Exklusivität
- eine im Voraus festgelegte Anzahl von Mitbewerbern (wenn z. B. ein Franchise-System nur eine gewisse Anzahl von Lizenzen vergibt)
- hoher Kapitalbedarf für die Gründung (z. B. bei Produktionsbetrieben)
- lange Vorlaufzeiten, z. B. für Produktentwicklung oder Entwicklung des Geschäftsmodells
- physische Bestandteile des Geschäftsmodells wie z. B. Lager, Shops etc.
- ein sehr spezielles Know-how
- bestimmte besondere Fähigkeiten (z. B. wie Amazon es schafft, bestellte Produkte innerhalb eines Tages zu liefern)
- eine bekannte Marke

„Was nichts kostet, ist nichts wert!" – das gilt im übertragenen Sinne gleichfalls für profitable Geschäftsmodelle. Die Kosten müssen jedoch nicht immer in Geld ausgedrückt werden. Auch das, was nicht schwierig ist, ist oft wenig wert. Hürden und Zugangsbarrieren zu überwinden bedeutet ein Investment (an Geld und/oder Zeit). Und je mehr jemand investiert, mit umso mehr Energie wird er sein Geschäft betreiben, denn jedes Versagen ist schmerzhaft. So gesehen erhöhen Eintrittshürden auch für die Gründer oder Unternehmer die Erfolgswahrscheinlichkeit. Anders ist das bei Geschäftsmodellen, die solcherlei Hürden nicht haben. Da machen sich viele mal so ein bisschen nebenbei selbstständig und verurteilen sich auf diese Weise beinahe schon im Vorhinein zum Scheitern, denn sie haben ja nichts zu verlieren.

Ein bisschen schwanger funktioniert auch bei Unternehmern nicht.

Ein paar Wochen oder Monate später stellen sie dann fest, dass es nicht funktioniert (oder zumindest nicht so, wie sie sich das anfangs vorgestellt hatten bzw. wie es ihnen verkauft wurde), und ziehen eine Tür weiter zum nächsten sogenannten „Business". Aller Wahrscheinlichkeit nach wird sich dieses Spiel immer wieder wiederholen.

Hohe Hürden errichten

Wenn du dein Geschäft bereits betreibst, bedeutet das für dich, dass es klug und profitabel ist, längerfristig zu denken und hohe Hürden zu errichten. Die meisten deiner Mitbewerber überlegen sich, wie sie möglichst schnell mit möglichst wenig Aufwand oder Geld einen Profit machen können. Das ist zu kurzfristig gedacht und eine schwache Strategie.

Besser wäre es, dir zu überlegen, was du machen kannst: etwas, das richtig aufwendig, komplex und teuer ist und längere Zeit benötigt, das dir aber einen bedeutenden Vorsprung vor deinem Mitbewerb verschafft. Denn genau solche Hürden – hast du sie erst einmal errichtet – sind diejenigen, die Konkurrenten nur ganz schwer überwinden können. Noch besser: Die meisten werden es erst gar nicht versuchen, weil sie sehen, wie groß der Aufwand wäre und wie lange es dauern würde.

Kriterium #2 – Hohe Skalierbarkeit

Profitable Geschäftsmodelle sind oft bzw. meistens sehr gut skalierbar. Doch was bedeutet eine „hohe Skalierbarkeit"? Es bedeutet, dass dem Kundenwachstum wenig oder keine Grenzen gesetzt sind und dass die variablen Kosten pro zusätzlichem Kunden sehr gering oder sogar null sind. Die Skalierung kann dabei auf drei Arten erfolgen:

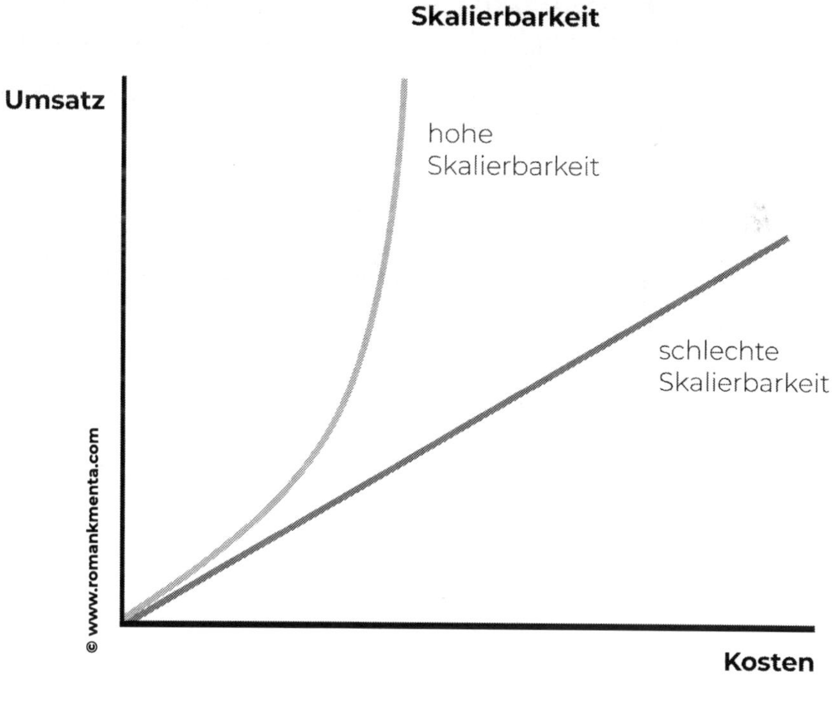

- mehr Kunden und/oder
- mehr Käufe pro Kunde (auf einmal oder durch eine höhere Kauffrequenz) und/oder
- größere einzelne Geschäftsfälle, die nicht mehr Aufwand und Kosten verursachen als kleine

Wenn ein Autoverkäufer mehr Autos an Einzelkunden verkauft, dann ist das ein Beispiel für eine Skalierung über mehr Kunden. Die Skalierung über mehr Kunden ist häufig an die Aufstockung von Ressourcen gebunden. Daher bedeutet es nicht unbedingt, dass ein Geschäftsmodell wie das des Autoverkaufens ein gut skalierbares ist, nur weil ein Verkäufer mehr Abschlüsse schafft. Um bei unserem Autoverkäufer zu bleiben: Von einer Skalierung über die Größe der Geschäftsfälle würde man sprechen, wenn der Verkäufer statt einzelner Autos an Endverbraucher gleich 100 oder 1.000 Autos für Firmenflotten verkauft. Allerdings heißt das noch nicht, dass es auch profitabel ist, zumal die Margen in dieser Art von Geschäften auf oder bisweilen sogar unter ein gerade noch erträgliches Minimum sinken.

Ressourcen für die Skalierung

Bei beiden Strategien (Menge und Größe) benötigst du für die Skalierung entsprechende Ressourcen. Diese können sein:

- Zeit (gerne auch die Zeit anderer)
- Geld (am liebsten das anderer)
- Know-how

Hier ein paar praktische Beispiele, um das zu illustrieren:

Wenn ein Massagestudio mehr Mitarbeiter einstellt, die 25 € pro Stunde kosten und 50 € pro Stunde erwirtschaften, dann ist das eine Skalierung mithilfe der Zeit anderer.

Wenn dieses Massagestudio so erfolgreich ist, dass es mehrere Standorte eröffnen will, dann braucht es dafür nicht nur Mitarbeiter (und damit Zeit), sondern auch Geld für die Investition in neue Standorte. Dieses Geld zur Skalierung des Geschäftes muss nicht aus der eigenen Kasse stammen. Es kann ebenso mit dem Geld anderer (Banken, Investoren etc.) finanziert werden.

Wenn dasselbe Massagestudio sein Know-how auch in Bücher für Kunden für die Selbstmassage verpackt und diese verkauft, dann wird Know-how als Ressource für die Skalierung genutzt. So gesehen ist fast jedes Geschäft skalierbar, aber nicht annähernd jedes eignet sich gleich gut dafür. Bei vielen Geschäftsmodellen ist die Skalierung mit einem sehr hohen Ressourceneinsatz verbunden.

Skalierung – digital und analog

Die digitale Transformation von Geschäftsmodellen schreitet voran und naturgemäß sind digitale Geschäftsmodelle mit digitalen Produkten bzw. Dienstleistungen tendenziell leichter skalierbar als analoge bzw. Offline-Geschäftsmodelle.

- Ein sehr gut skalierbares Geschäftsmodell ist z. B. die Herstellung von Softwareprodukten. Diese werden einmal programmiert und sind dann quasi unendlich oft verkaufbar, und das mit nur geringen oder gar keinen Kosten für jeden weiteren Kunden.

- Die Herstellung von Informationsprodukten, in denen Know-how in ein Produkt – Online-Lernprogramme, Videos, Hörbücher oder

Bücher – verpackt wird, ist gleichfalls ein sehr gut skalierbares, oft auch digitales Geschäftsmodell.

Aber ebenso sind Offline-Geschäftsmodelle skalierbar.
Ein paar Beispiele dazu:

- die Einstellung zusätzlicher Mitarbeiter am bestehenden Standort
- die Eröffnung neuer zusätzlicher Standorte zwecks geografischer Ausweitung bei standortgebundenen Geschäftsmodellen
- Immobilienentwickler können z. B. sehr gut skalieren, indem sie immer größere Projekte umsetzen. Der Aufwand, ein Gebäude mit 50 Wohnungen zu entwickeln, ist nicht grundlegend größer als der für ein Wohnhaus mit 10 Wohnungen.

Das Kriterium der Skalierbarkeit deines Geschäftsmodells ist für deinen Profit ein ganz entscheidendes, und ich hoffe, ich konnte dir das deutlich machen.

Kriterium #3 – Unabhängigkeit von deiner Zeit

Dieser Erfolgsfaktor für profitable Geschäftsmodelle hängt ebenfalls mit der Skalierbarkeit zusammen. Wie wir schon des Öfteren besprochen haben, ist deine eigene Zeit eine äußerst knappe Ressource. 24 Stunden pro Tag. Punkt.

Besonders dann, wenn es um Dienstleistungen geht, die typischerweise von der Unternehmerin oder vom Selbstständigen selbst durchgeführt werden, ist Zeit ein entscheidender Faktor, was den Ertrag angeht.

Das Dumme an einem Tag ist,
dass er nur 24 Stunden hat.

Je unabhängiger von deiner eigenen Zeit dein Geschäftsmodell in der operativen Umsetzung funktioniert, desto größer ist die Chance, dass es sich um ein richtig profitables Geschäftsmodell handelt. Die Schlüsselfrage dabei ist: Wie gut kannst du dein Business von deiner eigenen Zeit unabhängig machen?

Wir arbeiten ja in diesem Buch genau daran: dein Business von deinem Zeiteinsatz unabhängig(er) zu machen. Grundsätzlich kann dieser Prozess für jedes Geschäftsmodell durchlaufen werden. Gleichzeitig ist aber nicht jedes Geschäftsmodell gleich gut dafür geeignet. Meine Tätigkeit als Vortragsredner etwa schneidet bei diesem Kriterium ganz schlecht ab. Ich kann zwar alles Mögliche auslagern und delegieren, aber letztlich muss ich selbst anreisen und auf der Bühne stehen. Meine Auftraggeber würden es vermutlich nicht akzeptieren, wenn ich einen Mitarbeiter hinschicke, um an meiner Stelle den Vortrag zu halten.

Im Verkaufstraining hingegen funktioniert das durchaus. Ich habe viele Jahre mein Trainingsgeschäft so betrieben, dass ich die Seminare verkauft und vermarktet habe. Ein großer Teil der Trainings selbst wurde dann aber durch von mir beauftragte Trainer abgehalten. Und das hat bestens geklappt. Mit der Wahl deines Geschäftsmodells stellst du also auch die Weichen, was deinen persönlichen Zeiteinsatz betrifft. Viele der profitabelsten Geschäftsmodelle hängen kaum bis gar nicht an deiner persönlichen Zeit.

Kriterium #4 – Hoher Bedarf

Wenn viele Menschen oder viele Unternehmen etwas benötigen, dann ist das eine sehr gute Ausgangssituation für profitable Businessmodelle. Wobei „viel“ in diesem Zusammenhang ein relativer Begriff ist. Hier kommt es im Gegenzug darauf an, wie viele Mitbewerber sich ebenfalls in diesem Markt tummeln und einen Teil des Bedarfs abdecken.

Fische nur in Teichen, in denen Fische sind!

Wie bereits ausführlich erläutert, begehen zahlreiche Unternehmer und vor allem Selbstständige den Fehler, ihr Hobby zum Beruf zu machen. Dabei sollten manche Tätigkeiten definitiv Hobbys bleiben. Nur weil jemand etwas toll und mit sehr viel Leidenschaft und Know-how umsetzt, bedeutet das noch lange nicht, dass es irgendjemanden gibt, der auch nur 1 € dafür ausgeben würde.

Bedarf bedienen oder Bedarf schaffen

Profitable Geschäftsmodelle brauchen als Basis Kunden, die bereit sind, Geld für das Produkt oder für die Dienstleistung auszugeben. Das ist gewissermaßen ein K.-o.-Kriterium.

„Man kann aber auch mit neuen Geschäftsideen einen Bedarf schaffen, wo es noch keinen gibt!", werden manche an dieser Stelle denken. Ja, das stimmt – zumindest bedingt. Man könnte ebenfalls behaupten, dass der Bedarf schon vorhanden, aber den Kunden noch nicht bewusst war. Wie auch immer man das sieht: Bedarf ist erzeugbar oder – wenn er schlummert – weckbar. Allerdings ist das der deutlich härtere und meist längere Weg zu einem profitablen Geschäftsmodell, und er erfordert mehr Kreativität, Zeit, Nerven und Geld.

Bedarf bedienen ist leichter als Bedarf schaffen.

Wichtig ist dabei, dieses Kriterium (wie alle anderen auch) nicht losgelöst zu betrachten. Die Botschaft lautet nicht „Mache das, was schon eine Million andere tun" (weil z. B. die Zugangshürden niedrig sind).

Das würde Kriterium #1 widersprechen. Ich würde im Normalfall Klienten dazu raten, etwas anzubieten, was bereits nachgefragt wird. Das ist einfacher, schneller, weniger riskant und erfolgversprechender. Nein, du wirst damit vielleicht keine Innovationspreise bekommen und nicht in den Schlagzeilen der Wirtschaftspresse landen. Aber du wirst ein Business aufbauen können, das zuverlässig läuft und Gewinn produziert. Und das ist ja auch nicht schlecht.

Willst du allerdings wahrhaftig die Welt verändern und eine ganz große und neuartige Idee in die Köpfe aller potenziellen Kunden bekommen, dann ziehe ich den Hut vor dir und wünsche dir aufrichtig viel Kraft und Energie für dein Vorhaben. Und vor allem viel Erfolg.

Kriterium #5 – Große Probleme und hoher Leidensdruck

Leidensdruck und Probleme sind gut. Sehr gut sogar. Nein, natürlich nicht deine eigenen, sondern die deiner potenziellen Kunden. Eine exzellente Basis für profitable Geschäftsmodelle sind Situationen, in denen viele Menschen bzw. Unternehmen einen hohen Leidensdruck verspüren und du das Mittel hast, um diesen zu lindern.

Wenn du es schaffst, im Verkauf die wirklich dringenden und drängenden Probleme deiner Kunden herauszufinden, dann brauchst du im Extremfall nicht mehr zu verkaufen, sondern nur mehr zu verteilen. Und das zu sehr hohen Preisen mit extrem guten Margen.

Jedes ungelöste Problem ist eine noch nicht gegründete Firma!

(wie mein Kollege Hermann Scherer zu sagen pflegt)

Exzellente Beispiele für erfolgreiche Geschäftsmodelle mit der vollen Punktezahl bei diesem Kriterium sind:

- Zahnärzte
- Feuerwehrleute
- Starverteidiger
- Schädlingsbekämpfer
- Sanierer
- die sprichwörtlichen Limonadenstände an heißen Stränden

Branchen oder Businesses, in denen solche Situationen regelmäßig auftreten, bieten große Chancen für dich, ein erfolgreiches Businessmodell zu betreiben. Doch keine Angst: In vielen anderen Branchen und Geschäftsbereichen (wahrscheinlich sogar in allen) gibt es ebenfalls jede Menge ungelöster Probleme, die oft so offensichtlich sind, dass sie nicht einmal mehr entdeckt werden müssen.

Häufig sind es Dinge, manchmal Kleinigkeiten, über die wir uns tagtäglich ärgern. Wenn wir aber, statt uns zu ärgern, eine Lösung für ein solches Problem finden, ist das oftmals die Basis für ein profitables Business.

Kriterium #6 – Grenzenlos umsetzbar

Globalisierung – Internet und moderne Verkehrsmittel haben die Welt zu einem Dorf schrumpfen lassen. Lege daher dein Augenmerk darauf, ob dein Businessmodell auf einfache Weise auch grenzüberschreitend betreibbar ist. Die Kombination von kleinen, kleinsten und manchmal sogar winzigen Marktnischen, die sich allerdings weltweit zu riesigen und lukrativen Märkten summieren, birgt spannende Chancen, um profitable Geschäftsmodelle zu betrieben. Oft werden solche winzigen Nischen von größeren Unternehmen aufgrund ihrer Kleinheit übersehen oder nicht ernst genommen. Doch für findige Unternehmer können sich diese zu wahren Goldgruben für Geschäftsmodellinnovationen und neuen Businessideen entwickeln. Da gibt es wahrscheinlich kaum einen Markt, der zu klein wäre.

Jede noch so kleine Marktnische ist weltweit betrachtet riesig.

Wenn du etwa – um ein extremes Beispiel für ein Nischenprodukt zu bringen – Onlinekurse für Kindererziehung durch homosexuelle Paare anbieten würdest (in den wichtigsten Weltsprachen natürlich), wäre ich nicht überrascht, wenn du der einzige Anbieter für weltweit Hunderttausende potenzielle Kunden wärst.

Kriterium #7 – Ein Maximum an Kontrolle

Geschäftsmodelle sind immer für denjenigen profitabler, der mehr Kontrolle darüber innehat. Das bedeutet z. B., dass ...

- der Franchisegeber bessere Möglichkeiten hat, Profite zu erzielen, als der Franchisenehmer.
- der Systemgründer deutlich mehr verdienen kann als der Vertriebspartner.
- der Unternehmer ein deutlich höheres Einkommen hat als seine Angestellten.

Das muss nicht immer so sein, aber das Potenzial ist offensichtlich. Natürlich steigt mit einem Mehr an Kontrolle über dein Geschäftsmodell üblicherweise auch die Höhe der Kosten und damit die Höhe des Risikos. Nicht umsonst heißt es:

More risk, more fun!

Denke daher intensiv darüber nach, wie viel Kontrolle du über dein Businessmodell bzw. über das hast, mit dem du vielleicht beabsichtigst, ein Geschäft zu gründen. Genau diese Überlegung hat dazu geführt, dass ich einen eigenen Verlag – die VoV media – gegründet habe, der unter anderem dieses Buch herausgebracht hat. Im Vergleich zum Publizieren eines Buches über einen anderen Verlag (was ich schon einige Male gemacht habe und was in manchen Fällen durchaus sinnvoll sein kann) habe ich damit ein Vielfaches an Kontrolle. Ich allein entscheide über Titel, Länge, Inhalte, Sprachen, Covergestaltung, Vertriebswege, Publikationstermin etc. meiner Bücher. Mal abgesehen davon, dass es ein gutes Gefühl ist, bringt dieses Mehr an Kontrolle auch deutlich mehr Ertrag. Natürlich wirst du niemals die 100%ige Kontrolle über dein Geschäftsmodell haben. Irgendwelche Abhängigkeiten gibt es wahrscheinlich immer. Aber die Kontrolle zu erhöhen ist ein profitabler Weg für dein Geschäft.

Kriterium #8 – Unattraktive Branchen und Geschäftsbereiche

Alle stürzen sich förmlich auf die attraktiven, glänzenden, angenehmen und vor allem angesehenen Geschäftsfelder und Branchen. Menschlich verständlich, betriebswirtschaftlich hingegen unklug.

Wer verdient sein Geld schon gerne als ...

- Schädlingsbekämpfer,
- Tatortreiniger,
- Leichenbestatter,
- Tierkörperverwerter,

- Insektenzüchter oder
- Abfallentsorger?

Doch gerade deshalb, weil das die wenigsten gerne auf ihrer Visitenkarte stehen haben, stecken hinter einigen dieser unattraktiven, langweiligen, bisweilen sogar abstoßenden Businesses ungemein profitable Geschäftsmodelle.

Dieses Kriterium ist kein K.-o.-Kriterium für die Wahl oder für die Gestaltung deines Geschäftsmodells. Natürlich lassen sich auch in sexy Branchen sexy Profite erzielen. In jedem Fall ist es aber ein Kriterium, das zu berücksichtigen lohnt und das helfen kann, solide Erträge mit deinem Business zu erzielen.

Wie Kriterium #1 – hohe Zugangsbarrieren – führt es nämlich dazu, dass die Anzahl der Mitbewerber tendenziell geringer ist.

Nicht alle, aber möglichst viele

Lass uns die besprochenen 8 Kriterien nochmals zusammenfassen:

Kriterium #1: Hohe Zugangsbarrieren

Kriterium #2: Hohe Skalierbarkeit

Kriterium #3: Unabhängigkeit von deiner Zeit

Kriterium #4: Hoher Bedarf

Kriterium #5: Große Probleme und hoher Leidensdruck

Kriterium #6: Grenzenlos umsetzbar

Kriterium #7: Ein Maximum an Kontrolle

Kriterium #8: Unattraktive Branchen und Geschäftsbereiche

Ich behaupte nicht, dass es nicht noch andere Kriterien gibt, die das Ertragspotenzial eines Geschäftsmodells beeinflussen und die du bei der Wahl bzw. bei der Gestaltung deines Business berücksichtigen solltest. Wenn du aber diese 8 Kriterien als Maßstab anlegst, dann ist das in jedem Fall eine sehr solide Grundlage für dein Geschäft. Natürlich werden selten alle 8 Kriterien voll erfüllt sein. Doch je mehr und in je höherem Ausmaß du diese erfüllen kannst, desto besser ist das für dein Business. Um dir diesen Check zu vereinfachen, habe ich einen kurzen Test für dein Geschäftsmodell erstellt, den du im Ressourcenbereich für dieses Buch findest.

Transferaufgabe #3 – Positioniere dich richtig

Zahlreiche Jobbesitzer haben zwar ein Angebot in Form von Leistungen oder Produkten, sie haben Kunden und machen Umsätze, sind aber im Grunde noch schlecht, schwammig oder gar nicht positioniert.

Die Bedeutung von Positionierung

Was ich unter einer soliden Positionierung verstehe? Ein Unternehmen ist dann gut positioniert, wenn klar ist ...

- wofür es steht,
- wofür es nicht steht,
- wer die richtigen, die idealen Kunden sind,
- für wen dieses Unternehmen bzw. auch sein Angebot nichts ist,
- welche Art von Mitarbeitern dort gut aufgehoben sind und
- wer sich dort nicht zu bewerben braucht.

Das Wort „nicht" ist in dieser Aufzählung ein wichtiger Faktor. Gute Positionierung schließt ein, aber sie schließt vor allem auch aus. Es geht nicht darum, für jeden alles zu bieten, sondern für die Richtigen das genau Richtige bereitzustellen. Nicht alle Marken, aber zumindest die erfolgreichsten, attraktivsten und zugkräftigsten, sind meist exzellent positioniert. Es gibt Marken, die eine saubere, gut funktionierende Positionierung hatten und im Laufe der Zeit davon abgewichen sind. Sie wollten auf allen möglichen Spielfeldern, auf denen sie nicht heimisch waren, mitspielen und sind breiter geworden. Eine saubere Positionierung ist die Basis für dein Marketing und deinen Verkauf. Ohne eine punktgenaue und passende Positionierung kannst du deine Selbstständigkeit nicht zu einem Unternehmen entwickeln und wachsen.

Solange du in der ersten Phase selbstständig bist, kannst du (noch) ohne saubere Positionierung auskommen. Du wirst trotzdem Aufträge erhalten, weil du zufällig jemanden kennst, weil das, was du anbietest, zufällig dem Bedarf eines Kunden entspricht, oder weil du (wie sehr viele) einfach billig bist. Doch wenn du wachsen und dein Unternehmen entwickeln willst, kannst du es dir weder erlauben, von Zufälligkeiten abhängig zu sein, noch kannst du es dir erlauben, deine Dienstleistungen und Produkte billig zu verkaufen (das schon gar nicht).

Vorteile punktgenauer Positionierung

Bevor wir uns an das Wie der Positionierung machen, lass uns noch kurz beim Warum bleiben. Welche Vorteile bringt eine solide Positionierung für dich und dein Unternehmen?

- Du fällst viel mehr auf und wirst viel leichter wahrgenommen.
- Den Kunden fällt es schwerer, dein Angebot mit dem deiner Konkurrenz zu vergleichen, weil es eben anders ist.

- Du polarisierst mehr. Du trennst durch die Art, wie du dich zeigst, viel klarer in potenzielle Kunden und Nichtkunden. Manche unter den Nichtkunden hassen dich förmlich, aber dafür lieben und verehren dich manche der Kunden nahezu abgöttisch.
- Du ziehst die potenziellen Kunden viel stärker an.
- Du wirst leichter gefunden, auch online bei der Google-Suche, weil du eben nicht für alles stehst, sondern für etwas ganz Bestimmtes. Und das lässt sich für Suchmaschinen einfacher optimieren.
- Du verwandelst Interessenten und Kunden leichter in echte Fans.
- Du erhältst mehr Empfehlungen, weil es einfacher ist, dich zu empfehlen.
- Du wirst als Spezialist wahrgenommen. Dadurch wird dir größere Kompetenz und Expertise zugesprochen.
- Du bist als Arbeitgeber attraktiver und ziehst potenzielle Mitarbeiter an.
- Du kannst – last, but not least – durch all das höhere Preise verlangen und müheloser durchsetzen.

Überzeugt? Das freut mich. Fairerweise will ich dir aber auch noch sagen, was gegen eine Positionierung in dieser Art sprechen könnte.

Der Nachteil sauberer Positionierung

Da Positionierung viel mit Weglassen zu tun hat, werden oft Befürchtungen laut, dass sie Umsatz und Kunden kosten könnte. Diese Befürchtungen sind aus meiner Sicht zutreffend. Es stimmt: Du wirst durch eine saubere und konsequent umgesetzte Positionierung Kunden, Aufträge und Umsatz verlieren.

Du wirst ab und an Nein zu Geschäften sagen, die nicht zu deiner Positionierung passen. Manche potenziellen Kunden werden bei dir erst gar nicht anfragen, weil du nicht für das stehst, was sie gerade brauchen.

Doch das ist nicht so schlimm, wie es klingt. Du wirst durch eine punktgenaue Positionierung mehr gewinnen als verlieren. Es kann ein wenig dauern. Es braucht Zeit, um Reichweite zu gewinnen und die Botschaft, wofür du stehst, zu verkünden. „Durchhalten", so lautet die Devise. Letzten Endes bist du dadurch für deine Zielgruppe weitaus attraktiver.

Bei vielen führt eine saubere Positionierung sogar dazu, dass sie mit einer geringeren Anzahl an Kunden bzw. weniger Aufträgen mehr verdienen, weil sie in den Augen des Marktes mehr wert sind und dadurch, wie erwähnt, höhere Preise verlangen können.

Also keine Angst! Ich persönlich habe noch niemanden erlebt, der bzw. dessen Unternehmen nicht davon profitiert hätte, an seiner Positionierung zu arbeiten und diese zu verbessern.

Positionierung – wie geht es?

Einfach gesagt beantwortet deine Positionierung die Frage, wofür du stehst, und vor allem, wofür du nicht stehst. Für Jobbesitzer und auch noch für Selbstständige gibt es drei Kriterien, die für ihre Positionierung wichtig sind.

Diese drei Kriterien für deine optimale Positionierung sind:

- Du solltest das, was du anbietest, gerne tun.
- Du solltest das, was du anbietest, bereits gut genug können oder rasch erlernen.
- Für das, was du anbietest, muss es einen Markt mit potenziell kaufenden Kunden geben.

Positionierung

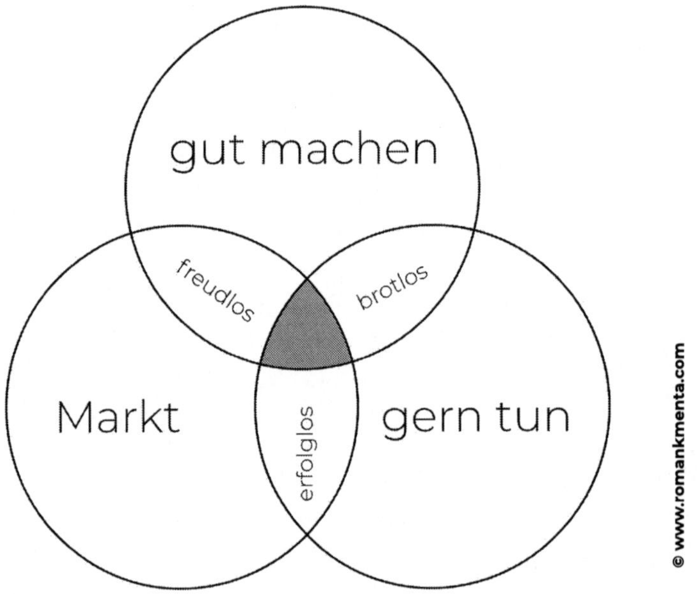

Wenn du etwas gerne und gut machst (brotlos), reicht das nicht. Du wirst damit zu wenig verdienen, weil der Markt dafür fehlt. Wenn es einen Markt für das, was du anbietest, gibt und du eine professionelle Leistung ablieferst, aber keinen Spaß am Tun hast (freudlos), fehlt dir auf Dauer die Energie dafür. Und dort, wo du etwas gerne machst und es auch einen Markt gibt, du aber eine schlechte Leistung ablieferst, wirst du erfolglos sein.

Die optimale Positionierung – für Jobbesitzer und Selbstständige, wohlgemerkt – liegt genau dort, wo sich diese drei Bereiche überschneiden. Wenn du als zukünftiger echter Unternehmer auf dieses Positionierungsmodell blickst, dann ergeben sich dabei ein paar zusätzliche bzw. andere Aspekte. Lass uns daher diese drei Kriterien genauer betrachten.

Kriterium #1 – Du solltest das, was du anbietest, gerne tun

Vom Standpunkt eines (zukünftigen) Unternehmers betrachtet ist dieses Kriterium so nicht mehr relevant für dich. Je weiter du dich entwickelst und in den Phasen voranschreitest, desto mehr nimmt die Bedeutung dieses Kriteriums ab.

Als Unternehmer baust du im Endeffekt ein Unternehmen auf, das Produkte oder Dienstleistungen anbietet. Das ist deine finale, wirkliche Arbeit. Die Arbeit am Unternehmen – deine Tätigkeit als Unternehmer – ist das, was du letztlich gerne tun solltest.

Und ja, du brauchst Mitarbeiter, die mehr und mehr die Arbeit IN deinem Unternehmen verrichten und denen das, was sie tun, Freude bereitet.Denn diese Freude am Tun bringt die Energie, die ihr benötigt: du für die Arbeit AM Unternehmen und deine Mitarbeiter für die Arbeit IM Unternehmen. Wie bereits ausführlich beschrieben, kann zu viel Spaß an der Arbeit IM Unternehmen dich von deiner eigentlichen Aufgabe ablenken.

Kriterium #2 – Du solltest das, was du anbietest, gut können

Auch dieses Kriterium relativiert sich aus der unternehmerischen Sichtweise. Was du gut können und worin du immer besser werden solltest, ist deine Fähigkeit, dein Unternehmen zu entwickeln und aufzubauen. Dazu zählen strategisches Denken, Marketing, Mitarbeiterführung, Finanzplanung etc.

Ich würde dieses Kriterium umformulieren in: Du solltest Mitarbeiter haben, die das, was dein Unternehmen anbietet, gut können bzw. viel Ahnung von den Produkten haben, die ihr verkauft.

Das bedeutet aber auch, dass du dir solche Mitarbeiter suchen bzw. entwickeln kannst. Das allermeiste ist erlernbar, und vieles davon in überschaubarer Zeit, wenn ein wirklicher Fokus darauf gelegt wird. Wenn Kriterium #2 durch dein Unternehmen nicht erfüllt ist, hat das natürlich fatale Auswirkungen.

Du hättest wahrscheinlich eine große Anzahl an Reklamationen und keine Weiterempfehlungen oder Wiederbeauftragungen.

Gleichzeitig musst du dieses Kriterium aber nicht übererfüllen. Dein Unternehmen muss fachlich sehr gut, aber nicht zwingend der beste Anbieter am Markt sein, um ein erfolgreiches Geschäft zu betreiben.

Wie in vielen anderen Bereichen gilt auch hier die 80/20-Regel. Es reicht, wenn dein Unternehmen sehr gut ist und sich auf das konzentriert, was es kann. Der Aufwand, der notwendig ist, um der Beste zu sein, ist in vielen Branchen und Bereichen sehr hoch und erfordert zu viel Zeit und Energie.

Diese Zeit kann sehr viel profitabler in die Vermarktung der Leistungen und Produkte investiert werden.

Erfolg = Leistung x Kommunikation2

Gemäß dieser Formel braucht es zwar die solide Leistung bzw. das gute Produkt, um erfolgreich sein zu können, aber die Kommunikation, sprich die Vermarktung, wiegt durch das Quadrat deutlich schwerer.

Viele beachten diese Formel nicht und sind dann enttäuscht. Sie verstehen die Welt nicht mehr. Sie sind davon überzeugt, ein sehr gutes Produkt bzw. eine exzellente Leistung zu bieten, und trotzdem erzielen sie nicht den gewünschten Erfolg. Mit ihrem Angebot hat das in diesem Fall jedoch nichts zu tun. Es geht um die Wahrnehmung des Angebotes durch den Kunden. Die Devise lautet:

Tu Gutes und sprich darüber!

Kriterium #3 – Es muss für das, was du anbietest, einen Markt geben

Es erscheint logisch, dass man etwas verkaufen sollte, das auch nachgefragt wird, etwas, wofür es einen Markt gibt. Dennoch missachten viele dieses Kriterium. Sie sind zu sehr verliebt in das, was sie tun bzw. anbieten, und gehen davon aus, dass es anderen Menschen genauso geht. Das muss aber natürlich nicht der Fall sein. Diese Sichtweise findet man oftmals bei Menschen, die etwas in einem ganz neuen Bereich erfunden haben. Ihr Produkt mag vielleicht sehr gut und nützlich sein – doch solange niemand darüber Bescheid weiß und niemand es kennt, wird es nicht nachgefragt werden. Hole dir übrigens den Positionierungs-Selbstcheck zum Download im Ressourcenbereich.

Einen neuen Markt schaffen, statt einen bestehenden zu bedienen?

Wie wir bei Kriterium #4 „Hoher Bedarf" für profitable Geschäftsmodelle bereits besprochen haben, kannst du natürlich auch dort einen Markt schaffen, wo es bisher noch keinen gibt. Dafür musst du entweder den schlummernden, deinen Zielkunden noch nicht bewussten Bedarf wecken oder einen ganz neuen erzeugen. Und wie erwähnt geht das ebenfalls, es ist meist nur sehr viel aufwendiger und riskanter. Wenn es dir gelingt, ist deine Belohnung in Form von Umsatz und Ertrag bisweilen viel höher, als wenn du einen bestehenden Markt bedienst. Oft sind es aber nicht jene, die einen ganz neuen Markt schaffen, die diese Belohnung erhalten, sondern deren Nachfolger, die einen noch jungen, wachsenden Markt sehen und sich mit ihrem eigenen Angebot dort hineinsetzen. Ungerecht? Ja, vielleicht. Aber wer sagt, dass es immer gerecht zugeht in der Wirtschaft bzw. im Leben?

Erfolg in Nischen finden

Das bedeutet allerdings auch, dass es eine durchaus erfolgversprechende Strategie sein kann, mit seiner Positionierung auf solche jungen Märkte und Trends zu setzen. Meist sind das zu Beginn noch kleine Nischenmärkte, doch das heißt nicht, dass sie zu klein für dich sind. Je spitzer du dich positionierst, je mehr du dich in kleine Nischen setzt, umso kleiner ist deine Zielgruppe in einer Region. Daher geht es oft mit dieser Nischenstrategie einher, dass du deinen Markt geografisch ausdehnst. Wenn es in deiner Gegend bspw. nur 10 potenzielle Kunden gibt, die zu deiner Positionierung passen, so sind es im gesamten Sprachraum vielleicht 1.000 und weltweit möglicherweise 10.000, die infrage kommen. Bei vielen Businessarten bzw. Angeboten sind dem geografischen Einsatzgebiet keine Grenzen gesetzt. Sprachen sind erlernbar und es gibt Übersetzer. Das Internet ermöglicht es auch für kleinste Unternehmen, weltweit tätig zu sein und Produkte sowie Leistungen anzubieten und zu verkaufen.

Durch Weglassen zum Erfolg

Der Erfolg einer guten, sauberen und punktgenauen Positionierung liegt im Weglassen, im Einschränken und im Verzichten. Nicht mehr und mehr hinzufügen macht erfolgreich, sondern mehr und mehr weglassen von all dem, was die Klarheit deiner Aussage verfälscht. Auf die Frage, wie er es denn geschafft hätte, eine so wunderschöne Statue wie den David aus einem rohen Marmorblock zu machen, soll Michelangelo geantwortet haben: „Der David war schon immer in diesem Block. Ich musste ihn nur von dem überflüssigen Gestein befreien." Was für eine schöne Metapher für dein Business! In den meisten Fällen ist schon alles da, was du brauchst, um erfolgreich zu sein. Du musst dich nur von all dem Überflüssigen befreien, damit dein Geschäft von deinen Kunden als „David" erkannt wird.

Die Kunst erfolgreicher Positionierung liegt im Weglassen.

Der Erfolg bei der Positionierung liegt also im Weglassen, im „Nein" Sagen zu ...

- Teilzielgruppen,
- Märkten,
- Tools,
- Aufgaben etc.

Bei einem Berater könnte der Prozess des Weglassens im Zuge der Positionierung z. B. so aussehen:

In der ganz breiten und schlecht positionierten Form handelt es sich um einen Unternehmensberater. Ganz spitz und punktgenau positioniert könnte es ein Unternehmensberater sein, der internationale Vertriebe von Pharmakonzernen dabei unterstützt, nach Fusionen die optimale

Performance zu erzielen. Aber genau dieser Punkt – das Weglassen – fällt vielen Selbstständigen, aber auch vielen Unternehmern und großen Unternehmen schwer. Warum? Weil sie dann befürchten, Geschäft zu verlieren. Doch genau das Gegenteil ist der Fall. Natürlich wirst du im Zuge einer spitzen Positionierung das eine oder andere Projekt bzw. potenzielle Kunden verlieren. Oder du wirst erst gar nicht angefragt werden, weil dein Angebot nur teilweise oder gar nicht passend ist. Im Gegenzug gewinnst du dafür mehr, als du verlierst, und zwar in jenem Bereich, in dem dein Angebot zu 100 % passt.

Als Folge einer spitzen Positionierung wirst du für die richtigen Kunden (und nur jene willst du haben) attraktiver, du ziehst die richtigen Kunden an, wirst weiterempfohlen und kannst höhere Preise verlangen und auch durchsetzen.

Anders ist das bessere Besser!

Durch eine spitze Positionierung gibt es weniger Überschneidungen mit anderen Anbietern, die ebenfalls punktgenau positioniert sind. Diejenigen, die einen „Bauchladen“ haben und alles anbieten, übertrumpfst du mit wahrgenommener Kompetenz spielend.

Die perfekte Positionierung

Damit hast du die perfekte Positionierung vielleicht noch nicht gefunden, aber du bist ihr näher gekommen. Nach meiner Erfahrung aus der Arbeit mit vielen Klienten, aber auch aus der Arbeit an meinem eigenen Business, kann die perfekte Positionierung nicht erzwungen werden. Das Finden einer sehr guten Positionierung ist ein Kreativprozess und braucht als solcher Zeit. Du drehst Runde um Runde und näherst dich allmählich an.

Nach jeder Runde wird deine Positionierung ein Stück besser. Aus diesem Grund ist es völlig normal, dass sich die Positionierung deines Geschäftes im Laufe der Zeit verändert. Die Rahmenbedingungen ändern sich, die Technik schreitet voran, neue Zielgruppen entstehen und alte verschwinden. Dein persönlicher Fokus und deine Sicht auf die Welt sind ebenso Veränderungen unterworfen.

Der ideale Kunde

Jetzt könnte ein wenig der Eindruck entstanden sein, dass es bei der Positionierung um dich und um dein Unternehmen geht. Dieses potenziell falsche Bild möchte ich an dieser Stelle gleich wieder korrigieren.

Es geht nicht um dich, sondern letzten Endes ausschließlich um deine potenziellen Kunden. Genauer gesagt geht es um deinen idealen Kunden. Dieser steht als Symbol für deine Zielgruppe und ist deren konzentriertes Abbild.

Je besser du weißt, wer das ist und wie dein idealer Kunde tickt, umso leichter wird es dir fallen, dein Angebot und all dein Tun genau auf diesen – und damit auf alle, die ihm ähnlich sind – auszurichten. Je präziser dir das gelingt, umso mehr wird sich dein idealer Kunde von deinem Angebot angesprochen fühlen und umso eher wird er bei dir kaufen. Eigentlich einfach, oder?

So definierst du deinen idealen Kunden

Wenn du an Privatpersonen bzw. Konsumenten verkaufst (B2C), ist es hilfreich, diesen idealen Kunden (häufig auch „Persona“ oder „Avatar“ genannt) als Person möglichst genau zu beschreiben. Wenn deine Kunden Einzelunternehmer sind (B2B), trifft das gleichfalls zu. Wenn du im B2B-Bereich tätig bist und mit mittleren oder größeren Unternehmen zu tun hast, brauchst du manchmal mehr als nur einen Avatar.

Du benötigst in erster Linie einen Avatar für das Kundenunternehmen als Ganzes sowie einen Avatar für jeden, der bei Entscheidungen mitredet, die dein Unternehmen betreffen. Beschreibe die Personen mit Kriterien wie Alter, Geschlecht, Beruf, Fam-ilienstand etc. Definiere aber auch, wohin dein idealer Kunde gerne auf Urlaub fährt, wie oft er fortfährt, was er am liebsten isst, was er gar nicht mag usw. Daraus können spannende Ideen für dein Angebot entstehen.

Gib deinem Avatar sogar einen Namen und ein Gesicht, indem du ihm ein Foto zuordnest. Dabei könnte es sich bspw. um eine reale Person handeln, die bereits zu deinen Kunden zählt. Für Unternehmens-Avatare funktioniert das im Prinzip genauso, nur eben mit anderen Kriterien wie Unternehmensgröße, Branche, Anzahl der Mitarbeiter, Umsätze etc. Gehe hier in die Tiefe und ins Detail.

Probleme als Schlüssel zum Erfolg

Vor allem aber solltest du dir die Ängste, Sorgen und Probleme deines idealen Kunden bewusstmachen. Worüber denkt er nach, wenn er nachts wach liegt? Denn wenn du die perfekte Lösung für seine Probleme anbieten kannst, hast du die Grundlage für ein sehr profitables Business.

Erfolgreich bist du dann, wenn du die größten Ängste und Sorgen deiner Kunden kennst und dafür eine Lösung anbietest.

Wie schon weiter vorne im Buch beim Kriterium #5 für profitable Geschäftsmodelle erwähnt, sind große Probleme und ein hoher Leidensdruck aufseiten deiner potenziellen Kunden ein nicht zu unterschätzender Erfolgsfaktor.

Von banalen Problemen zu profitablen Geschäften

Alle, die so wie ich viel unterwegs sind und daher oft in Hotels nächtigen, werden dieses Problem kennen: In mehr als der Hälfte der Hotels gibt es keine wirklich gute Dusche. Entweder klebt der Duschvorhang an dir oder die Halterung des Brausekopfes trägt das Gewicht nicht und rutscht langsam, aber sicher an der Stange nach unten. Nicht selten ist eine Überflutung des Badezimmers beim Duschen vorprogrammiert und selbst dann, wenn du dich bemühst, nicht vermeidbar.

Wir fliegen zum Mond, können aber keine wirklich gute Dusche in ein Hotelbadezimmer einbauen? Schon hätten wir einen Nischenmarkt für einen Installateur, der daraus eine Positionierung entwickeln kann.

Derlei Beispiele gibt es viel mehr, als uns bewusst sind. Wir müssen sie nur wahrnehmen und, statt uns darüber zu ärgern, über Problemlösungen nachdenken.

Der USP – Warum du keinen brauchst, aber einen haben solltest

Im Zusammenhang mit dem Thema Positionierung fallen häufig die beiden Begriffe „Alleinstellungsmerkmale“ und „USP“, denen ich ein paar abschließende Gedanken zu diesem Kapitel widmen möchte.

Die Frage „Was unterscheidet dich von deinem Mitbewerb?“ wird durch eine saubere Positionierung meist schon beantwortet. Durch das Weglassen und den Fokus auf deinen idealen Kunden wirst du bereits anders wahrgenommen als deine Mitbewerber. Warum? Weil sich wahrscheinlich die wenigsten Mitbewerber je den Kopf über Positionierung zerbrochen haben und Bauchläden betreiben. Und selbst wenn sie das gemacht haben, ist die Wahrscheinlichkeit groß, dass sie zu einem anderen Ergebnis gelangt sind als du. Sie befinden sich zwar im selben Markt, haben aber einen anderen Fokus.

Vom Alleinstellungsmerkmal zum USP

Solche Alleinstellungsmerkmale sind fraglos wichtig. Der USP (Unique Selling Proposition) – das einzigartige Nutzenversprechen – könnte auch als die extreme Ausprägung von Alleinstellungsmerkmalen gesehen werden. Hast du einen? Wenn nicht, kein Problem. Alleinstellungsmerkmale oder gar ein USP sind eine überschätzte Angelegenheit, zumal es heute sehr schwierig geworden ist, als Unternehmen mit seinem Angebot wirklich und wahrhaft einzigartig zu sein. Dafür gibt es schon zu viel von zu vielem.

„Wie jetzt?", wirst du dich wahrscheinlich in diesem Augenblick fragen. Habe ich nicht seitenweise über Positionierung geschrieben, um sich vom Mitbewerb zu unterscheiden? Geht es dabei nicht um Alleinstellungsmerkmale? Ja, schon. Allerdings kommt eine solide Positionierung auch ohne echte, wahrhafte Alleinstellungsmerkmale aus. Du wirst dadurch anders, jedoch nicht so sehr anders wahrgenommen.

Erfolgreich auch ohne USP

Die wirtschaftliche Praxis zeigt, dass man sehr wohl Geschäfte machen kann, ohne über wirkliche Alleinstellungsmerkmale zu verfügen. Gute Geschäfte sogar. Wäre dem nicht so, hätte die Mehrzahl der Unternehmen bereits zusperren müssen.

Wenn man unbedingt einen USP bräuchte,
um erfolgreich zu sein,
müssten die meisten Unternehmen zusperren!

Welche echten Alleinstellungsmerkmale haben die unzähligen Friseure in deiner Stadt? Wie unterscheidet sich ein Installateur tatsächlich vom anderen? Und was macht das eine Hotel so ganz anders als all die übrigen?

Die Wahrheit ist: Einzigartige Unternehmen und Angebote sind ganz selten. In der Mehrheit findet man Me-too-Angebote.

Na gut, dann nicht!?

Bedeutet das nun, dass du dich entspannt zurücklehnen und die Hände in den Schoß legen kannst? Ja, kannst du – solltest du aber nicht. Denn auch, wenn du keinen USP brauchst, solltest du dennoch einen haben ... oder dich zumindest unablässig auf die Suche nach Alleinstellungsmerkmalen begeben, bis du solche findest. Warum? Mit einem echten USP differenzierst du dich noch mehr von deinem Mitbewerb. Du wirst verstärkt anders wahrgenommen. Die Übergänge von einer sauberen Positionierung zu einem echten USP sind fließend. Mit deiner sauberen Positionierung wirst du oft besser als die anderen gesehen. Wenn du (im Bild) weiter nach rechts rückst, steigt dein Risiko etwas an, da du dich vom Normalen, vom Üblichen, vom Durchschnitt entfernst.

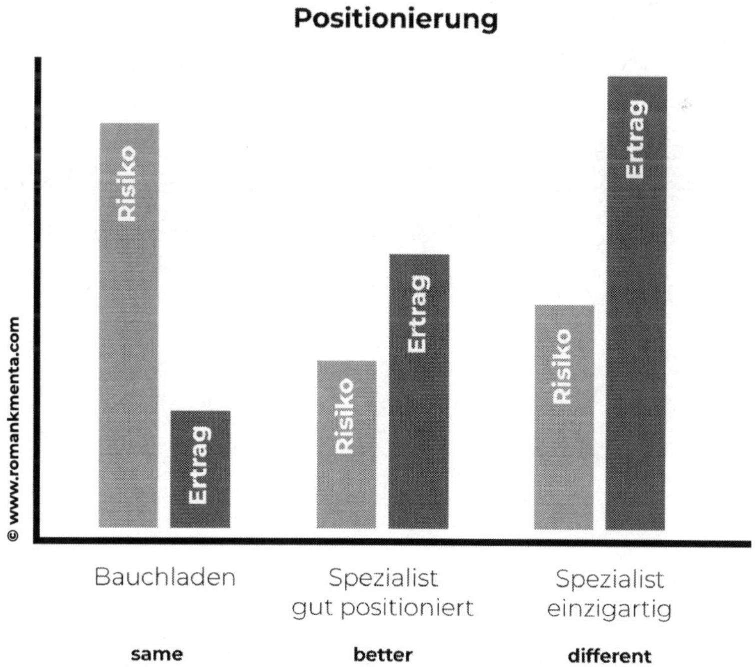

Gleichzeitig wird allerdings die Belohnung, die dafür winkt, sehr viel größer. Mit einem echten USP bist du deinem Mitbewerb nicht nur eine, sondern mehrere Nasenlängen voraus.

USP finden – aber wie?

„Deinen USP finden!“, heißt es daher, aber das ist leichter gesagt als getan. Aus diesem Grund, um dir die Suche nach deinen Alleinstellungsmerkmalen zu erleichtern, habe ich das Buch „Das große USP Strategie Buch“ geschrieben. Es ist ein Arbeitsbuch, das dir mit über 500 Ideen für deinen USP dabei hilft, Alleinstellungsmerkmale zu finden. Gleichzeitig unterstützt es dich sehr dabei, über deine Positionierung nachzudenken. Du findest den Link im Ressourcenbereich zum Buch.

Transferaufgabe #4 – Mache Produkte aus deinen Leistungen

Ein Unterscheid zwischen voll entwickelten Unternehmen und Selbstständigen besteht oftmals darin, dass Unternehmen Produkte haben und Selbstständige einfach nur ihre Zeit im Tausch gegen Geld anbieten (was ja auch die Grundlage für dieses Buch darstellt). Wenn du vor allem physische Produkte verkaufst, bist du so gesehen schon einen Schritt weiter. Dennoch wirst du hier Ideen finden, die du umsetzen kannst. Wenn du allerdings vor allem Leistungen anbietest, ist diese Transferaufgabe extrem wichtig für dich. Wenn ich von Produkten spreche, dann meine ich damit nicht nur physische Produkte, sondern alles, was du anbietest. Auch die Beratung durch den Steuerberater, die Coaching-Einheit und die Wartung der Gastherme durch den Installateur sind Produkte ... oder besser gesagt, sie sollten welche sein.

Meist werden allerdings Leistungen ganz banal als solche in Zeiteinheiten angeboten:

- eine Beratungsstunde
- ein Tag Verkaufsseminar
- eine Stunde Massage
- eine Stunde IT-Support

Umdenken erforderlich

Um Produkte statt Leistungen anzubieten, braucht es ein Umdenken. Statt in Stunden zu denken, wie dies bei Leistungen üblich ist, geht es bei Produkten vielmehr um etwas, dem zwar Leistungsstunden zugrunde liegen mögen, das aber damit wenig oder gar nichts mehr zu tun hat.

Ein Auto etwa entsteht durch die Kombination von Know-how, Material und Arbeitszeit. Es wird allerdings als ein Ganzes angeboten. Selbstverständlich sind die Kosten dem Hersteller bekannt; er weiß genau, wie viele Arbeitsstunden in die Herstellung investiert werden müssen.

Dennoch würde niemand jemals auf den Gedanken kommen, neben den Ausstattungs- und Leistungsmerkmalen auch die Anzahl der Arbeitsstunden anzuführen, die zur Herstellung benötigt wurden. Der Verkaufspreis des Fahrzeugs richtet sich nach dessen Ausstattung und dessen Leistung sowie nach dem Markt. Natürlich ist eine Dienstleistung wie z. B. eine Massagebehandlung etwas völlig anderes als ein Fortbewegungsmittel. Aber wenn wir uns bei einem Auto Anleihe nehmen, hilft uns das, die Herangehensweise zu ändern und ein Stück weit vom Denken in Zeiteinheiten wegzukommen.

Letztlich ist es genau das, was der Kunde möchte: Er will nicht deine Zeit kaufen, sondern deine Leistung bzw. ein Ergebnis. Er will aus dem, was du ihm anbietest, einen Nutzen ziehen. Statt 1 Stunde Reinigungsdienstleitung will der Kunde danach eine saubere Wohnung vorfinden. Statt 1 Stunde

Coaching will der Kunde ein Problem, das ihn bisher belastete, dank des Coachings danach nicht mehr haben. Das ist es, worum es dem Kunden geht.

Dabei gibt es Branchen bzw. Dienstleistungen, die traditionell in Zeiteinheiten verrechnen (Trainer, Berater, Coaches, Rechtsanwälte, Masseure etc.), und andere, die immer schon Produkte statt Zeiteinheiten verkauft haben, wie z. B. Friseure, Tätowierer oder Grafiker (die schlauen zumindest). Ein Friseur verkauft z. B. 1 x „Waschen, Schneiden und Föhnen". Bei keinem Friseur hätte ich je gelesen, wie lange die ganze Behandlung dauern wird, obwohl ich selbst von 20 Minuten bis 45 Minuten oder mehr alles erlebe. Man könnte also nicht einmal argumentieren, dass diese Leistung zeitmäßig so sehr standardisiert wäre.

Je nachdem, in welcher Branche du tätig bist, wird es dir daher leichter oder schwerer fallen, vom Stunden- zum Produktdenken zu wechseln. Es wird dir vielleicht nur in Teilbereichen deines Geschäftes gelingen, während du in anderen Bereichen nach wie vor deine Leistung pro Stunde anbietest und verrechnest. Oder aber du bietest deine Leistung als Produkt an und führst in der Leistungsbeschreibung nach wie vor auch die Zeit an – jedoch nicht als wichtigstes oder einziges Kriterium.

Arten von Produkten

Wenn es um Produkte geht, stelle ich regelmäßig fest, dass wir meistens viel zu eingleisig denken. Wir bieten die Produkte an, die üblicherweise in der Branche angeboten werden. Das mag durchaus seine Berechtigung haben, denn offenbar sind diese Produkte in der Branche gut verkaufbar. Das hat aber häufig nur so lange seine Berechtigung, bis jemand kommt, der über den Tellerrand schaut und vollkommen andere Produkte anbietet – und damit erfolgreich ist.

Nur um zu zeigen, wie eng wir meistens denken, wenn es um Produkte geht, findest du nachfolgend eine Liste von möglichen Produkten, die in vielen Branchen umsetzbar sind (und von etlichen Selbstständigen und Unternehmern schon zusätzlich zu ihrer Kerndienstleistung als Produkt angeboten werden):

- Vorträge
- Seminare/Workshops
- Coaching/Beratung
- Mastermind-Gruppen
- Webinare
- Ausbildungen (mit Abschluss und Zertifikat)
- (Online-)Kurse/Curriculae
- Bücher/Booklets und Kursbücher
- E-Books
- (Online-)Videos/DVDs
- (Online-)Hörbücher
- Software
- Apps
- Online-Plattformen
- Tests
- (kostenpflichtige) Newsletter
- Magazine (online/gedruckt)
- Checklisten

- Podcasts
- Poster
- Events/Kongresse
- Blogs
- Werbeflächen
- physische Produkte (T-Shirts, Tassen, Kalender etc.)
- Membership Sites
- Lizenzen
- Spiele

Dabei kann es sich bei manchen Produkten auch um ein kostenloses Produkt handeln, das gratis hergegeben wird (z. B. im Tausch gegen die Mailadresse), um neue potenzielle Kunden anzusprechen.

Selbstverständlich sind nicht alle Produkte für sämtliche Branchen und Selbstständigen gleichermaßen interessant bzw. umsetzbar. Aber die meisten davon sind in viel mehr Businesses umsetzbar, als es aktuell der Fall ist.

So tut sich ein Installateur mit dem Produkt „Buch" vielleicht schwerer als ein Coach, doch für einen Ratgeber, wie man diverse Kleinigkeiten bei Gas, Wasser und Heizung selbst repariert bzw. wartet, gibt es sicherlich einen gewissen Markt.

Diese Liste soll deine Fantasie anregen und dich inspirieren, darüber nachzudenken, in welche Produkte du dein Know-how noch verpacken könntest. Ich selbst beschäftige mich aktuell (wie du siehst) sehr stark mit dem Produkt Buch und entdecke ständig neue Möglichkeiten dabei.

Preise – Die Verpackung entscheidet

Die Wahl deines Produktes – wie du also dein Know-how verpackst – hat eine wesentliche Auswirkung auf den erzielbaren Preis. Ein Beispiel: Lass uns einmal annehmen, ein Führungskräftetrainer und -coach möchte seine Produktpalette erweitern. Welche Preise kann er für ein und dasselbe Know-how erzielen, je nachdem, in welcher Form er es anbietet?

Vielen Produkten sind typische Preisbereiche zugeordnet (wobei die angegebenen Preisbereiche im Einzelfall über- oder auch unterschritten werden können):

- E-Book: 0,99 – 14,90 €
- Hörbuch: 4,99 – 24,90 €
- Buch: 9,90 – 29,90 €
- DVD: 9,90 – 29,90 €
- Kursbuch (Ordner): 49,90 – 199 €
- Webinar: 29 – 199 €
- Onlinekurs: 99 – 2.000 €
- Seminar (öffentlich): 199 – 999 € pro Person/Tag
- Firmen-Seminar: 1.500 – 3.000 € pro Tag
- Vortrag: 2.000 – 5.000 € ++ pro Stunde

Interessant, oder? Das bedeutet jetzt aber nicht, dass du nur noch Vorträge halten solltest, weil das die Verpackung ist, mit der du für dein Know-how am meisten erhältst. Potenziell ist etwa ein Onlinekurs oder ein Buch viel ertragreicher für dich, weil diese Produkte sehr viel besser skalierbar sind.

Letztlich gilt in diesem Zusammenhang die Formel:

Umsatz = Stück x Menge

Das bedeutet, dass du mit einem niedrigpreisigen Produkt wie z. B. einem Buch ebenfalls richtig gute Umsätze erzielen kannst, wenn du es schaffst, dass sich dieses Produkt hochgradig automatisiert und ohne großen Aufwand verkaufen lässt. Ein Vortrag scheint zwar gut bezahlt, allerdings kann sehr viel Aufwand und Vorarbeit damit verbunden sein, um für einen solchen gebucht zu werden. Dementsprechend lassen sich mit demselben Ressourceneinsatz weniger Vorträge als Bücher verkaufen.

In Paketen denken

Etwas, wodurch dir der Wechsel zum Produktdenken leichter fallen wird, ist die Möglichkeit, Pakete zu schnüren und anzubieten. Solche Pakete können (und sollten auch) ein oder mehrere Dienstleistungen in Kombination mit physischen Produkten enthalten. Je nach Paket kann es aus 2 oder aus 20 Bestandteilen bestehen.

So könnte ein Masseur statt 1 Stunde Massage gegen Rückenschmerzen bspw. folgendes „Schmerzfrei-Paket" schnüren:

- 1 Vorab-Check-up, der den Körper des Kunden, aber auch dessen Arbeitsplatz, das Bett, die Lebens- und Bewegungsgewohnheiten etc. mit einbezieht
- 1 „Schmerzfrei-Beratung" als Ergebnis dieser Analyse
- 10er-Block Massage
- 1 Buch mit Übungen für zu Hause

- 1 Flasche schmerzlinderndes Öl
- usw.

Dieses Paket etwa würde sich für einen neuen Kunden eignen. Für einen Klienten, der dieses Paket schon einmal in Anspruch genommen hat, muss sich unser Masseur ein anderes Angebot überlegen.

Wie du siehst, kannst du dabei verschiedenste Produkte und Leistungen kombinieren oder aber mehr von einem Bestandteil anbieten, wie z. B. den 10er-Block Massage. Der Fantasie sind dabei keine Grenzen gesetzt. Dein Paket könnte darüber hinaus Bestandteile von anderen Unternehmen beinhalten, wenn diese dein Paket sinnvoll ergänzen. Diese Fremdanteile könntest du zukaufen oder im Rahmen einer Kooperation mit einem anderen Unternehmen von diesem auch kostenlos zur Verfügung gestellt bekommen.

Ich könnte mir z. B. sehr gut vorstellen, dass unser Masseur mit einem Fitnessstudio kooperiert und in sein Paket ein Rückentraining mit einem Personal Trainer hineinpackt.

Das Porträtfoto-Paket einer Fotografin könnte etwa mit einem Gutschein für einen Besuch beim Haardesigner angereichert werden. Diesen erhältst du von deinem Kooperationspartner idealerweise zu günstigeren Preisen als dein Kunde (in gewissen Fällen vielleicht sogar kostenlos). So kannst du dein Paket mit vergleichsweise wenig Aufwand bzw. Kosten wertvoller machen.

Vorteile von Paketen

Wenn du deine Leistungen und Produkte in Pakete verpackst, dann hat das verschiedene Vorteile für dich und dein Business.

- **Pakete machen weniger vergleichbar**
  Pakete helfen nicht nur den Dienstleistern, weg vom Denken in Zeiteinheiten zu kommen, sondern auch dem Kunden. Ein gut

geschnürtes Paket macht es dem Kunden sehr schwer, deine Leistungsstunde mit der eines Mitbewerbers zu vergleichen, da das Paket zum Paketpreis angeboten wird. Die einzelnen Bestandteile sollten dabei nicht separat bepreist werden.

- **Gleicher Aufwand – mehr Umsatz**
  Der Aufwand, ein Paket zu verkaufen, ist oft derselbe wie jener, ein einzelnes Produkt zu veräußern. Oft lässt sich das Paket sogar mit weniger Aufwand als ein Einzelprodukt verkaufen, da es für den Kunden mehr Nutzen und Vorteile bringt. Dein Umsatz bzw. dein Gewinn ist jedoch (wenn du richtig kalkulierst) bei einem Paket deutlich höher als bei einem einzelnen Produkt. Der 10er-Block Coaching-Stunden erzielt zehnmal so viel Umsatz wie die Einzelstunde.

- **Wert einfacher steigerbar**
  In einem Paket sind deiner Fantasie nur wenige Grenzen gesetzt. Du hast sehr viele Möglichkeiten, dein Paket mit (für dich) kostengünstigen, aber für den Kunden sehr wertvollen Bestandteilen anzureichern und so den Wert für den Kunden zu erhöhen. Und je höher der Wert, desto höher der Preis, den du erzielen kannst.

Produkt oder Geschäftsmodell?

Wenn du dich intensiv mit den Themen Produkt und Geschäftsmodell beschäftigst, wirst du feststellen, dass bestimmte Produkte oft sehr eng mit bestimmten Geschäftsmodellen verknüpft sind. Manchmal ist die Frage „Ist es ein Produkt oder ein Geschäftsmodell?" kaum zu beantworten, weil die Verbindung so eng ist.

So ist etwa ein Membership-Bereich, für den du einen monatlichen Mitgliedsbeitrag verlangst, zwar ein Produkt, gleichzeitig aber auch ein

Geschäftsmodell (oder zumindest ein wesentlicher Teil davon). Lass dich aber davon nicht beirren: Wo die Grenze verläuft, ist letztlich irrelevant. Die Hauptsache ist, dass es für dich Sinn macht und funktioniert.

Transferaufgabe #5 – Baue eine Marke auf

Die meisten Selbstständigen treten als Person in Erscheinung; wenige schaffen es bis zur kleinen oder gar größeren Personenmarke. Die Frage, ab wann jemand eine Personenmarke ist, ist schwer zu beantworten. Die Grenzen auf dem Weg von der Positionierung als Person zu einer echten Personenmarke sind fließend.

Jamie Oliver, Richard Branson, Gary Vaynerchuck oder auch Menschen aus dem Showbusiness wie Anke Engelke oder Heidi Klum haben den Status einer richtigen Personenmarke definitiv erreicht. Für Selbstständige ist, besonders zum Start ihrer Tätigkeit, die Positionierung als Person ebenfalls ein sehr sinnvoller Ansatz und bringt mehr Vorteile als Nachteile mit sich. Wenn du nicht vorhast, dich über die Selbstständigkeit – Phase 2 – hinauszubewegen, ist die Personenmarke definitiv ein gangbarer und empfehlenswerter Weg. Bestimmte Arten von Produkten lassen zudem keine anderen Möglichkeiten zu. Als Redner etwa muss ich mich als Personenmarke präsentieren, weil für Bühnenauftritte nun einmal Menschen und keine Unternehmen gebucht werden. Als Autor hingegen sieht die Sache schon wieder anders aus. Ich persönlich schreibe meine Bücher selbst, aber ich kenne etliche Autoren, die ihre Bücher von anderen schreiben lassen (wogegen grundsätzlich gar nichts spricht) und die Werke unter verschiedenen Pseudonymen veröffentlichen.

Von der Personenmarke zur Unternehmensmarke

Womit wir schon beim Thema sind. Für größeres Wachstum und eine Entwicklung über Phase 2 (die Selbstständigkeit) hinaus braucht es eine

Unternehmensmarke. Diese kannst du statt, aber durchaus auch zusätzlich zu deiner Personenmarke aufbauen. So hat etwa Jamie Oliver mehrere Unternehmen, die ihm gehören oder an denen er beteiligt ist, zusätzlich zu seiner Personenmarke aufgebaut. Natürlich profitieren seine Unternehmen von ihm als Personenmarke, sind aber eigenständige, unabhängige Unternehmen und Marken.

Gibt es Personenmarken, die, ohne eine Unternehmensmarke aufzubauen, sehr groß geworden sind? Ja, die gibt es natürlich. Ausnahmen bestätigen bekanntlich die Regel.

Meine eigene aktuelle Entwicklung

Was bedeutet das jetzt konkret für dich? Lass uns das gemeinsam durchdenken und nehmen wir als Beispiel meine eigene aktuelle Situation.

Ich bin seit beinahe 20 Jahren selbstständig und war die meiste Zeit über vor allem als Redner, Buchautor, Trainer und Berater tätig. In den letzten Jahren bin ich vor allem als Person öffentlich in Erscheinung getreten, unter anderem deshalb, weil die Rednertätigkeit das verlangt und es für Beratung und Training sehr hilfreich ist.

Vor Kurzem habe ich einen Verlag gegründet: VoV media. Dafür habe ich bewusst einen Namen gewählt – die Abkürzung „VoV“ steht für „Voice of Value“ –, der (fast) nichts mit mir zu tun hat. Im Moment verlege ich meine eigenen Bücher. Allerdings beginne ich gerade, zusätzlich Produkte im Non-Book-Bereich auf den Markt zu bringen, die thematisch zum Verlag passen. Der Verlag hat eine viel größere Bandbreite an Möglichkeiten, als ich sie habe. Er könnte etwa die Werke anderer Autoren verlegen oder auch Bücher für Zielgruppen herausgeben, die ich als Personenmarke nicht anspreche. Im Rahmen des Verlages könnte ich ebenfalls ganz andere Produkte wie Kalender, Tischaufsteller, Mousepads oder Notizbücher auf den Markt bringen.

Würde ich das unter meinem Namen machen, könnte das meine eigene Positionierung möglicherweise zu sehr verwässern. Gleichzeitig ist der Verlag irgendwann verkaufbar, sollte ich das Geschäft nicht mehr betreiben wollen. Um Phase 5 zu erreichen, ist das ein entscheidendes Kriterium. Nur wenn dein Unternehmen auch ohne dich lebensfähig ist, bist du in Phase 5 angelangt.

Zusammengefasst heißt das also: Baue neben deiner Präsenz als Person auch eine Präsenz als Unternehmen auf. Solltest du gerade starten, hast du zwei Möglichkeiten:

- **Variante 1**
  Du startest mit einer personenbezogenen Positionierung und beginnst später, sobald du dich als Personenmarke ausreichend etabliert hast, (zusätzlich) eine Unternehmensmarke aufzubauen.

- **Variante 2**
  Da startest gleich mit einem Unternehmen und stellst deine Person von Beginn an in den Hintergrund.

Ob du Variante 1 oder 2 wählst, hängt von mehreren Faktoren ab:

- Was ist dein Ziel? Willst du Phase 4 oder 5 erreichen, oder findest du Phase 1 oder 2 viel interessanter für dich?

- Welche Art von Tätigkeit übst du aus? In welcher Branche bist du tätig?

Für Redner, Moderatoren oder Menschen im Showbusiness ist die Personenpositionierung ein Muss. Als Trainer oder Coach ist das sehr empfehlenswert, aber ich habe auch schon erfolgreich Trainingsunternehmen aufgebaut, wo nicht ich, sondern die Unternehmensmarke im Vordergrund stand. Als Reinigungsdienstleister andererseits bietet sich von Beginn an die Unternehmensmarke an.

„Der Saubermann" als Personenmarke macht zwar absolut Sinn, hat aber nicht die Relevanz wie in anderen Branchen.

Transferaufgabe #6 – Steigere den Wert und erhöhe die Preise

Eine weitere wesentliche Aufgabe auf deinem Weg von Phase 2 als Selbstständiger in Richtung Phase 3 besteht darin, den Wert deines Angebotes konsequent zu steigern und damit einhergehend deine Preise zu erhöhen.

Dieser Prozess der Wertsteigerung ist definitiv nicht auf die Phase 2 beschränkt, findet hier aber oft seinen Anfang. Warum? Die Phase 2 bringt u. a. mit sich, dass man sich als Selbstständiger seiner Situation bewusster wird. Wo man sich in Phase 1 vielleicht noch gefreut hat, gut gebucht zu sein, erkennt man in Phase 2, dass es andere Erfolgskriterien gibt, die an Bedeutung gewinnen. Eines davon ist die Höhe des Stunden- oder Tagessatzes. Es geht verstärkt darum, wie man mehr aus seiner knappen Ressource Zeit herausholen kann. Es geht darum ...

- nicht unbedingt MEHR, sondern WERTVOLLERE Arbeit zu verrichten und
- mit weniger Aufwand mehr oder zumindest gleich viel zu verdienen, oder aber auch
- mit demselben Aufwand mehr oder mit mehr Aufwand viel mehr zu verdienen.

Das jeweilige Ziel musst du dir selbst auswählen und setzen.

Der Weg zu höheren Preisen und Honoraren – solange du noch Zeit gegen Geld tauschst – führt über einen höheren Wert deines Angebotes in den Köpfen deiner Kunden und Interessenten.

Wert und Preis

Wie im bisherigen Inhalt des Buches ohnehin schon an der einen oder anderen Stelle aufgezeigt wurde, gibt es einen sehr starken Zusammenhang zwischen dem Wert deines Produktes bzw. deiner Dienstleistung und dem Preis, den du dafür verlangst bzw. auch erhältst.

Der Wert entsteht dabei als Erstes in deinem Kopf, und das ist der wichtigste, weil grundlegendste Teil des Wertes.

Wenn du dein Angebot nicht für wertvoll hältst – wie soll es dann der Kunde tun?

Du selbst musst in erster Linie vom Wert deines Angebotes absolut überzeugt sein, sonst wirst du dich sehr schwertun, dem Kunden eine hohe Wertvorstellung zu kommunizieren und das Produkt zu entsprechend guten Preisen (für dich) zu verkaufen. Bei selbstständigen Dienstleistern hat das (wie in einem früheren Kapitel erwähnt) noch die spezielle Facette, dass du selbst das Produkt bist und dein Selbstwert deinem Marktwert entspricht.

In weiterer Folge entsteht eine Wertvorstellung im Kopf deines Kunden. Diese Wertvorstellung hat mit physischen Gegebenheiten oft auffallend wenig, manchmal aber auch gar nichts zu tun. Wie viel etwas für jemanden wert ist, hängt von einer Vielzahl von Faktoren ab. Manche davon kannst du beeinflussen – und das oft nur teilweise. Dennoch: Wertsteigerung ist natürlich erreichbar.

Ein Kunde kauft dann, wenn in seinem Kopf der Wert höher ist als der Preis, den er dafür bezahlen soll. Liegt der Wert unterhalb des verlangten Preises, dann kauft der Kunde nicht – so einfach ist das letzten Endes. Das wiederum bedeutet: Ein höherer Preis funktioniert nur auf Basis eines höheren Wertes.

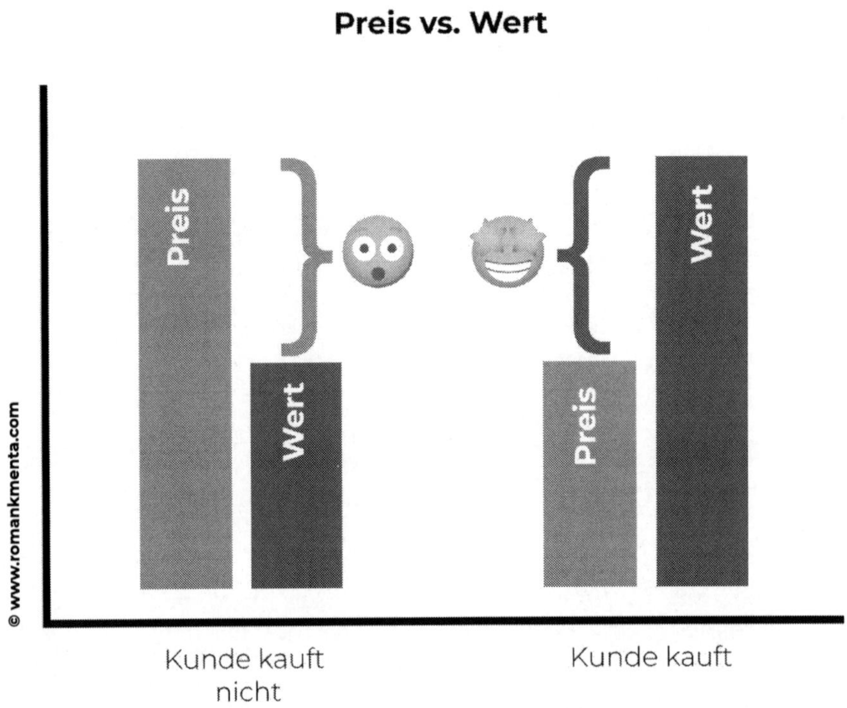

Den Wert steigern – aber wie?

Die Frage, die sich nun stellt, lautet also: Wie kannst du den Wert deines Angebotes steigern?

Den wahrscheinlich wesentlichsten Faktor dafür – die saubere und punktgenaue Positionierung – haben wir schon besprochen. Je mehr du als Expertin bzw. Spezialist für eine bestimmte Problemlösung gesehen wirst, desto höher ist dein Wert in den Köpfen deiner Kunden. Doch das ist lange nicht alles, was du tun kannst. Wenn das Fundament passt, kannst du an der Verpackung arbeiten. Was meine ich damit?

Kleine Touchpoints – große Wirkung

Vor einiger Zeit war ich auf einer Netzwerkveranstaltung und kam am Buffet mit einem jungen Mann ins Gespräch. Er erzählte mir, er habe sich vor Kurzem als Finanzdienstleister selbstständig gemacht, und machte einen sympathischen und durchaus kompetenten Eindruck auf mich. Nach ein paar Minuten Small Talk trennten sich unsere Wege und er drückte mir noch seine Visitenkarte in die Hand. Diese sah so aus, als hätte man mir (als Nicht-Grafiker) 5 Minuten Zeit gegeben, auf PowerPoint oder Word eine Visitenkarte zu „designen" (bei dem Gedanken bekommen Grafiker üblicherweise schon albtraumhafte Zustände) und diese dann im Copyshop an der Ecke auf dickem Papier auszudrucken.

Danach das Blatt noch mit der Schneidemaschine per Hand schneiden – und fertig sind die Visitenkarten. Alle Daten des jungen Mannes waren darauf, leserlich und korrekt. Dennoch bemerkte ich, dass diese Visitenkarte den Eindruck, den er bei mir hinterlassen hatte, veränderte ... und zwar nicht zum Besseren. Nun war er kein Grafiker, sondern Finanzdienstleister. So gesehen sagte die Qualität seiner Visitenkarte absolut gar nichts über seine fachliche Kompetenz aus. Und dennoch ...

Wie dieses Beispiel zeigt, üben alle möglichen, oft die kleinsten Dinge und Eindrücke, Einfluss auf die Wertwahrnehmung durch andere Menschen aus. „Wenn der mit seinen Visitenkarten so wenig professionell unterwegs ist – wie professionell würde er mit meinem Geld umgehen?" Diese Frage drängte sich förmlich auf. Gerade in sensiblen Bereichen wie Finanzen geht so etwas gar nicht. Dass der junge Mann bei der Übergabe erwähnte, dass es sich dabei nicht um seine finale Visitenkarte handelte, verbesserte die Sache nicht wirklich. Wie oft hast du schon eine Visitenkarte mit den Worten „Tut mir leid, das ist meine letzte" übergeben bekommen, und wie sehr hat man es dieser auch angesehen?

Wert steigern an Touchpoints

Du hast mit deinem Business eine Menge von Berührungspunkten – auch „Touchpoints" genannt – zur Umwelt. Das sind all jene Punkte, an denen du, dein Tun und dein Geschäft von anderen, im Speziellen auch von Kunden, wahrgenommen werden.

Beispiele für Touchpoints sind:

- deine Webseite
- dein Firmenauto (vor allem, wenn es als solches erkennbar ist)
- deine Social-Media-Präsenzen
- dein Aussehen (Kleidung, Frisur etc.)
- deine Stimme am Telefon
- die Ansage auf deiner Mobilbox
- die Signatur in deiner E-Mail
- deine Printwerbung
- deine Angebote
- deine Produkte
- u. v. m.

Selbstverständlich gilt genau das Gleiche für deine Mitarbeiter, so du welche hast. An jedem dieser Touchpoints kannst du in den Köpfen deiner Kunden Wert aufbauen oder Wert vernichten. Dreimal darfst du raten, was leichter passiert: Wertaufbau oder Wertvernichtung?

Richtig geraten! Wertvernichtung erfolgt nicht zuletzt deshalb viel leichter und effizienter, weil Menschen (auch Kunden) die Tendenz haben, über negative Erlebnisse oder Dinge vermehrt zu berichten.

Negative Aussagen verbreiten sich daher viel rascher und weiter, und das bedeutet einen wahren Turbo Boost für die Wertvernichtung.

Ein schlechtes Telefonat kostet 100.000 €

Zum Glück können wir nicht einmal annähernd erahnen, wie viel Wert etwa durch eine einzelne schlechte Visitenkarte vernichtet werden kann. Lass uns das anhand eines Beispiels, nur mal so als Gedankenexperiment, durchspielen.

Eine potenzielle Kundin ruft im Nageldesignstudio Nailart an und ein Mitarbeiter, der gerade schlechte Laune hat, hebt ab. Die potenzielle Kundin bekommt sofort den Eindruck „unfreundlich". Rasch heißt es dann: „Die bei Nailart sind unfreundlich. Das ist eine unfreundliche Firma." Und nicht etwa: „Einer der Mitarbeiter der Firma Nailart hatte einen schlechten Tag."

Bei einer unfreundlichen Firma kauft die Anruferin natürlich nicht, wenn ihr Alternativen zu Verfügung stehen. Und nicht nur das: Bei jeder Gelegenheit wird das traumatische Erlebnis weitererzählt. Meistens werden die Tatsachen im Laufe des „Stille Post"-Prozesses dann auch noch an den entscheidenden Stellen ausgeschmückt, um die Dramatik zu verstärken: „Stell dir mal vor, was mir gestern passiert ist ..."

Und alle, die diese Story hören, werden sich nicht gerade motiviert fühlen, bei so einer Firma zu kaufen. Es gibt schließlich andere. Ergebnis: Null Euro Umsatz und ein schlechteres Image.

Wäre der Eindruck am Telefon hingegen ein deutlich besserer gewesen, hätte Folgendes passieren können: Die potenzielle Kundin wird nicht nur zur Kundin, sondern sogar zu einer zufriedenen Stammkundin, die sich ab sofort alle drei Wochen die Nägel um 50 € machen lässt. Jahresumsatz: knapp 900 €. Und das mindestens die nächsten 10 Jahre, denn gute Nagelstudios werden von Frauen nicht leichtfertig gewechselt. Umsatz: 9.000 €.

In dieser Zeit wird die Kundin unzählige Male auf ihre wunderschönen Nägel angesprochen. Sie empfiehlt natürlich das Nagelstudio weiter, und so gewinnt dieses im Laufe der nächsten 10 Jahre – sehr konservativ geschätzt – 10 weitere Kundinnen. Jede dieser neuen Kundinnen ist wiederum einen 10-Jahres-Umsatz in Höhe von 9.000 € wert.

Damit summiert sich der Gesamtumsatz schon auf knapp 100.000 €. Nein, ich rechne jetzt nicht noch aus, wie vielen Freundinnen und Bekannte diese empfohlenen Kundinnen das Nagelstudio ebenfalls weiterempfohlen haben. Das ist auch nicht nötig. Das Prinzip scheint klar, das Szenario dramatisch. Alles in allem – abhängig vom Verhalten des Mitarbeiters am Telefon – ein sehr wertvolles bzw. ein sehr kostspieliges Telefonat.

Zum Glück rechnen wir nicht dauernd solche Szenarien durch bzw. wissen wir nicht, was sich kundenseitig alles abspielt. Ansonsten würden wir möglicherweise in eine permanente Depression verfallen.

Wertaufbau an den Touchpoints

Doch damit genau das nicht passiert – ich möchte keine deprimierten Leser! –, lass uns die positive Seite deiner Touchpoints betrachten. Was kannst du tun, um wertvoller wahrgenommen zu werden?

Der Prozess dafür gliedert sich in mehrere Schritte:

- **Schritt 1**
  Liste alle deine Touchpoints auf (das können bis zu ein paar Dutzend sein, je nachdem, wie detailliert du das machst).

- **Schritt 2**
  Begutachte jeden deiner Touchpoints kritisch und hol dir von anderen Feedback dazu ein (idealerweise von Menschen, die vom jeweiligen Touchpoint wirklich Ahnung haben).

- **Schritt 3**
  Priorisiere deine Touchpoints und lege eine Reihenfolge fest, in der du dich der Wertsteigerung an den einzelnen Touchpoints widmen willst. Unabhängig von individuellen Faktoren ist deine Webseite in jedem Fall unter den Top 3, meistens Nummer 1 auf deiner Prioritätenliste. Wenn du nur eine einzige Visitenkarte pro Monat aushändigst, haben diese weniger Bedeutung als für den Netzwerker, der jede Woche 20 Stück verteilt.

- **Schritt 4**
  Beginne am Wert deiner Touchpoints in der Reihenfolge der festgelegten Prioritäten zu arbeiten.

Typischerweise kannst du wieder von vorne beginnen, wenn du alle Touchpoints optimiert und den Wert in den Augen potenzieller Kunden gesteigert hast. Es ist ein nicht endender, aber profitabler Prozess für dein Unternehmen.

Den Preis dem Wert anpassen

Wenn du erfolgreich am Wert deines Angebotes und deines Geschäftes bzw. an deinem Wert in der Außenwahrnehmung durch den Kunden gearbeitet hast, kommt der zwar erfreuliche, aber nicht minder schwierige Teil:

Jetzt kannst du den Preis dem höheren Wert anpassen – sprich den Preis erhöhen.

Viele sind nach wie vor der Meinung, es würde reichen, einfach mehr zu verlangen, um dadurch mehr zu verdienen. Doch ohne vorher dafür gesorgt zu haben, dass der Wert im Kopf deines Kunden entsprechend hoch ist, wird diese Vorgehensweise nicht funktionieren.

Preiserhöhungen werden allerdings von vielen als schwierig empfunden ... und das ist es bisweilen auch. Warum? Wir meinen, Gefahr zu laufen, dadurch

Kunden, Projekte und potenzielle Aufträge zu verlieren. Und weißt du, was? Genau das könnte und wird wahrscheinlich passieren. Doch je nachdem, wie weit du dich in deinem unternehmerischen Denken bereits entwickelt hast, ist das mehr oder weniger schmerzvoll. Zugegeben, ein gewisser Restschmerz wird bei Auftragsverlust vermutlich immer bleiben.

Mehr zum Thema, wie du deine Preise erhöhen kannst, ohne Kunden zu verlieren, erfährst du im Buch „Wir sind dann mal teurer!". Den Link dazu findest du im Ressourcenbereich.

Vom Vorteil schlechter Buchungslage

Als Selbstständigem geht es dir nicht mehr darum, möglichst viele Tage gebucht zu sein (wie bereits erwähnt) bzw. möglichst viele Kunden und Aufträge zu gewinnen, sondern darum, ein profitables und zeiteffizientes Geschäft zu betreiben.

Und das kann bedeuten: weniger Buchungstage bei gleichem oder sogar höherem Einkommen.

Dazu eine kurze Rechnung am Beispiel eines Unternehmensberaters:

- 150 Auftragstage à 1.200 € oder
- 75 Auftragstage à 2.400 €

Wofür würdest du dich entscheiden? Ich brauche nur etwa 0,05 Sekunden, um diese Entscheidung zu treffen.

Sogar wenn 75 Auftragstage à 2.000 € zur Wahl stünden, würde ich mich dafür entscheiden, statt 150 Tage zu arbeiten.

Solange du deine Zeit noch nicht skalieren kannst, indem du – um bei dem Beispiel des Beraters zu bleiben – einige Mitarbeiter eingestellt hast, die in deinem Auftrag Kunden beraten, ist es sehr viel vernünftiger, weniger zu arbeiten, dafür aber zu höheren Honoraren. Noch ist deine Zeit auf 24 Stunden pro Tag beschränkt.

In diesem Beispiel hat unser Berater 75 Tage Zeit gewonnen, um AN seinem Unternehmen zu arbeiten und dessen Wert zu steigern. Schlechter gebucht zu sein ist, so gesehen, unter gewissen Rahmenbedingungen ein wesentlicher Vorteil für dich und das Wachstum deines Unternehmens.

Warum du hochpreisig verkaufen musst

Anhand dieses Beispiels wird klar, warum du als selbstständiger Dienstleister der Phase 2 hochpreisig verkaufen musst, um zu wachsen. Wenn du es nicht tust, bist du zu gut gebucht und hast keine Zeit, dich um dein Unternehmen zu kümmern.

Beispielrechnung
Einkommen Coach

Zielumsatz	100.000€	100.000€	100.000€
Stundensatz	80€	120€	250€
Stunden für Zielerreichung	1.250	833	400
Arbeitswochen	47	47	47
Gebuchte Stunden / Woche	5	5	5
Klienten / Jahr	250	167	80
Abschlussquote	80%	70%	60&
Interessenten	313	238	133

Dabei hat hochpreisig streng genommen zwei Aspekte: Einerseits ist damit der Stunden- oder Tagessatz gemeint, mit dem du kalkulierst bzw. den du anbietest, andererseits sind aber auch die größeren (und damit höherpreisigen) Pakete und Projekte ein wichtiger Faktor.

Wie vorhin erwähnt, ist der Aufwand, ein Paket um 10.000 € zu verkaufen, nicht wirklich viel (wenn überhaupt) höher, als eine Einzelleistung um 1.000 € an den Kunden zu bringen. Und ein geringerer Verkaufs- bzw. Vermarktungsaufwand ist ein wesentlicher Erfolgsfaktor für deine Geschäftsentwicklung.

Lass mich dir das nochmals anhand eines Beispiels verdeutlichen, das dir noch dramatischer vor Augen führt, warum zu niedrige Preise bzw. zu kleine Pakete nicht funktionieren können.

Sabine ist Personal Coach und Lebensberaterin für Privatpersonen. Wir sehen uns ihr Geschäft auf Basis einiger Kennzahlen einmal genauer an. Sabine hat einen Coaching-Stundensatz in Höhe von 80 €, wendet also eher eine Niedrigpreis-Strategie an, um zu Klienten zu kommen. Um 100.000 € Jahresumsatz zu erreichen, müsste sie daher 1.250 Stunden gebucht sein. Oft buchen private Klienten ein oder zwei Coachingstunden bei ihr. Doch selbst unter der Annahme, dass sie ein durchschnittlicher Klient für 5 Stunden bucht, benötigt sie für die Erreichung ihres Zieles 250 Klienten pro Jahr.

Bei einer Abschlussquote von 80 % (das heißt, 8 von 10 Interessenten werden zu Kunden ... was sehr viel ist), bräuchte Sabine 313 Interessenten (das sind jede Woche 6 neue Klienten!), um einen Jahresumsatz von 100.000 € zu erreichen. Mit dieser Preisstrategie ist das Umsatzziel also so gut wie gar nicht zu erreichen. An jedem Tag (außer am Sonntag) einen neuen Interessenten zu gewinnen ist nicht unmöglich, aber sehr, sehr anspruchsvoll. Um das zu schaffen, müsste Sabine entsprechend viel Marketing machen. Doch infolge der vielen Interessenten und Klienten, die hoffentlich daraus resultieren, hat sie zu wenig Zeit dafür. Sie sitzt in der Zwickmühle. Was kann sie tun?

Auch Kleinvieh macht Mist.

(... aber man braucht sehr viel Kleinvieh für einen großen Haufen Mist!)

Sabines Grundproblem ist – so betrachtet –, dass sie sehr günstige Produkte verkauft. Selbst wenn ein Klient sie zehn Mal in Anspruch nehmen würde, wären das nur 800 € Umsatz. Das ist mit ein Grund, warum viele Coaches (die sich ausschließlich auf diese Dienstleistung konzentrieren) zu den am schlechtesten Verdienenden gehören.

Was kann Sabine tun? Sie braucht größere bzw. teurere Produkte. Dafür könnte sie sich entweder ganz auf Businesscoaching konzentrieren (dafür wird pro Stunde mehr bezahlt) oder sie könnte Pakete schnüren, die deutlich mehr kosten als eine Coaching-Stunde.

In den Kalkulationsspalten 2 und 3 habe ich Sabines Stundensatz variiert. Bei einem höheren Stundensatz könnte sich die Abschlussquote verschlechtern, was aber in der Praxis nicht unbedingt so sein muss. Es hängt von der Preiselastizität ab. Manchmal – und gar nicht so selten – steigt die Nachfrage bei höheren Preisen sogar, weil der Preis die Wertwahrnehmung des Kunden beeinflusst, ganz nach dem Motto: Was mehr kostet, muss mehr wert sein. Man sieht deutlich, welch dramatische Veränderungen das auf die gesamte Kalkulation hat. In der rechten Spalte (bei 250 € Stundensatz) benötigt Sabine nur noch ca. 9 Coaching-Stunden pro Woche, um den gewünschten Jahresumsatz zu erzielen, und hat damit viel mehr Zeit für die Vermarktung. Gleichzeitig braucht sie in diesem Fall nur noch 133 Interessenten (was aber noch immer nicht gerade wenig ist).

Wäre Sabine meine Klientin, würde ich ihr nach dieser ersten Analyse Folgendes empfehlen:

- Preise erhöhen und Premium-Preise verlangen
- gleichzeitig den Durchschnittsumsatz steigern, indem sie anstelle von einzelnen Coaching-Stunden nur noch „Pakete“ verkauft
- die Zielgruppe überdenken – Unternehmer sind z. B. eher bereit, höhere Stundensätze für ein Coaching zu bezahlen
- höherpreisige und leichter skalierbare Dienstleistungen – bspw. Trainings, Vorträge oder auch digitale Produkte (Kurse etc.) – mit ins Portfolio aufnehmen
- die Positionierung schärfen, um höhere Stundensätze erzielen zu können
- Marketing und Verkauf systematisieren und, soweit möglich, automatisieren, um regelmäßig ausreichend viele Leads und Neukundenkontakte zu generieren

Aufträge verlieren und Umsätze steigern

Wenn wir nun annehmen, dass höhere Preise zu niedrigeren Abschlussquoten führen (doch das ist, wie gesagt, kein Naturgesetz), dann kannst du dir – mit den Zahlen aus deinem Unternehmen und aus deiner Branche – ausrechnen, wie viele Aufträge oder Kunden zu verlieren du dir leisten kannst, um am Ende trotzdem noch besser dazustehen.

So könnte es sich der weiter oben erwähnte Unternehmensberater bei einer Verdoppelung seiner Tagessätze von 1.200 € auf 2.400 € (eine extreme Annahme, ich weiß) leisten, 50 % seiner Aufträge zu verlieren (sehr einfach gerechnet), ohne weniger Umsatz zu machen. Die Profitabilität würde dabei wahrscheinlich sogar steigen, weil auch bei kleineren Aufträgen ein gewisser Grundaufwand gegeben ist, der sich nicht immer fakturieren lässt. Du musst aber gar nicht so extreme Überlegungen anstellen.

Je nachdem, wie hoch deine Deckungsbeiträge sind (diese sind in der One-Man-Show-Beratung sehr hoch, weil es außer der Zeit kaum variable Kosten gibt), sieht das Bild für dich auch bei moderaten Erhöhungen von 100 € oder 200 € im Tagessatz gar nicht schlecht aus. Die positiven Auswirkungen von Preiserhöhungen werden oftmals die negativen (drohender Auftragsverlust) übersteigen – vor allem dann, wenn du nach oben noch viel Luft zu den marktüblichen Preisen bzw. zum inneren Wert deiner Kunden hast.

Von Preisobergrenzen und dem richtigen Preis

Doch welcher Preis ist der richtige? Wie weißt du, wie weit du deine Preise erhöhen kannst? Die klassischen Kosten-plus-Kalkulationen, bei denen ein gewisser prozentueller Aufschlag auf die Kosten als eigener Deckungsbeitrag kalkuliert wird, mögen in produzierenden Betrieben eine gewisse Berechtigung haben. In der Dienstleistungsbranche taugen sie nicht viel. Wenn du schon einen Schritt weiter bist und mehrere Mitarbeiter hast, solltest du deine Kosten natürlich kennen. Dennoch ist „Kosten plus" kein Preismodell, das ich dir empfehlen würde.

Mit der Kosten-plus-Methode landest du entweder über oder (weit) unter der Preisgrenze im Kopf deiner Kunden (und nur vielleicht auch zufällig einmal genau dort). Und beides – darüber wie darunter – ist schlecht. Im ersten Fall verlierst du zu viele Aufträge und im zweiten verschenkst du laufend Geld (dazu gleich mehr).

Der einzig richtige Faktor, an dem du die Höhe deines Preises bemessen kannst, ist die Höhe des Wertes, den der Kunde deinem Angebot beimisst. Theoretisch gut und schön, aber in der Praxis kannst du in den Kopf deines Kunden nicht hineinschauen (außer du bist Neurologe oder Psychologe und legst deinen Kunden zu Studienzwecken in ein MRT, das dessen Gehirn scannt, während ihm Fragen zu potenziellen Kaufentscheidungen gestellt werden ... bist du aber vermutlich nicht).

Wenn du nie einen Auftrag wegen des zu hohen Preises verlierst, bist du zu billig.

Ein junger Mann, der Infrarot-Heizelemente verkaufte und in einem meiner Vorträge saß, behauptete stolz von sich, er würde bei jedem Verkaufsgespräch einen Abschluss erzielen. Daraufhin antwortete ich ihm: „Dann hast du ein Problem.“ Deutlich irritiert fragte er mich: „Warum? Ich mache doch immer einen Abschluss ...“ Meine Antwort: „Du bist zu billig!“

Wenn du (fast) immer einen Abschluss schaffst und so gut wie nie ein Projekt oder einen Kunden wegen deines Preises verlierst, bist du zu billig. Du verschenkst im Laufe der Zeit eine Menge Geld, wie die folgende Grafik zeigt:

Preisgrenze

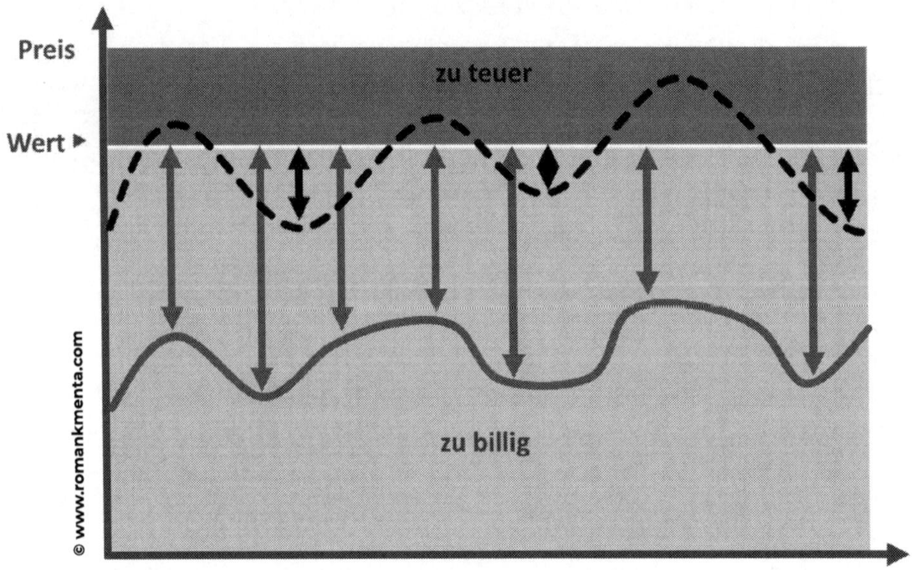

Der Preis, den dein Kunde zu zahlen bereit ist (der Wert im Kopf deines Kunden), ist die obere gerade Linie. Die durchgezogene untere Kurve sind die Preise bei einer Strategie, bei der immer zu billig angeboten wird. Der Abstand (Pfeile) zu dem, was der Kunde bereit ist zu bezahlen, ist relativ groß. Dieser Abstand ist das Geld, das du bei einem Auftrag in Form von nicht realisierten höheren Preisen verschenkst.

Die gestrichelte Linie symbolisiert eine Preisstrategie, bei der du immer wieder an die Preisgrenze des Kunden stößt. Wenn du ein „Zu teuer!" oder einen vergleichbaren Preiseinwand vom Kunden hörst, weißt du, dass du diese Grenze überschritten hast. Natürlich gibt es Menschen, die selbst dann „Zu teuer!" sagen, wenn du unterhalb dieser Grenze bleibst.

Überschreitest du diese Grenze, hat das den Vorteil, dass du dann zumindest weißt, wo diese verläuft – zumindest bei diesem konkreten Kunden. Das bedeutet jedoch noch nicht gleichzeitig, dass du den Auftrag auf jeden Fall verlieren wirst. Es kann durchaus eine Situation entstehen, in der über den Preis verhandelt wird. Du wirst mit dieser Strategie zwar ab und an einen Auftrag nicht erhalten und auch den einen oder anderen Kunden nicht gewinnen können. Aber summa summarum wirst du dich auf diese Weise näher am oberen Preislimit bewegen und weniger Umsatz bzw. Ertrag liegen lassen, als wenn du permanent zu weit unterhalb dieser Grenze agierst. Pragmatisch und in deinem Business relativ leicht anwendbar heißt das für dich also: Erhöhe deine Preise (mit viel Fingerspitzengefühl) so lange, bis du immer wieder einmal die Schmerzgrenzen deiner (potenziellen) Kunden überschreitest. Wo ein gesunder Prozentsatz an Absagen aufgrund des Preises liegt, lässt sich nicht allgemeingültig beantworten. Bei selbstständigen Dienstleistern wie Rednern, Beratern, Coaches oder Trainern könnte man rund 10 % oder vielleicht auch 20 % als sehr groben Indikator heranziehen.

Hinzu kommen natürlich Absagen aus anderen Gründen, die allerdings mit dem Preis selbst nichts zu tun haben.

Die „Zu teuer!“-Lüge

Lass uns mit diesem Gedanken noch einen Schritt weitergehen. Streng genommen ist es eine Lüge, wenn ein Kunde zu dir sagt, dass du „zu teuer“ bist. Keine absichtliche oder böswillige, denn er glaubt ja selbst daran. Die Wahrheit ist es trotzdem nicht.

Was er damit eigentlich sagen will, ist, dass dein Preis über dem Wert liegt, den er deinem Angebot beimisst, und er daher nicht kauft. Wir tendieren meistens dazu, die Sichtweise „Zu teuer!“ als Wahrheit zu akzeptieren. Und wenn etwas zu teuer ist, dann ist es naheliegend und logisch, den Preis zu senken. Genau aus dem Grund wird ebendies sehr gerne und sehr oft gemacht.

Wenn du allerdings diese Aussage von der anderen Seite betrachtest und die Botschaft als „Dein Wert ist nicht hoch genug“ verstehst, ist das zwar schmerzhafter zu akzeptieren, hat aber auch Vorteile für dich.

Wenn etwas „nicht genug wert“ ist – woran denken wir dann? Richtig! Wir denken daran, wie wir den Wert steigern können.

Den Preis zu senken oder den Wert zu erhöhen führt kurzfristig möglicherweise beides zum selben Ergebnis: dass nämlich der Kunde die Entscheidung trifft, zu kaufen. Mittel- und längerfristig hingegen entstehen daraus zwei vollkommen unterschiedliche Unternehmen und Welten.

Nichts ist zu teuer,
vieles ist nur zu wenig wert.

Ein Unternehmen, das die Aussage „Zu teuer!“ als Aufforderung sieht, seine Preise zu senken, wird immer billiger und billiger. Dieses „Discountspiel“ ist eines, das nur ganz wenige wirklich beherrschen, um damit trotzdem profitabel wachsen zu können.

Selbst unter den ganz großen Unternehmen gelingt das vielen nicht. Sie versuchen lediglich, auf der Verkaufsseite mit Rabatten und Niedrigpreisen aller Art mitzuspielen ... und verlieren nur allzu oft. Die lange Reihe von Konkursen prominenter Unternehmensmarken spricht hier Bände.

Diejenigen Unternehmen allerdings – und gerade als selbstständiger Dienstleister solltest du dich unbedingt hier einreihen –, die das „Zu teuer!" des Kunden als Aufforderung sehen, den Wert des Angebotes und des Unternehmens zu steigern und beständig noch nutzbringender und wertvoller für den Kunden zu werden, haben deutlich bessere Chancen für nachhaltiges und gesundes, profitables Wachstum. So hart es für dich auch ist, dein Angebot als „zu wenig wert" zu akzeptieren – mittelfristig ist es die sinnvollere und profitablere Art der Interpretation von Preiseinwänden dieser Art.

Trennung von unprofitablen Kunden

Eines der schwierigsten und schmerzvollsten Unterfangen in diesem Zusammenhang ist es, (deutliche) Preiserhöhungen bei bestehenden Kunden durchzusetzen. Oft sind langjährige Kunden davon betroffen.

Wenn du jedoch Berechnungen anstellst, wie viel (an Leistungen, Zeit, Produkten etc.) du in einen Kunden investierst und wie viel du von dieser Kundenbeziehung profitierst, wird es ziemlich sicher Kunden geben, bei denen das Ergebnis sehr zu deinen Ungunsten ausfällt. Ich kenne sogar produzierende Unternehmen, die bei solchen Berechnungen festgestellt haben, dass sie bei einzelnen Kunden nicht nur nichts verdienen, sondern sogar einen Verlust erwirtschaften. Häufig sind es große Namen, mit denen ganz schlechte Geschäfte gemacht werden.

Manchmal ist es Eitelkeit, die uns an solchen Kunden festhalten lässt. Es klingt gut, wenn man den Marktführer oder eine weltberühmte Marke auf seiner Kundenliste stehen hat. Wenn konkrete Marketingstrategien dahinterstehen und du dir mit diesem Kundennamen mehr Glaubwürdigkeit oder ein besseres Image erkaufst, dann mag das im Einzelfall in Ordnung sein. Doch oft wurde schlichtweg noch nie nachgerechnet. Das extreme Szenario, in einer solchen Kundenbeziehung tatsächlich einen Verlust zu erwirtschaften, ist für selbstständige Dienstleister (anders als bei produzierenden Unternehmen) kaum relevant. Die Gefahr ist minimal.

Dennoch musst du danach trachten, deine Zeit als Selbstständiger so hochpreisig wie möglich zu verkaufen. Denk stets daran: Dir stehen bloß 24 Stunden am Tag zur Verfügung. Nicht selten handelt es sich hierbei um Beziehungen zu deinen Kunden, die im Laufe der Jahre richtiggehend freundschaftlich geworden sind und die du deshalb nur sehr ungern kappen möchtest. Den einen oder anderen aus genau diesem Grund zu behalten kannst du dir ggf. auch leisten.

Ich möchte an dieser Stelle nicht falsch verstanden werden: Gute, auch freundschaftliche Kundenbeziehungen sind extrem wichtig und sehr wertvoll. Allerdings sollten von einer guten Beziehung beide Seiten gleichermaßen profitieren. Auf breiter Basis kannst du dir weder von großen Namen noch von freundschaftlichen Kundenbeziehungen allein etwas „abbeißen". Was dich letztlich ernährt und dein Unternehmen wachsen lässt, sind solide Umsätze und Erträge.

Transferaufgabe #7 – Hole deinen ersten Mitarbeiter an Bord

Die letzte Transferaufgabe in dieser Phase ist eine, die vielen ausgesprochen schwer fällt, obwohl es im Grunde eine ganz einfache ist: der erste Mitarbeiter! Wir haben bei den Unternehmergedanken schon darüber gesprochen. Jetzt geht es darum, diesen Gedanken, dass du Mitarbeiter brauchst, um zu wachsen, in die Tat umzusetzen.

Und genau das – einen ersten fest angestellten Mitarbeiter an Bord zu holen – ist ein Schritt, den die meisten Selbstständigen nicht schaffen, wie

Statistiken deutlich zeigen. Diese Hürde wird von vielen niemals überwunden, und daher arbeiten die meisten allein, eben „selbst und ständig", wie es so schön heißt.

In diesen zwei Worten liegt viel gefährliche Wahrheit. Der Verzicht auf Mitarbeiter ist eine der allergrößten Hindernisse für die Entwicklung deines Geschäftes. Solltest du bereits einen oder sogar mehrere Mitarbeiter haben, kannst du dieses Kapitel einfach überspringen. Vielleicht entdeckst du aber, wenn du weiterliest, dennoch den einen oder anderen nützlichen Impuls für dich und dein Business. Mit dem Wert deiner Zeit und der betriebswirtschaftlichen, rechnerischen Sinnhaftigkeit, diverse Tätigkeiten auszulagern, haben wir uns in einem früheren Kapitel ausführlich beschäftigt. Jetzt ist es so weit, den Überlegungen, Berechnungen und Zahlen endlich Taten folgen zu lassen. Hole deinen ersten Mitarbeiter bzw. deine erste Mitarbeiterin an Bord. Damit meine ich jemanden, der dich kontinuierlich dabei unterstützt, dein Unternehmen erfolgreich zu betreiben. Tag für Tag, Woche für Woche. Monat für Monat.

Die Kerntätigkeit bleibt – noch – bei dir

Dein erster Mitarbeiter kann bzw. soll dir alles Mögliche abnehmen. Deine Kerntätigkeit – das Fotografieren, das Beraten, das Massieren, das Coachen oder das Programmieren – machst du allerdings in dieser Phase noch selbst. Deine Kerntätigkeit (oder zumindest Teile davon) an Mitarbeiter zu delegieren wird uns in Phase 3 beschäftigen. Jetzt gibt es vorerst ohnehin genug anderes, das du einfach abgeben kannst und wahrscheinlich auch sehr gerne abgibst.

Tipps zum Überwinden der Hürde

Um es dir ein wenig leichter zu machen, die Hürde zu deinem ersten Mitarbeiter zu überwinden, habe ich ein paar Tipps aus eigener Erfahrung für dich.

Fange klein an

Wenn ich von einem „ersten Mitarbeiter" spreche, dann wird das in den seltensten Fällen eine Vollzeitkraft sein, meistens nicht einmal eine Halbtagskraft. Warum nicht jemanden einstellen, der dir 5 Stunden pro Woche Arbeit abnimmt? Selbst 2 Stunden pro Woche sind ein sinnvoller Anfang. Immerhin wären das 9 Stunden pro Monat. Das entspricht einem ganzen Arbeitstag, den du AN deinem Unternehmen arbeiten kannst, um dessen Wert zu entwickeln. Auf ein Jahr hochgerechnet sind das 12 volle Arbeitstage oder mehr als 2 Arbeitswochen! Was kannst du in 2 Wochen alles auf die Beine stellen, wenn du konzentriert AN deinem Unternehmen arbeitest?

Das Risiko ist überschaubar

Bei 2 Stunden pro Woche sprechen wir von etwa 150 € pro Monat an Kosten für dich. Das sind 3 € pro Tag. Sehr überschaubar, denke ich. Und solltest du bei der Wahl deines Mitarbeiters einen Fehlgriff machen (was allemal passieren kann), dann ist dieser aufgrund der Höhe des Gehaltes zumindest finanziell nicht sehr schmerzhaft.

Von 2 auf 5 auf 10

Eine derart geringfügige Tätigkeit im weiteren Verlauf auszubauen, fällt den meisten übrigens verhältnismäßig leicht. Und selbst wenn die Hürde zum ersten Mitarbeiter groß erschien – die Hürde von der 2-Stunden- zur 5- oder 10-Stunden-Kraft ist minimal. Auch ein zweiter Mitarbeiter ist keine große Sache mehr, ist der erste erst mal an Bord.

Fokussiert delegieren

Mitarbeiter mit Minijobs haben für dich den Vorteil, dass du ganz gezielt wenige Tätigkeiten delegieren kannst. Wenn jemand z. B. nur 3 Dinge für dich zu tun hat, dann ist die Wahrscheinlichkeit sehr hoch, dass alles in deinem Sinne und zu deiner Zufriedenheit erledigt wird. Anders ist das bei Mitarbeitern, die in Vollzeit für dich arbeiten und 30 Dinge zu tun haben. Die Wahrscheinlichkeit, dass dabei das eine oder andere der To-dos auf der Strecke bleibt, ist ebenfalls hoch. Das liegt in der Natur der Sache.

Allerdings stößt diese Form der Mikrodelegation sehr schnell an ihre Grenzen. Falls du zehn 2-Stunden-Mitarbeiter führen müsstest, brächte dir das sehr wahrscheinlich mehr Arbeit als Nutzen.

Freelancer als Alternative

Bevor du gar keinen Mitarbeiter hast, arbeite, wie oben erwähnt, mit einem Freelancer, allerdings so, als ob er ein normaler, angestellter Mitarbeiter wäre. Lasse das allerdings von deinem Steuerberater überprüfen, damit daraus kein Scheindienstverhältnis entsteht.

Auch wenn es diese Möglichkeit gibt, ist ein angestellter Mitarbeiter zu bevorzugen. Damit baust du nämlich Ressourcen und vor allem Know-how innerhalb deines Unternehmens auf. Auf einen externen Dienstleister kann jeder – auch jemand aus dem Kreis deiner Mitbewerber – zugreifen.

Die einfachsten Dinge zuerst

Wenn es um die Frage geht, was du an deinen ersten Mitarbeiter auslagern solltest, dann lautet die Antwort: Übergib zuallererst all jene Dinge, die am einfachsten zu delegieren sind, und diejenigen, die du ohnehin nicht selbst machen willst. Ich bin sicher, du findest ausreichend Aktivitäten, um eine Teilzeitkraft zu beschäftigen.

Ein paar Ideen dazu:

- Buchhaltung bzw. deren Vorbereitung, wenn sie der Steuerberater macht
- Rechnungen schreiben
- säumige Zahler erinnern
- Postwege erledigen
- Einkauf von Büromaterial
- Reiseplanung und die Buchungen dafür
- Recherche von potenziellen Kunden
- Verteilen deines Contents (Blogs, Videos etc.) auf diversen Social-Media-Plattformen

Allein das sind schon mehr Tätigkeiten, als eine 5-Wochenstunden-Kraft bewältigen kann.

Ziel erreicht – die Vollendung der Phase 2

Die Akzeptanz der 7 grundlegenden Unternehmergedanken und die daraus resultierende Veränderung deiner Art zu denken sowie die Umsetzung der 7 Transferaufgaben bringen dich von Phase 1 in deiner Unternehmensentwicklung in Phase 2 – vom Jobbesitzer zum Selbstständigen.

Die 7 Unternehmergedanken im Überblick

Unternehmergedanke #1 –
Ich bin NICHT mein Unternehmen

Unternehmergedanke #2 –
AM Unternehmen statt IM Unternehmen arbeiten

Unternehmergedanke #3 –
Ich muss nicht arbeiten, um Geld zu verdienen

Unternehmergedanke #4 –
Entspezialisierung ist erfolgsentscheidend

Unternehmergedanke #5 –
Ich bin Unternehmer

Unternehmergedanke #6 –
Ich brauche Mitarbeiter, um zu wachsen

Unternehmergedanke #7 –
Zeit ist mein wertvollstes Gut

Zusammenfassung der Transferaufgaben der Phase 2

Transferaufgabe #1 – Entwickle deine Vision

Transferaufgabe #2 – Prüfe dein Geschäftsmodell

Transferaufgabe #3 – Positioniere dich richtig

Transferaufgabe #4 – Mache Produkte aus deinen Leistungen

Transferaufgabe #5 – Baue eine Marke auf

Transferaufgabe #6 – Steigere den Wert und erhöhe die Preise

Transferaufgabe #7 – Hole deinen ersten Mitarbeiter an Bord

Wann hast du das Ziel erreicht und bist ein echter Vertreter der Selbstständigen? Jetzt könnte man sagen, dass dies der Fall ist, sobald du die 7 Unternehmergedanken verinnerlicht und die 7 Transferaufgaben umgesetzt hast. Das ist richtig. Doch diese Umsetzung hat sichtbare und spürbare Auswirkungen auf dein Unternehmen.

Du könntest auch daran erkennen bzw. festmachen, ob du das Ziel der Phase 2 erreicht hast: Die Phase 2 hast du vollendet, wenn ...

- du es regelmäßig schaffst, einen Tag – besser zwei volle Tage – pro Woche AN deinem Unternehmen zu arbeiten.
- dadurch dein Einkommen nicht gesunken ist und du zumindest vernünftig davon leben kannst (was das genau bedeutet, hängt von deinen Ansprüchen ab).
- du einen ersten echten Mitarbeiter an Bord hast.

PHASE / ENTWICKLUNGSSTUFE 3
BAUMEISTER

1 Jahr später

Wenn Karl heute zurückblickt, kommt es ihm länger als ein Jahr vor. Viel länger. So vieles ist geschehen. Und doch ist es auf den Tag genau erst 1 Jahr her, dass er vor seinem Schreibtisch saß und auf die ersten Jahre seiner Selbstständigkeit zurückblickte, nur um ernüchtert festzustellen, dass er im Grunde keinen Schritt weitergekommen war.

Es war hart, sich das einzugestehen. Er hatte viel gearbeitet und war doch nicht wirklich vorangekommen. Aber genau dieses Eingeständnis, diese Ehrlichkeit sich selbst gegenüber, war das Fundament dafür, was in diesem Jahr geschehen ist.

Sein Grundproblem war offenbar, dass er entweder viele Auftragstage zu sehr überschaubaren Tagessätzen und keine Zeit hatte, sich um neue Aufträge zu kümmern, oder aber, dass er sich in Zeiten schwacher Auftragslage dringend um neue Aufträge kümmern musste.

Es war ein beständiges Auf und Ab der Umsätze, aber auch der Emotionen, was ihm noch viel mehr zu schaffen machte.

Genauer gesagt, fiel ihm auf, waren es zwei Probleme, die aber miteinander verknüpft waren. Die niedrigen Tagessätze waren ein Problem für sich. Würde er jedoch pro Tag ein höheres Honorar erhalten, dann müsste er weniger Tage arbeiten und hätte Zeit, sich beständig um neue Aufträge zu kümmern.

Ein Teil der Lösung seines Problems lag nicht im mehr, sondern im weniger Arbeiten. Diese Erkenntnis traf ihn wie ein Blitzschlag. Er musste raus aus dem Hamsterrad, das er sich selbst gebaut hatte und das – so musste er sich eingestehen – schlimmer war als jenes, in dem er sich als Angestellter befunden hatte.

Doch konnte er höhere Tagessätze am Markt erzielen? Er kannte Kollegen, die zum Teil deutlich höhere Honorare als er erhielten. Offenbar ging es. Aber konnte er selbst es ebenfalls? Die Kollegen mit den höheren Honoraren kennt man in der Branche. Er war zwar fachlich sicher nicht schlechter als jene, aber er war ein Niemand. Auch diese Erkenntnis traf ihn hart.

Seine logische Schlussfolgerung war: „Dann muss ich offenbar ein Jemand werden, um besser zu verdienen." Und so fasste er den Entschluss, sein Business vollkommen neu auszurichten. Es war im Grunde wie ein Neustart.

Karl las viel zu Themen wie Geschäftsentwicklung oder Positionierung und beschäftigte sich intensiv mit seinem Geschäftsmodell. Vor allem aber engagierte er einen Businesscoach, der ihn seither begleitet und ihm als Sparringspartner dient. Der Blick von außen, so musste er immer wieder feststellen, ist bisweilen unglaublich wichtig und eröffnet vollkommen neue Perspektiven.

Er hatte sich neu positioniert – oder eigentlich zum ersten Mal wirklich positioniert –, hatte seine Webseite vollkommen neu gestaltet und seine erste Teilzeitmitarbeiterin eingestellt.

In den ersten Jahren seiner Selbstständigkeit hatte er gar keine Zeit investiert, um AN seiner Firma zu arbeiten, wie es der Autor in dem einen Buch, das ihn enorm weitergebracht hatte, so treffend sagte. Inzwischen gelingt es ihm, zumindest einen, oft sogar zwei Tage pro Woche an seinem Unternehmen zu arbeiten. Er denkt beständig über neue Produkte nach, über Möglichkeiten, seine Reichweite zu steigern, und über neue, spannende Geschäftsmodelle.

Allesamt Dinge, für die er zuvor keine einzige Sekunde Zeit verschwendet hätte. Noch schlimmer: Wahrscheinlich hätte er diese Tätigkeiten 2 Jahre zuvor noch als „Zeitverschwendung" bezeichnet. Sie brachten kein Geld, nicht unmittelbar zumindest.

Inzwischen weiß er, dass genau diese Dinge viel Geld bringen – nur eben nicht sofort. Es hatte eine Zeit gedauert, bis das zu funktionieren begann und für einen beständigen und größer werdenden Strom von Kontakten und Anfragen sorgte.

Der Umsatz ist in diesem Jahr nicht gestiegen, aber das macht nichts. Er muss für denselben Umsatz nur noch etwas mehr als halb so viel arbeiten, was er für sich als Riesenerfolg verbucht. Und Karl hat relativ viel investiert in diesem Jahr: Die neue Webseite, Online-Marketing und Werbung, die Mitarbeiterin, der Coach ... all das kostet Geld.

Sein Gewinn ist dadurch in den letzten 12 Monaten sogar gesunken. Doch auch darüber macht sich Karl keine Sorgen. Er hat investiert und etwas aufgebaut, was nun beginnt, sich wie eine richtige Firma anzufühlen und eine gewisse Eigendynamik zu entwickeln.

Sehr interessant findet er zudem, dass die Arbeit an seinem Unternehmen begonnen hat, ihm so richtig Spaß zu machen. Und wenn er ehrlich zu sich selbst ist, dann macht er sie inzwischen lieber als die Arbeit beim Kunden – „im

Unternehmen", wie es sein Coach immer nennt.

Er will mehr von Ersterem und weniger von Letzterem. Ehrlich gesagt, würde es ihn nach all den Jahren im Geschäft nicht stören, wenn er die Kundenprojekte gar nicht mehr selbst umsetzen müsste. Er würde nichts vermissen.

Gleichzeitig ist ihm klargeworden, dass er – wenn er weiterwachsen will – nicht mehr jedes Kundenprojekt selbst abwickeln kann. Da würde er sehr rasch an seine Kapazitätsgrenzen stoßen. Und ja, er will weiterwachsen. Dieser Entschluss steht fest.

Doch wer soll die Kundenprojekte durchführen, wenn nicht er? Es gibt ja sonst niemanden. Die Kunden schätzen ihn als Fachmann und wollen ihn. Ist das überhaupt denkbar? Dann fallen ihm die großen Dienstleister ein, die im Grunde dasselbe anbieten wie er und die wirkliche Arbeit in den Projekten oft jungen – aus Karls Sicht meist unerfahrenen Beraterinnen und Beratern – machen lassen. Die Kunden scheint das jedoch nicht zu stören.

Also beschließt er, sich dieser Herausforderung zu stellen …

Von Phase 2 in Phase 3 – vom Selbstständigen zum Baumeister

Willkommen in Phase 3. Nachdem du hier angelangt bist und zumindest beginnst weiterzulesen, könnte es sein, dass es dir wie Karl geht. Dass dir die Arbeit mit dem Kunden, das Durchführen der Projekte, keinen Spaß mehr macht, muss freilich gar nicht der Fall sein.

Aber vielleicht willst auch du dein Unternehmen weiterentwickeln und es weiterwachsen lassen. Nicht, weil du es musst – du kannst ebenso in Phase 2 bleiben und als Selbstständiger ein gutes und profitables Geschäft betreiben.

Wahrscheinlich hast du aber, genau wie ich, festgestellt, dass dein Geschäft sehr labil ist, solange es 1 : 1 vom Einsatz deiner Zeit abhängt. Was, wenn du einmal krank sein solltest oder dir einen längeren Urlaub gönnen möchtest? Es wäre doch ein schöner und entspannender Gedanke, auch dann beständig Geld zu verdienen ... finde ich zumindest.

Möglicherweise willst du dein Unternehmen einfach nur deshalb weiterentwickeln, weil du es kannst. Einfach nur, um zu sehen, was möglich ist. Um zu lernen, zu wachsen und neue Dinge zu entdecken. Um das Leben interessanter und abwechslungsreicher zu gestalten und deine Potenziale auszuschöpfen.

Oder aber du willst schlicht und einfach wissen, wie es weitergeht. Und außerdem: Man bringt Dinge, die man begonnen hat, zu Ende. Auch Bücher. Das hat deine Großmutter dir vielleicht als kleines Kind gesagt und das ist hängengeblieben.

Was immer der Grund sein mag: Herzlich willkommen in Phase 3, in der du – so du die Entscheidung triffst – zum Baumeister deines Unternehmens wirst, indem du immer mehr AM und immer weniger IM Unternehmen arbeitest.

Die Ziele für Phase 3

In dieser Phase kommen wieder einige neue Denkmuster und eine Reihe von grundlegenden Transformationsaufgaben auf dich zu. Doch wo sollen dich diese hinführen? Was sind die Ziele der Phase 3?

Systeme und Strukturen aufbauen

In Phase 3 setzt du den Weg, den du in Phase 2 begonnen hast, konsequent fort. Du stellst Mitarbeiter ein und delegierst Tätigkeiten. Damit das funktioniert, musst du Systeme und Strukturen für alle relevanten Unternehmensbereiche aufbauen. Diese Tätigkeit des „Baumeisters" wird dich intensiv beschäftigen.

Deutlich mehr Umsatz

Manche Systeme bringen ein finanzielles Investment mit sich, andere brauchen Mitarbeiter, die diese betreiben, was wiederum mit Kosten in Form von Gehältern verbunden ist. Um diese Kosten zu stemmen, braucht dein Unternehmen deutlich mehr Umsatz – mit guten Margen und Deckungsbeiträgen, versteht sich.

Transferaufgaben – vom Selbstständigen zum Baumeister

In Phase 3 – und ich gehe jetzt davon aus, dass du den Entschluss gefasst hast, dich zumindest mit dem Gedanken zu beschäftigen, diese zu durchlaufen – verändern sich dein Fokus und deine Tätigkeiten erneut grundlegend. Wahrscheinlich noch stärker als in Phase 2.

Die Unternehmergedanken, mit denen wir uns in Phase 2 ausführlich beschäftigt haben, hast du inzwischen verinnerlicht. Sie stellen immer noch eine wesentliche Basis für dein unternehmerisches Tun dar. Es könnte gut sein, dass du dein Denken in Phase 3 aber noch um ein paar neue Ideen und Ansätze erweitern wirst.

Und natürlich gibt es auch in dieser Phase für dich wieder etwas zu tun, etwas umzusetzen, um dein Unternehmen zu dem zu machen, was es einmal werden soll. Ich nenne diese Tätigkeiten genau wie in Phase 2 wieder „Transferaufgaben“.

Die Transferaufgaben, die in Phase 3 auf dich warten, sind nicht so viele, jedoch sind es extrem wichtige. Ein paar lassen sich ganz einfach und rasch umsetzen, andere brauchen mehr Zeit und bringen mehr Arbeit mit sich. Aber ich verspreche dir, es ist die Investition wert. In der letzten Phase als Selbstständiger hast du begonnen, wie ein Unternehmer zu denken. In dieser Phase beginnst du erstmals, so richtig an deinem Unternehmen zu bauen und diese unternehmerischen Gedanken Realität werden zu lassen.

Transferaufgabe #1 – Beginne mit dem Ende

„Start with the end in mind!“ – Ich finde, auf Englisch klingt das irgendwie schöner, noch ein wenig kryptischer. Doch ich will dich nicht länger auf die Folter spannen. Was meine ich damit?

Wenn aus deinem Business ein richtiges Unternehmen werden soll, dann brauchst du dafür nicht nur Ziele bzw. so etwas wie eine Vision (darüber haben wir bereits in Phase 1 gesprochen), sondern auch ein sehr konkretes Bild davon, wie dein Unternehmen aussehen soll, wenn es fertig ist.

„Fertig“ bedeutet in diesem Fall die Antwort auf die Frage: „Wie wird dein Unternehmen aussehen, wenn du Phase 4 abgeschlossen bzw. Phase 5 erreicht hast und du entbehrlich geworden bist?“

Du kannst diesen Plan deines Unternehmens in Form eines klassischen Organigramms erstellen. Überlege dir auf einem Blatt Papier ganz einfach:

- Welche Funktionen brauche ich in diesem Unternehmen?
- Wie hängen diese Funktionen in Bereichen zusammen?
- Wie sind diese Bereiche angeordnet?

Stelle das Ganze grafisch mit Kästchen und Verbindungen dar. Lass dich nicht davon abhalten, wenn es viele Kästchen werden. Wie viele für dich Sinn machen, hängt ganz von deinem Unternehmen, deinen Produkten, deiner Branche, deinen Kunden und letztlich deinem Ziel ab. Trage die Funktionen in die Kästchen ein.

Manche planen ihr Unternehmen mittels eines geeigneten Grafikprogrammes am Computer, andere nehmen eine Pinnwand zu Hilfe und wieder andere zeichnen ihr Organigramm auf ein Flipchart. Die beiden letzteren Varianten haben den Vorteil, dass du sie groß und für dich gut sichtbar in deinem Büro anbringen kannst.

Die Unternehmensbereiche, die du in diesem Organigramm siehst, sind nur Beispiele. Übernimm diese, falls du möchtest, ändere sie und ergänze sie. Geh dabei noch mehr in die Tiefe, wenn du denkst, dass das für dich wichtig ist. Du bist der Baumeister deines Unternehmens.

Wenn du die Strukturen erstellt hast, dann trage die Namen der Mitarbeiter, die die jeweilige Funktion innehaben und die Tätigkeit ausführen, in jedes Kästchen ein. Ich weiß schon, du hast im Moment vielleicht nur einen Mitarbeiter. Das stimmt nicht ganz. Es gibt auch noch dich. Wenn dem so ist, dann trage genau diese beiden Namen in die Kästchen verteilt ein – je nachdem, wer aktuell was macht. In den meisten Kästchen wird wahrscheinlich noch dein Name stehen. Das ist jedoch nicht weiter schlimm und entspricht der aktuellen Situation. Aber – und das ist der entscheidende Punkt – es soll und wird nicht so bleiben.

Im Laufe der Phasen 3 und 4 wirst du – so sieht es zumindest der Plan in diesem Buch vor – in die meisten Kästchen, in denen jetzt noch dein eigener

Beispiel Organigramm

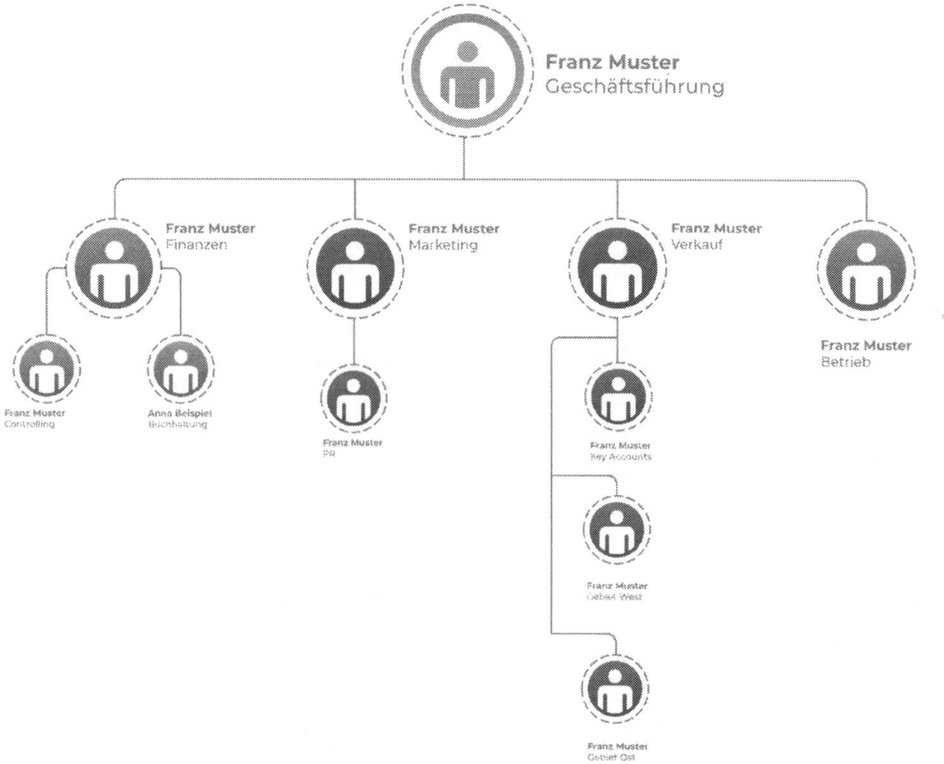

Name steht, einen anderen Namen an die jeweilige Stelle schreiben. Diese Transferaufgabe unterstützt den Unternehmergedanken „Ich bin nicht mein Unternehmen". Sie führt dir dein Unternehmen als eine eigene – von dir getrennte – Einheit vor Augen. Sie macht dir deutlich, dass du nicht dein Unternehmen bist, sondern in deinem Unternehmen arbeitest und dort gewisse Funktionen erfüllst und Aufgaben ausführst. Für das weitere Wachstum deiner Firma ist das ein sehr wichtiger Gedanke.

**Transferaufgabe #2 –
Gib deinem Unternehmen eine eigene Rechtspersönlichkeit**

Als Selbstständige arbeiten die allermeisten rechtlich betrachtet als Einzelunternehmen. Das ist für Phase 1 und auch noch für Phase 2 ausreichend. Für ein weiteres Wachstum und mehrere Mitarbeiter wird das Einzelunternehmen als Rechtsform für dich allerdings zu klein und zu eng.

Welche Rechtsform für dein Unternehmen die passende ist, hängt von verschiedensten Faktoren ab. Es sind jene Faktoren, die schon bei der Transferaufgabe #1 eine Rolle gespielt haben:

- deine Ziele
- dein Geschäftsmodell
- die Anzahl der Mitarbeiter
- die Branche, in der du tätig bist
- die Produkte und Leistungen, die du anbietest

Hinzu kommen aber noch weitere Faktoren, die die Wahl der Rechtsform für dein Unternehmen wesentlich beeinflussen:

- **Haftungsfragen**
  Könnten sich aus deiner Geschäftstätigkeit (ggf. sehr kostspielige) Haftungsfälle ergeben?
- **Anzahl der (Mit-)Eigentümer und Gesellschafter**
  Bleibst du Alleineigentümer oder planst du, weitere Gesellschafter (und seien es nur „stille“, die ausschließlich Kapital einbringen) an Bord zu holen? (Damit werden wir uns im weiteren Verlauf noch beschäftigen.)
- **Kapitalbedarf**
  Damit ist nicht (nur) der Kapitalbedarf für die Gründung gemeint

(wie z. B. bei der GmbH). Es geht vielmehr um die Frage, ob dein Unternehmen viel externes Kapital benötigen wird oder ob du das Wachstum aus dem eigenen Cashflow finanzieren kannst.

- **Steuerliche Fragen**
  Welche steuerlichen Vor- und Nachteile haben mögliche Rechtsformen für das Unternehmen, das du gerade aufbaust und weiterentwickelst?

Ob bei diesen Überlegungen letztlich eine GmbH, eine OG/OHG oder gar eine KG herauskommt (in vielen Fällen wird es Erstere sein), ist an sich egal. Wichtig ist nur, dass es die für dich passende Rechtsform ist.

Lass dich von Experten deines Vertrauens, deinem Steuerberater oder einem spezialisierten Unternehmensberater beraten, was die Wahl deiner Rechtsform angeht. Ich selbst habe schon so ungefähr in allen Rechtsformen gegründet bzw. mitgegründet, einige davon mehrmals. Dabei habe ich gelernt, dass der Aufwand, einem Unternehmen eine (andere) Rechtsform zu geben, sehr überschaubar ist. Gegründet ist ganz schnell. Eine KG oder eine OG/OHG und selbst eine GmbH zu gründen braucht, mit etwas Erfahrung, nur ein paar Stunden.

Dienstleister wie Steuerberater, Rechtsanwälte und Notare nehmen dir den Großteil der Arbeit gerne ab. Lass dich also nicht abschrecken – es klingt komplizierter, als es tatsächlich ist.

Was aber aufwendig sein kann, ist die Verwaltung der jeweiligen Rechtsform – sowohl was die Kosten als auch was die Zeit angeht. Jahresabschlüsse und Gesellschafterversammlungen kosten Zeit und Geld ... und bisweilen auch jede Menge Nerven.

Wähle daher die Rechtsform, die du brauchst, aber nicht unnötigerweise mehr. Ich habe mit Geschäftspartnern vor Jahren eine AG gegründet. Der Hauptaktionär und Betreiber des Projektes wollte „unbedingt einmal eine

AG“ gründen, wie er mir später gesagt hat. Er hat diesen Schritt jahrelang bitter bereut.

Für Ego und Image ist es natürlich sexy, eine Aktiengesellschaft zu haben, aber glaube mir: Wenn du einmal eine gehabt hast, verzichtest du künftig gerne darauf. Gerade eine AG bringt sehr viel zusätzlichen administrativen Aufwand mit sich und ist in den meisten Fällen nicht notwendig.

Transferaufgabe #3 – Werde zum Angestellten

Als Selbstständige oder Selbstständiger beziehst du dein Einkommen typischerweise direkt aus deinem laufenden Geschäft nach folgender einfachen Regel: Es gibt Einnahmen und Ausgaben, und das, was übrig bleibt, gehört dir.

Gerne wird dabei übrigens auf Zahlungen für Steuer und Sozialversicherung vergessen, die zeitversetzt, dann aber meist in unangenehm großen Einheiten kommen. Dieses Modell, dich selbst zu bezahlen, ist mit etwas Planung vollkommen in Ordnung, solange du in Phase 1 und 2 – also Selbstständige oder Selbstständiger bist.

Für das weitere Wachstum deines Unternehmens in Phase 3 reicht es nicht mehr aus, das so zu handhaben. Das Geld, das dein Unternehmen einnimmt, gehört deinem Unternehmen und – vorerst – nicht dir.

Das ist nicht nur, aber vor allem dann extrem relevant, wenn du nicht der einzige Gesellschafter und Eigentümer bist. Dieses Vorgehen entspricht auch dem Unternehmergedanken, dass du nicht dein Unternehmen bist.

Zwei Arten von Einkommen

Du bist Unternehmer und Gesellschafter, und als solcher hast du ein Anrecht auf einen Teil der Gewinne deines Unternehmens.

Dieser wird als Gewinnausschüttung – monatlich, meist aber eher quartalsweise oder jährlich – an dich ausbezahlt.

Gleichzeitig bist du aber Mitarbeiter in deinem Unternehmen. Um das ganz klar zu trennen, solltest du dich in deinem eigenen Unternehmen anstellen. Ob es Sinn macht, das gleich zu tun oder erst, nachdem dein Unternehmen im Laufe der Phase 3 eine bestimmte Größe erreicht hat, kannst du gemeinsam mit deinem Steuerberater entscheiden. Als Angestellter erhältst du von deinem Unternehmen ein monatliches Gehalt. Das ist die Haupteinkommensquelle, um deine privaten Kosten abzudecken – so wie bei jedem anderen Angestellten auch.

Solange du etwa aus steuerlichen Gründen in deiner Firma noch nicht angestellt bist, handle bezüglich deines Gehaltes so, als ob du es wärst. Zahle dir einfach jeden Monat eine fixe Summe aus, ggf. ergänzt durch leistungsabhängige Bestandteile wie Verkaufsprovisionen etc. Die Gewinne sollten bis auf Weiteres im Unternehmen bleiben. Das Gehalt, das du dir bezahlst, sollte marktkonform sein. Es sollte dem entsprechen, was für eine vergleichbare Tätigkeit bei anderen Unternehmen bezahlt wird. Sollte die Höhe der Einnahmen dafür zu Beginn noch nicht ausreichen, so erhöhe dein Gehalt später, sobald dies möglich ist, auf ein marktkonformes Niveau.

Transferaufgabe #4 – Investiere in dein Unternehmen

Wenn deine Firma wachsen und gedeihen soll, dann braucht sie dafür Ressourcen. Welche Ressourcen meine ich im Speziellen?

Ressource Zeit

Was deine eigene Zeit angeht, so haben wir das Thema schon ausführlich abgehandelt. Solange du deine Zeit nur deinen Kunden zur Verfügung stellst (also nur IN der Firma arbeitest), wird dein Unternehmen nicht wirklich größer werden und wachsen. Dafür musst du einen Teil deiner Zeit für Arbeit AN der Firma investieren. Doch damit ist es nicht getan. Wenn deine Firma wachsen soll, kommt sie recht bald an einen Punkt, an dem deine eigene Zeit nicht mehr ausreicht. Sie braucht deutlich mehr. Hier kommt die Zeit deiner (zukünftigen) Mitarbeiter ins Spiel.

Ressource Geld

Um zu wachsen, benötigt dein Unternehmen allerdings nicht nur Zeit, sondern auch Geld. Je nach Branche und Geschäftsmodell mehr oder weniger davon. Wenn dein Plan eine eigene Produktionsanlage vorsieht, dann wird dies deutlich mehr Geld erfordern, als wenn du als Dienstleister expandieren willst. Aber auch als Dienstleister zu expandieren braucht Geld, allein schon deshalb, um die Mitarbeiter zu bezahlen, die diese Dienstleistung erbringen.

Zwei Arten von Investitionen

Grundsätzlich kann man zwischen zwei Arten von Investitionen unterscheiden: den Investitionen, die du machen kannst, und jenen, die du tätigen musst.

Die besten Investitionen sind oft jene, die du nicht machen musst, aber machen solltest.

Investitionen, die du tätigen musst, sind nicht weiter schwierig, da die Entscheidung, sie zu machen, einfach ist – du „musst" investieren. Sie sind für den Betrieb deines Unternehmens dringend notwendig.

Klassische Beispiele dafür sind: ein neuer Drucker oder ein leistungsfähigerer Computer, ein neues Auto oder die Miete für das Büro. Spannender und unternehmerisch ergiebiger sind da schon jene Investitionen in dein Unternehmen, die du machen kannst:

- die Webseite vollkommen neu gestalten
- einen Businesscoach engagieren
- Facebook- oder Google-Anzeigen schalten, um neue Kundenkontakte zu generieren
- eine IT-Sicherheitsbackup-Lösung installieren lassen

... um nur ein paar wenige Beispiele zu nennen.

Das Verhältnis zwischen den Investitionen, die du machen KANNST, und jenen, die du machen MUSST, ist vergleichbar mit dem Verhältnis zwischen der Arbeit AN und der Arbeit IN der Firma.

Beide sind wichtig, doch die Investitionen, die du machen kannst, sind diejenigen, die den Wert deines Unternehmens mehr erhöhen und die Basis für dein nachhaltiges Wachstum legen.

Woher das Geld nehmen?

Im Zusammenhang mit Investitionen stellt sich natürlich immer die Frage: Woher soll ich das Geld nehmen?

Hierbei hilft es dir, wenn du dich – wie in der vorherigen Transferaufgabe beschrieben – selbst angestellt und konsequenterweise die Gewinne im Unternehmen belassen hast. Das verschafft dir mehr Spielraum für Investitionen.

Doch das ist nicht das Ende der Fahnenstange. Möglicherweise reichen deine Einnahmen nicht aus, um die Pläne, die du mit deinem Unternehmen verfolgst, zu finanzieren. Dann brauchst du fremdes Geld in Form von Fremdkapital (z. B. Bankkredite) oder Eigenkapital, das dir etwaige Partner und Investoren, die du an deinem Unternehmen beteiligst, zur Verfügung stellen.

Partner oder keine Partner? – Das ist hier die Frage

Im zweiten Fall gibst du einen zuvor vereinbarten Teil der Gewinne ab oder du verkaufst sogar Anteile an deinem Unternehmen. Das ist definitiv eine Entscheidung, die nicht leichtfertig oder überhastet getroffen werden sollte. Wenn es die richtigen Partner sind, kann das ein wirklicher Turbo für die Entwicklung deines Unternehmens sein. Sind es die falschen, kann das dein Unternehmen nicht nur behindern, sondern sogar zum Scheitern bringen.

Doch nicht alle Partner müssen mitreden dürfen, was die Frage betrifft, wie du das Geschäft betreibst. Es gibt auch die Möglichkeit, reine Finanzinvestoren ins Boot zu holen, die sich operativ vollkommen aus dem Geschäft heraushalten (und ohnehin weder Zeit noch Know-how haben, um mitzureden).

Das Thema „Business-Partnerschaften" könnte leicht ein eigenes Buch füllen und tut das auch, wie die große Menge einschlägiger Literatur dazu beweist. Falls du dich darin vertiefen möchtest oder musst, findest du Empfehlungen dazu im Ressourcenbereich zu diesem Buch.

Drum prüfe, wer sich ewig bindet,
ob sich das Herz zum Herzen findet.
Der Wahn ist kurz, die Reu' ist lang.

Friedrich Schiller

Dieses Zitat von Friedrich Schiller trifft nicht nur auf private, sondern definitiv auch auf Business-Partnerschaften zu. Aus eigener Erfahrung – ich hatte und habe Unternehmen mit und ohne Partner betrieben – kann ich nur sagen, dass es nicht einfach ist, eine funktionierende Partnerschaft im Business auf die Beine zu stellen.

Es braucht die richtige Auswahl und permanente Arbeit an dieser Partnerschaft. Wenn du für dein Ziel und deine Pläne keine Partner benötigst, dann mache es gänzlich ohne. Oft werden Partnerschaften aus einer Laune heraus eingegangen, ganz nach dem Motto: „Lass uns etwas zusammen machen." Ich habe genau das schon am eigenen Leibe erlebt, und glaube mir: Das ist ganz sicher eine schlechte Entscheidungsgrundlage.

Selbstständige investieren zu wenig

Selbstständige und Jobbesitzer tendieren dazu, viel zu wenig – und oft auch gar nichts – in das Unternehmen zu investieren. Zeit deshalb nicht, weil sie (wie bereits ausführlich erörtert) keine haben, permanent in ihrem Hamsterrad laufen und vor allem operativ mit ihren Kunden beschäftigt sind.

Aber auch Geld wird von zahlreichen Selbstständigen viel zu wenig investiert. Vor allem von den Investitionen, die gemacht werden KÖNNEN, werden zu wenige getätigt. Das hat mehrere Gründe:

- Wenn das, was die Tätigkeit abwirft, gerade einmal ausreicht, um über die Runden zu kommen, wird kein Geld für Investitionen vorhanden sein (oder zumindest hat der Selbstständige diesen Eindruck).
- Oftmals wird die Notwendigkeit, zu investieren, gar nicht gesehen. Da die Auswirkungen vieler dieser Investitionen längerfristig sind, sieht man den unmittelbaren Nutzen nicht. Warum 4.000 € in eine neue Webseite stecken? Was bringt mir das? Die alte funktioniert schließlich noch.
- Die Investitionen, die man machen KANN, haben – anders als jene, die man machen muss – keinerlei Dringlichkeit. Auch hier gibt es ein Diktat des Dringlichen vor dem Wichtigen, ein Effekt, der aus dem Zeitmanagement gut bekannt ist.

- Wenn du heute nicht in deine neue Webseite investierst, dann kannst du das ebenso gut im nächsten Monat oder sogar im nächsten Jahr tun, ohne dass die Welt deshalb zum Stillstand kommt. Das stimmt sogar – allerdings beginnt deine Welt sich auf diese Art unablässig langsamer zu drehen, ohne dass du es unmittelbar mitbekommst.

Um die Stufen in Phase 3 zu erklimmen, ist es wichtig, beständig in dein Unternehmen zu investieren – und zwar nicht, weil du musst, sondern weil du kannst.

Ressource Know-how

Doch Zeit und Geld allein reichen nicht als Investition. Du musst kontinuierlich in dein Know-how investieren, das du deinem Unternehmen zur Verfügung stellst. In weiterer Folge übrigens dann auch in das Know-how deiner Mitarbeiter. Natürlich ist die Investition in Know-how das Ergebnis einer Investition in Zeit und Geld. Zu lernen und mehr Know-how aufzubauen, erfordert beides. Dennoch schlage ich vor, die Investition in Know-how als eigene Kategorie zu betrachten, um die Wichtigkeit zu betonen.

Die „Entspezialisierung“, deine Entwicklung vom Spezialisten zum Generalisten, ist auf deinem Weg in Phase 3 erfolgsentscheidend, wie wir bei den Unternehmergedanken bereits besprochen haben. In Phase 2 als Selbstständiger war das noch nicht so wichtig, weil du immer noch den größeren Teil deiner Zeit als Spezialist IN deinem Unternehmen gearbeitet hast.

Jetzt in Phase 3 nimmt die Bedeutung deiner Ausrichtung als Generalist deutlich zu. Es geht nicht darum, noch mehr Spezialistenwissen in dem Bereich, in dem du IN deinem Unternehmen arbeitest, anzuhäufen, sondern du solltest dir ein gutes Basiswissen über alle unternehmerisch relevanten Wissensbereiche verschaffen:

- Marketing und PR
- Verkauf
- Rechnungswesen und Kalkulation
- Steuern
- Mitarbeiterführung
- Unternehmensstrategie
- Produktion (bei manchen Unternehmen)
- Logistik
- u. v. m.

Du musst in den jeweiligen Bereichen nicht der Beste sein oder „alles" wissen (was heutzutage ohnehin kaum mehr vorstellbar ist), sondern zumindest so viel, dass du weißt, was möglich ist.

Als gelernter Trainer und angehender Trainingsunternehmer bedeutet das z. B., dass du etwa statt der Weiterbildung zum Thema „Trainingsdidaktik und Arbeit mit Großgruppen" ein 1-Tages-Seminar zum Thema „Google Analytics" besuchst. Wenn es darum geht, zu wissen, woher die Besucher auf deiner Webseite kommen, was sie dort machen, wie lange sie wo bleiben und wo sie hingehen, um aufbauend auf diesem Wissen deine Webseite zu optimieren, dann ist Google Analytics ein sehr hilfreiches Tool. Verfehlt und über das Ziel hinausgeschossen wäre es allerdings, die komplette Google-Analytics-Ausbildung zu durchlaufen und am Ende zertifizierter Google-Analytics-Profi zu sein.

In der Phase 3 baust du dir Mitarbeiter auf, die in den jeweiligen Bereichen Spezialisten sind. Du musst letztlich in allen Bereichen so viel Wissen besitzen, um entscheiden zu können, an wen du was delegierst (intern wie extern), und um letztlich beurteilen zu können, ob derjenige seine Aufgabe gut erfüllt und die zur Verfügung stehenden Möglichkeiten bestmöglich nutzt. Und in dieses bereichsübergreifende Basiswissen musst du Zeit und, wenn nötig, auch Geld investieren, falls du noch Lücken aufzufüllen hast.

Gleichzeitig ist es wichtig, in Phase 3 konsequent in das Know-how deiner Mitarbeiter in den jeweiligen Spezialbereichen zu investieren, was wiederum Zeit und Geld erfordert. Richtig gemacht, sind diese Investitionen allerdings solche, die für dein Unternehmen eine sehr gute Rendite abwerfen.

Transferaufgabe #5 – Richte Systeme ein

Ich weiß, der Titel dieser Transferaufgabe „Systeme entwickeln" klingt trocken und theoretisch. Aber lass dich nicht täuschen. Ich verspreche dir, dass es in diesem Abschnitt um ein Thema geht, das – wenn du erst einmal darin eintauchst – alles andere als trocken und schon gar nicht theoretisch ist. Vielmehr hat es einen unmittelbaren Zusammenhang mit allem, was in deinem Unternehmen geschieht bzw. geschehen soll. Richtig umgesetzt, sind Systeme der Motor für das Wachstum deiner Firma. Ohne diesen Motor kein Wachstum. Es wird also sehr, sehr spannend.

Der Zufall bestimmt das Geschäft

Viele Selbstständige – aber auch eine erschreckend große Zahl an Unternehmern – sind von viel zu vielen Zufälligkeiten in ihrem Geschäft abhängig. Was meine ich damit?

Ein paar positive Beispiele:

- Ein Kunde wurde zufällig empfohlen.
- Ein Mitarbeiter ist gerade ausgesprochen gut gelaunt und hinterlässt einen sehr guten Eindruck beim Kunden.

- Du lernst auf einem Event zufällig einen potenziellen Kunden kennen.
- Du fühlst dich heute irgendwie ganz besonders energiegeladen und bist dadurch produktiver.

Genauso – und möglicherweise sogar noch öfter – passieren tagtäglich Zufälligkeiten mit negativen Auswirkungen:

- Ein Mitarbeiter ist gerade schlecht drauf und hinterlässt am Telefon einen unfreundlichen Eindruck (was das kosten kann, haben wir weiter vorne im Buch schon einmal berechnet).
- Es wird vergessen, einen neuen Kunden nach seinem ersten Kauf zu kontaktieren, wodurch es zu keinem Folgegeschäft kommt.
- Es ist Mittag und du stellst frustriert fest, dass du deinen Vormittag mit unwichtigen Kleinigkeiten verbracht hast.

Natürlich sind Zufälligkeiten mit positiven Auswirkungen schön und wir nehmen diese gerne als Geschenk an. Ein Kunde, der sich zufällig zu uns verirrt und kaufen will – danke! Solche Dinge können das Sahnehäubchen auf deiner Torte sein, niemals aber die Torte selbst.

Wenn dein Geschäft von Zufälligkeiten aller Art abhängig ist bzw. sogar davon lebt, dann ist das eine sehr instabile Situation. Und auch, wenn es Zufälligkeiten mit positiven Auswirkungen sind, bleiben es Zufälligkeiten. Sie sind nicht planbar, geschweige denn vorhersehbar.

Zufälle systematisieren

Spätestens jetzt in Phase 3 musst du dem Zufall möglichst viel Raum nehmen. Bis hierher haben dir Zufälle vielleicht sehr gute Dienste geleistet.

Möglicherweise hat das Geschäft, das sich zufällig ergeben hat, gereicht, um dir selbst ein schönes Leben zu ermöglichen und sogar noch einen ersten Teilzeitmitarbeiter zu bezahlen.

Wenn du jedoch weiterwachsen willst, empfehle ich dir, dich nicht mehr darauf zu verlassen und deine Abhängigkeit von Zufällen zu reduzieren.

Man könnte auch sagen, es geht darum, die negativen Zufälle zu reduzieren und die positiven möglichst oft zu wiederholen. Das Zauberwort in diesem Zusammenhang lautet „Systeme".

An (spätestens) dieser Stelle deiner Entwicklung ist es eine entscheidende Aufgabe, Zufälle durch Systeme zu ersetzen. Systeme, die positive Ergebnisse wiederholbar machen, und Systeme, die negative Auswirkungen möglichst ausschließen. Beides wird dir nicht zu 100 % gelingen, aber jeder einzelne Prozentpunkt, um den du die Wahrscheinlichkeit für das eine wie das andere zu deinen Gunsten beeinflussen kannst, ist gut für dich und dein Geschäft.

Exzellente Systeme statt exzellenter Mitarbeiter

Wie wichtig sind gute bzw. sogar exzellente Mitarbeiter für dein Geschäft? In vielen Unternehmen leider viel zu wichtig. Versteh mich an dieser Stelle nicht falsch: Es spricht gar nichts gegen gute oder gar exzellente Mitarbeiter. Ich habe solche und wünsche dir dasselbe.

Allerdings ist der Faktor Mensch mit zu vielen Zufälligkeiten behaftet. Gute Mitarbeiter bringen gute Ergebnisse, schlechte Mitarbeiter führen zu schwachen Ergebnissen. Wenn deine Mitarbeiter der einzige bzw. der wichtigste Erfolgsfaktor in deinem Geschäft sind, bist du immer darauf angewiesen, dass du gute Mitarbeiter hast oder findest.

Gerade in Zeiten, in denen unzählige Unternehmen darüber klagen, es sei schwierig, überhaupt Mitarbeiter zu finden, geschweige denn gute oder gar exzellente, ist das eine schlechte Abhängigkeit.

Sie schwächt dein Unternehmen. Deine Firma sollte daher nicht auf exzellenten Mitarbeitern beruhen, sondern auf exzellenten Systemen. Systeme betreiben dein Unternehmen (oder sollten es zumindest) und Mitarbeiter betreiben Systeme.

Mit exzellenten Systemen können selbst mittelmäßige Mitarbeiter sehr gute Leistungen erbringen. Wofür du allerdings (wenn du es nicht selbst machst) exzellente Mitarbeiter benötigst, ist, exzellente Systeme zu erschaffen.

Was sind Systeme?

Doch worum handelt es sich eigentlich bei diesen „Systemen“, von denen ich hier spreche? Ich erkläre zuerst theoretisch, was ich meine, und bringe dann ein paar praktische Beispiele. Im Grunde ist ein Unternehmen ein mehr oder weniger komplexes Gesamtsystem, das aus einzelnen Teilsystemen besteht. Diese können ganz klein und fast unbedeutend oder auch sehr groß und wichtig sein. Damit ein System funktioniert, braucht es ...

- Elemente und
- Prozesse bzw. Handlungen und Abläufe, die diese Elemente verbinden und definieren, wie sie zusammenarbeiten.

Elemente der Systeme in deinem Unternehmen sind:

- Menschen (Mitarbeiter, externe Dienstleister bzw. du selbst)
- Maschinen (Software, Roboter etc.)
- Dinge (Prospekte, Give-aways etc.)

In jedem System können ein oder mehrere Elemente durch ein oder mehrere Prozesse verbunden sein. Die Prozesse legen die Reihenfolge fest. Sehr oft sind Menschen und Maschinen in einem System auf sinnvolle Weise in einer bestimmten Reihenfolge kombiniert.

Systeme findest du in allen betrieblichen Bereichen: in der Buchhaltung ebenso wie im Verkauf, im Marketing oder in der Produktion. Elemente von Systemen und ebenso die involvierten Prozesse können sowohl analog als auch digital sein. Ein Newsletter, den du automatisiert verschickst, ist ein digitales Element, wohingegen du selbst (das unterstelle ich mal) ein analoges bist.

Gute, funktionierende Systeme bestehen in der Unternehmenspraxis oft aus einer Mischung von analogen und digitalen Elementen sowie Prozessen. Systeme geben die Regeln vor. Sie legen fest, was passiert, wenn irgendein Auslöser eintritt, und definieren den dann folgenden Ablauf.

Ein potenzieller neuer Kunde betritt deinen Laden. Wenn es kein System gibt, das festlegt, wie in diesem Fall vorzugehen ist, bist du darauf angewiesen, dass du kundenorientierte Mitarbeiter hast, die von sich aus auf die Idee kommen, dass es gut sein könnte, diese Person anzusprechen und Kontakt herzustellen.

„Brauche ich denn wirklich für so etwas Banales ein System?", könntest du dich an dieser Stelle zu Recht fragen. Man sollte meinen, dass das nicht nötig ist. Die Praxis belehrt mich ständig eines Besseren. Während ich hier sitze und schreibe, fällt mir ein, dass ich erst vor wenigen Tagen in einem Geschäft war und dieses wieder verlassen habe, nachdem ich innerhalb von 2 Minuten von keiner Verkäuferin auch nur eines Blickes gewürdigt worden war.

Vorteile von Systemen

Mithilfe von durchdachten, funktionierenden und ineinandergreifenden Systemen wird ein Business überhaupt erst ein Business, wage ich zu behaupten. Ohne Systeme – und zwar gut geplante und nicht zufällige – kann ein wirtschaftliches Unterfangen sicherlich ebenfalls Geld produzieren, ist dann aber, wie erwähnt, ein Spielball der Zufälligkeiten.

Kein Unternehmen kommt ohne Systeme aus, obwohl sich viele mit dem Systemgedanken noch nie auseinandergesetzt haben. Ihre Systeme haben sich im Laufe der Zeit einfach ergeben und besitzen dann oft deutliche Potenziale für mehr Performance.

Davon abgesehen haben Systeme zahlreiche Vorteile für dein Unternehmen. Damit es über eine bestimmte Größe hinauswachsen kann, sind sie unbedingt notwendig. Dein Unternehmen profitiert von Systemen in vielerlei Hinsicht:

- Systeme sind erprobt und liefern mit hoher Wahrscheinlichkeit (manchmal sogar zu 100 %) bestimmte Resultate für dein Unternehmen.
- Systeme stellen sicher, dass gewisse Maßnahmen, die umgesetzt werden sollen, auch tatsächlich umgesetzt werden bzw. dass gewisse Abläufe zum richtigen Zeitpunkt wie geplant stattfinden.
- Erprobte und gut funktionierende Systeme machen dein Unternehmen ein Stück weit unabhängiger von Rahmenbedingungen, Mitarbeitern, dem Wetter, dem Mitbewerb etc.
- Systeme können im Laufe der Zeit adaptiert und immer weiter verbessert werden.
- Systeme geben dem Tun deiner Mitarbeiter Struktur und Ziel.
- Mit Systemen tun sich Mitarbeiter leichter, ihren Job gut zu machen.
- Neue Mitarbeiter lassen sich mit Systemen einfacher und rascher einschulen und zu einem produktiven Teil deines Unternehmens entwickeln.

1 x gedacht, 1.000 x gemacht

Franchiser gehören zu jener Art von Unternehmen, die den Systemgedanken in Reinkultur leben – die guten zumindest. Man spricht ja auch von „Franchisesystemen". Das weiß ich deshalb sehr genau, weil ich selbst mehr als ein Jahrzehnt verschiedene Franchiseunternehmen aufgebaut habe – und zwar sowohl als Franchisegeber wie auch als Franchisenehmer.

Ein gutes und erfolgreiches Franchiseunternehmen wie bspw. McDonald's hat alles, was im Unternehmen geschieht bzw. eben geschehen soll, in Systeme und Abläufe verpackt. Da ist nichts dem Zufall überlassen, alles ist genau definiert und natürlich schriftlich festgehalten.

Alle oben genannten Vorteile treffen hier in hohem Ausmaß zu. Einer der bekanntesten Slogans aus dem Franchising lautet „1 x gedacht, 1.000 x gemacht". Er beschreibt diesen Grundgedanken vortrefflich.

Die erfolgreichen Franchisenehmer setzen die erprobten und gut funktionierenden Systeme, die sie mit dem Franchisevertrag gekauft haben, möglichst unverändert und lückenlos um. Die weniger erfolgreichen – und davon habe ich gleichfalls einige kennengelernt – beginnen vom ersten Tag an, die erprobten Systeme zu verändern.

Beispiele für Systeme

Um noch klarer zu machen, was genau ich unter einem „System" in Bezug auf dein Unternehmen verstehe, hier ein paar Beispiele aus dem Bereich Vertrieb.

Ein System zur Gewinnung neuer Kunden könnte etwa so aussehen:

- **Schritt 1:** Auswählen einer passenden Veranstaltung mit ausreichend Teilnehmern aus der Kundenzielgruppe

- **Schritt 2:** Vorbereiten des Veranstaltungsbesuches inkl. Setzen der vertrieblichen Ziele für den Besuch (z. B. Ansprache von mind. 3 potenziellen Kunden und Austausch von Visitenkarten)
- **Schritt 3:** Besuch der Veranstaltung, Führen von Gesprächen mit mehreren potenziellen Kunden und Austausch von Visitenkarten
- **Schritt 4:** Anrufen der potenziellen Kunden innerhalb einer Woche nach der Veranstaltung
- **Schritt 5:** Vereinbaren eines Verkaufstermins
- **Schritt 6:** Durchführen des Verkaufstermins und Vereinbaren eines Präsentationstermins für das Angebot
- **Schritt 7:** Erstellen eines Angebotes
- **Schritt 8:** Durchführen des Präsentationstermins für das Angebot
- **Schritt 9**: Telefonisches Nachfassen des Angebotes (sofern der Auftrag nicht bereits beim Präsentationstermin erteilt wurde) und Erhalten des Auftrages

Das ist ein stark vereinfachtes Beispiel für ein hauptsächlich analoges System („hauptsächlich" deshalb, weil sich heute bei genauerer Betrachtung in den allermeisten Systemen in deinem Unternehmen digitale Elemente und Teilprozesse finden). Es ist ein Vertriebssystem für Verkäufer, die gute Netzwerker sind und auf Veranstaltungen rasch und leicht Kontakt zu anderen Teilnehmern finden. In der Vertriebspraxis würde ich dieses System noch mit etlichen Elementen – analogen wie digitalen – anreichern:

- Einpflegen der Kontaktperson in die E-Mail-Marketing-Datenbank zwecks Versand vordefinierter Mails für neue Kontakte
- postalischer Versand von Infomaterial vor dem ersten Verkaufstermin

- Verknüpfung der Profile auf XING und LinkedIn
- Versand von Terminbestätigungen per Mail oder Post

In seiner finalen Version hätte dieses System in der Praxis wahrscheinlich nicht nur 8, sondern möglicherweise sogar 20 bis 30 Schritte.

Für Verkäufer, die nicht so gute Netzwerker sind, bzw. in Branchen, für die dieses System weniger gut passt, könnte man natürlich ein weitgehend bis komplett digitales System zur Gewinnung von Neukunden einrichten. Mit den heutigen technischen Möglichkeiten können in gewissen Bereichen bzw. für eine bestimmte Art von Produkten Kunden mittels vollkommen digitaler und hochgradig automatisierter Systeme gewonnen werden.

Anstelle des Besuchs der Veranstaltung steht bei solchen dann vielleicht das Schalten einer Anzeige auf Facebook am Beginn des Systems.

Erfolg durch konsequente Umsetzung

Ein System muss allerdings nicht immer so groß sein. Es gibt auch jede Menge kleiner und kleinster sinnvoller Systeme in Unternehmen.

Ein Beispiel dazu aus meiner eigenen Praxis. Ich habe ein kleines Kontaktsystem für das digitale Business-Netzwerk XING eingerichtet.

- **Schritt 1:**
  Jemand, mit dem ich auf XING noch nicht verbunden bin, besucht mein XING-Profil (was auf dieser Plattform ja zu sehen ist).
- **Schritt 2:**
  Eine meiner Mitarbeiterinnen überprüft mein XING-Profil einmal pro Tag (spätestens alle 2 Tage) auf Besucher. Sie schreibt jeden Besucher, mit dem ich noch nicht verbunden bin, an und verwendet seinen Namen in der Anrede. Dafür gibt es eine (von mir) vorgetextete Nachricht, die humorvoll und kreativ formuliert

ist und mit einer Aufforderung zur Herstellung einer Verbindung auf XING endet. Diese Nachricht wird technisch mit einer Kontaktanfrage verbunden (statt sie einfach nur als Nachricht zu versenden), damit der Besucher ganz einfach, mit nur einem Klick, ein neuer Kontakt von mir werden kann.

- **Schritt 3:**
  Die Adressaten geben die Kontaktanfragen okay (was in ca. 75 % aller Fälle geschieht).

Die Durchführung dieses Prozesses dauert ca. 5 Minuten pro Tag – bei mehreren neuen Kontakten, wohlgemerkt.

XING-Experten werden hier – zu Recht – sagen, dass man aus diesem Prozess vertrieblich noch viel mehr herausholen könnte. Stimmt, doch darum geht es mir an dieser Stelle gar nicht. Ich wollte vielmehr nur zeigen, dass die konsequente Umsetzung selbst kleinster Prozesse Resultate bringt.

In dem Fall höhlt steter Tropfen den Stein. Mein XING-Netzwerk nähert sich der Zahl von 6.500 Kontakten, und das nur als Folge der konsequenten Umsetzung dieses kleinen Systems plus der Tatsache, dass ich alle neuen Kontakte aus der physischen Welt immer auch auf ihre XING- und LinkedIn-Verfügbarkeit prüfe und Kontakt aufnehme.

Systembaumeister werden

In dieser Phase deiner Unternehmensentwicklung ist es eine deiner wichtigsten Aufgaben, für alle relevanten Bereiche in deinem Unternehmen effiziente und funktionierende Systeme einzurichten. Du wirst zum Systembaumeister. Wie wichtig das ist, erkennst du an der Tatsache, dass deine Entwicklungsstufe in dieser Phase die Bezeichnung „Baumeister“ erhalten hat.

Du glaubst gar nicht, wie viel Potenzial für Systeme du entdecken wirst, wenn du dich erst einmal mit dem Thema intensiv zu beschäftigen beginnst.

Systeme einzurichten ist zu Beginn der Phase 3 vor allem deine Aufgabe in deinem Unternehmen. Allerdings musst bzw. solltest du das definitiv nicht allein machen. Je nachdem, um welchen Bereich es geht, für welchen Zweck und mit welchem Ziel du ein System einrichten willst, solltest du dir passende Spezialisten dafür heranziehen, die dieses gemeinsam mit dir entwickeln.

Die erste Wahl dafür sind deine Mitarbeiter, speziell diejenigen, die danach mit dem System arbeiten sollen. Wenn du ein System für die Durchführung der Fakturierung bis hin zum Inkasso einrichten willst, sollte dabei der Mitarbeiter, der für dich die Buchhaltung erledigt, mit am Tisch sitzen. Das könnte in diesem Fall auch dein Steuerberater oder einer seiner Mitarbeiter sein.

Nicht nur, dass diese Menschen in ihrem Bereich meist besser Bescheid wissen als du, werden sie ein System, an dem sie selbst mitgearbeitet haben, mit mehr Energie und Freude umsetzen.

In weiterer Folge können aber auch Mitarbeiter autonom, ganz ohne dein Zutun, Teilsysteme für ihren jeweiligen Tätigkeitsbereich entwickeln. Sie müssen in diese Aufgabe sogar hineinwachsen, damit du nicht zum Engpass bei der Systematisierung aller Abläufe in deinem Unternehmen wirst.

Wie kannst du an das Einrichten von Systemen für dein Unternehmen also herangehen? Dafür habe ich für dich im Folgenden einen einfachen und klaren 6-Schritte-Prozess erstellt (der für sich genommen ebenfalls ein System darstellt).

1. Bestandsaufnahme durchführen

Mache eine komplette Bestandsaufnahme aller deiner relevanten Unternehmensbereiche und überlege dir, welche davon die entscheidenden sind, was den Erfolg und das Wachstum deines Unternehmens betrifft.

Wenn du Fotograf bis, wird die Kundengewinnung wahrscheinlich wichtiger sein als die Abfallentsorgung. Bei einem Produktionsbetrieb hingegen kann die Entsorgung bzw. das Recycling der Abfälle durchaus eine sehr wichtige Angelegenheit sein.

2. ***Ziele und Systeme definieren***

Überlege dir, was die Ziele in den einzelnen Bereichen sind und welche Art von Systemen du benötigst, um diese Ziele zu erreichen. So könnte es für eine Friseurin etwa ein Ziel sein, dass ein Erstkunde wiederkommt. Dafür braucht es ein System, das genau das sicherstellt oder zumindest sehr wahrscheinlich macht. Bei einem Herrenfriseur (ich weiß, bei Frauen ist das Thema „Friseur" wesentlich komplexer und vielschichtiger als bei uns Männern) wäre das gar nicht so schwierig.Das System könnte so funktionieren:

- **Schritt 1:** Mache einen großartigen Job als Friseur und sorge dafür, dass sich dein Kunde bei dir besonders wohl fühlt (auch dafür sollte es ein eigenes System geben).
- **Schritt 2:** Frage deinen Kunden nach vollendetem Werk, ob er zufrieden war (was er im Normalfall bejahen wird – ansonsten machst du einfach weiter, bis das Ergebnis passt).
- **Schritt 3:** Frage ihn, wie oft er zum Friseur geht.
- **Schritt 4:** Vereinbare gleich einen fixen nächsten Termin (vielleicht verbunden mit gewissen Stammkunden- bzw. Frühbuchervorteilen).

So einfach das klingt – ich bin überzeugt, dass dieses System in vielen Fällen funktionieren würde. Interessanterweise wollte noch nie ein Friseur, bei dem ich war, gleich einen nächsten Termin mit mir vereinbaren. Möglicherweise liegt das aber an mir.

3. Systeme einrichten und dokumentieren

Wenn du die benötigten Systeme definiert hast, richte diese ein. Sie aufzuschreiben oder – noch besser – die Abläufe und Schritte grafisch übersichtlich darzustellen, ist ein Muss. Andernfalls würden einmal definierte Systeme rasch wieder in Vergessenheit geraten. Denke dabei daran, dass sie so gestaltet sein sollten, dass auch neue Mitarbeiter, die noch keine Ahnung von deinem Unternehmen haben, sich damit gut zurechtfinden.

Bei der Beschreibung der einzelnen Schritte und Prozesse solltest du sehr ins Detail gehen. Je besser die Systeme sind und je besser diese aufgeschlüsselt sind, desto erfolgreicher können sie umgesetzt werden, selbst von weniger begabten oder noch neuen Mitarbeitern.

Ich selbst etwa kann nicht kochen (von Spaghetti oder Würstchen einmal abgesehen). Doch mit einem ausführlichen Rezept samt detailreicher Beschreibung (in diesem Fall am besten mit Fotos) würde selbst ich mir zutrauen, ein gut schmeckendes Gericht zuzubereiten. Dabei müsste die Anleitung aber wirklich für „Dummies“ verfasst sein.

Zur Dokumentation deiner Systeme kannst du z. B. folgende Formate oder Hilfsmittel nutzen:

- Checklisten
- Beschreibungen bis hin zu ganzen Handbüchern
- Videos oder Audio-Files
- Software, die Mitarbeiter Schritt für Schritt durch das System führt

Auf welche Hilfsmittel du zurückgreifst, hängt von deinem Unternehmen und vor allem von den betreffenden Prozessen ab. Manches lässt sich sehr gut schriftlich festhalten, andere Vorgänge wiederum lassen sich nur in Form eines Videos wirklich gut erklären.

Sämtliche Dokumentationen sollten sicher und zentral abgelegt und für alle, die es betrifft, gut zugänglich sein. In der heutigen vernetzten, sich stark ändernden Arbeitswelt wird die Ablage der Dokumentation vor allem in digitaler Form erfolgen. Deine Mitarbeiter müssen überall, auch wenn sie unterwegs sind bzw. im Homeoffice arbeiten, auf ihre Systeme zugreifen können.

Im Rahmen dieses gesamten Prozesses wirst du feststellen, dass es bereits eine Menge Systeme in deinem Unternehmen gibt. Du hast sie nur bisher nicht als solche bezeichnet. Auch diese werden oft eine sinnvolle Grundlage darstellen. Viele davon werden bereits gut funktionieren und müssen nur noch optimiert werden. Du wirst aber ebenso Systeme entdecken, die zwar überholt und veraltet sind bzw. nicht die gewünschten Resultate bringen, allerdings oftmals aus Gewohnheit und in Ermangelung einer anderen, besseren Vorgehensweise trotzdem durchgeführt werden.

Welche Systemelemente wo einsetzen?

Beim Einrichten der Systeme kommt unter anderem den Elementen eine besondere Bedeutung zu. Einfach gesagt stellt sich die Frage: Wer soll das System einsetzen bzw. umsetzen? Sehr oft hast du mehrere Möglichkeiten:

- Du selbst setzt das System um.
- Ein Mitarbeiter setzt das System um.
- Ein externer Dienstleister setzt das System um.
- Software (E-Mail-Marketing-Software, ein Chatbot, Autoposter-Software etc.) bzw. eine Maschine setzt das System um.

Häufig setzen mehrere Mitarbeiter in Kombination mit Software Systeme um. Trotzdem musst du beim Einrichten deiner Systeme genau definieren, wer für die Umsetzung verantwortlich ist. Dabei solltest du nach folgenden Regeln vorgehen:

Setze dich selbst für die Umsetzung nur ein, wenn es nicht anders geht

Setze dich selbst nur ein, wenn die Aufgabe im Einzelfall eine für dein Unternehmen sehr wertvolle oder schwer bis gar nicht delegierbare ist (wie weiter vorne im Rahmen der Analyse des Wertes deiner Zeit bereits ausführlich diskutiert).

Darüber hinaus habe ich festgestellt, dass ich selbst als derjenige, der ein System eingerichtet hat, oftmals der Unzuverlässigste sein kann, wenn es um dessen Umsetzung geht. Ich habe die Macht, es nicht umzusetzen; die anderen (meine Mitarbeiter, ein Dienstleister oder Software) hingegen nicht, sobald es erst einmal definiert bzw. beschlossen ist. Ich habe für mich persönlich eine Reihe von Systemen und damit zusammenhängenden Aufgaben definiert, die ich selbst umzusetzen habe. Selbst bei konsequenter Delegation wird dir nicht langweilig. Versprochen.

Setze Mitarbeiter bei wichtigen Systemen ein

Setze Mitarbeiter vor allem dann ein, wenn es sich um ein für dein Unternehmen sehr wichtiges System handelt. So würde ich die Kundengewinnung etwa nicht völlig an einen externen Dienstleister auslagern wollen; bei der Buchhaltung habe ich diesbezüglich keine Bedenken.

Aus meiner Erfahrung funktioniert die bereits erwähnte Mikrodelegation sehr gut. Wenn du einem 5-Wochenstunden-Mitarbeiter 3 wesentliche Aufgaben überträgst, ist die Wahrscheinlichkeit, dass diese zuverlässig umgesetzt werden, sehr hoch. Wenn du hingegen einer Vollzeitkraft, die bereits 20 verschiedene Sachen zu erledigen hat, noch etwas Zusätzliches zu tun gibst (das vielleicht nicht so wichtig ist bzw. nicht ganz so wichtig erscheint), besteht aufgrund der Fülle der Aufgaben durchaus die Gefahr, dass Aufgabe Nr. 21 auf der Strecke bleibt.

Setze externe Dienstleister ein, wenn du externes Know-how oder Zeitkapazitäten brauchst

Externe Dienstleister einzusetzen hat den Vorteil, dass sie wahrscheinlich zuverlässiger genau das tun, was sie erledigen sollen (was natürlich nicht immer zutreffend sein wird), weil sie genau dafür bezahlt werden. Außerdem kannst du mithilfe Externer neue Systeme einrichten und umsetzen, wenn sonst niemand mehr Zeit dafür hätte.

Auch dann, wenn die Umsetzung eines Systems Spezialwissen erfordert, das du dir nicht aneignen willst bzw. kannst, macht es Sinn, Systeme oder Teile davon an Externe auszulagern. Der Nachteil dabei ist, dass externe Dienstleister oft teurer sein werden als deine angestellten Mitarbeiter.

Exkurs: Umsetzer und Kreative

In Bezug auf Systeme gibt es zwei Arten von Menschen: Umsetzer und Kreative. Die Kreativen sind diejenigen, die viele Ideen haben und sehr gut sind, wenn es darum geht, Abläufe zu erdenken und Systeme einzurichten. Allerdings sind sie oftmals eher schlecht darin, die Systeme, die sie selbst eingerichtet haben, dann auch umzusetzen. Das bedarf gänzlich anderer Fähigkeiten und Energien.

Ich gehöre zu dieser Sorte und kenne das aus eigener Erfahrung sehr gut. Beim Erstellen von Systemen bin ich unglaublich gut und schnell. Sobald es allerdings darum geht, ein System, das ich selbst erstellt habe (bei fremden wäre dies ja noch eher verständlich), immer und immer wieder umzusetzen, merke ich, wie schwer mir das fällt. Es geht, aber es kostet mich bisweilen mehr Mühe und Kraft als anderen – den Umsetzern –, die dafür besser geeignet sind.

Die Umsetzer ihrerseits würden sich hingegen sehr schwertun, Systeme einzurichten. Ihnen fehlen die Ideen und das Vorstellungsvermögen. Allerdings sind die Umsetzer sehr gut darin, durchdachte Systeme auszuführen und ihnen Leben einzuhauchen. Sie haben im Idealfall keinerlei Problem damit, ein und denselben Ablauf immer und immer wieder durchzuführen. Es macht ihnen sogar Spaß. Sie brauchen das. Ein System gibt ihnen Sicherheit; ohne fühlen sie sich verloren.

In deinem Unternehmen benötigst du beide Energien – Kreative UND Umsetzer. In meiner Beratungspraxis stelle ich fest, dass Unternehmer oftmals mehr kreative Energien haben. Wäre dem nicht so, würden sie wahrscheinlich nicht Unternehmer werden.

Falls dies bei dir genauso ist, solltest du unbedingt darauf achten, dass du ein paar Umsetzer in deinem Team hast, die dafür sorgen, dass das, was du dir ausdenkst, konsequent und immer wieder gemacht wird.

Setze Software ein, wann immer dies möglich ist

Genau das – nämlich zuverlässiges und lückenloses Umsetzen deiner Systeme – ist etwas, das Software auszeichnet. Programme, Maschinen und Roboter sind die perfekten Umsetzer.

Punkto Zuverlässigkeit und Kosten ist es daher deine allererste Wahl, Software und Maschinen zur Umsetzung deiner Systeme heranzuziehen. Auch, wenn die Kosten zu Beginn durch Kauf und Einrichtungsaufwand höher sein mögen, rechnet sich der Softwareeinsatz für deine Systeme oft sehr rasch. Nicht umsonst investiert Amazon Milliardenbeträge in die Automatisierung der Logistik. Trotz der hohen Investitionen kommt das dem Unternehmen allemal günstiger, als den beständig wachsenden Kapazitätsbedarf mit immer neuen Mitarbeitern abzudecken. Diese sind oftmals nicht einfach zu bekommen und haben wesentlich höhere Ansprüche als Roboter. Außerdem wäre die Geschwindigkeit und Zuverlässigkeit der Amazon-Logistik mit rein von Menschen betriebenen Systemen nicht zu bewerkstelligen.

Ich weiß schon, du wirst wahrscheinlich (noch) keine so großen Lager haben wie Amazon oder vielleicht gar keine Produkte versenden.

Dennoch gibt es eine Reihe von Einsatzmöglichkeiten für Software in jedem noch so kleinen Dienstleistungsbetrieb.

Die Willkommenssequenz

Ein einfaches Beispiel dazu aus meinem eigenen Unternehmen: Ich biete auf meiner Webseite diverse kostenlose E-Books, Checklisten oder Audiokurse für Unternehmer und Selbstständige an. Unter www.romankmenta.com vorbeischauen lohnt sich also!

Im Tausch gegen deine E-Mail-Adresse kannst du dir diese Produkte dort gratis herunterladen. Um sicherzustellen, dass du von deinem Download profitierst, um dich auf andere kostenlose Angebote hinzuweisen und die neu entstandene Beziehung ein wenig zu vertiefen, erhält jeder neue Nutzer im Laufe von ca. zwei Wochen in gewissen Zeitabständen eine Sequenz von 5 E-Mails. Dieser komplette Prozess, vom ersten Kontakt auf meiner Webseite bis hin zur letzten Kennenlernmail, ist zu 100 % an Software ausgelagert und funktioniert – von ein paar kleinen Fehlern ab und an – lückenlos. Ein Mensch könnte dieses System mit all den Mails in verschiedensten Zeitabständen nicht umsetzen, wenn man bedenkt, dass sich jeden Tag mehrere, bisweilen Dutzende und bei bestimmten Aktionen sogar Hunderte neue Nutzer anmelden.

Zusammenfassung der Regeln für das Einrichten von Systemen

- Setze dich selbst für die Umsetzung nur ein, wenn es nicht anders geht.
- Setze Mitarbeiter bei wichtigen System ein.
- Setze externe Dienstleister ein, wenn du externes Know-how oder Zeitkapazitäten brauchst.
- Setze Software ein, wann immer dies möglich ist.

4. Mitarbeiter schulen

Auch, wenn die Digitalisierung stark zunimmt, sind Menschen, deine Mitarbeiter, in vielen Fällen immer noch wesentliche Elemente in Unternehmenssystemen. Softwarebasierte Systeme brauchen nur eingerichtet werden, dann laufen sie. Bei Menschen ist das anders. Deine Mitarbeiter müssen auf die Umsetzung der jeweiligen Systeme geschult werden. Bei neuen Mitarbeitern ist das ohnehin klar, doch auch bei bestehenden Mitarbeitern ist eine laufende Schulung wichtig, vor allem dann, wenn es sich um komplexe Systeme handelt, die bestimmte Fähigkeiten erfordern.

So ist etwa die Schulung für mein oben beschriebenes, sehr einfaches XING-System innerhalb von nur 5 Minuten erledigt. Ein für alle Mal. Wenn es allerdings um ein System geht, das zum Ziel hat, Termine mit potenziellen Kunden zu vereinbaren, ist eine konsequente und permanente Schulung unerlässlich, um die angepeilten Erfolgsquoten zu erreichen bzw. zu steigern.

5. Systeme betreiben

Sobald die Systeme eingerichtet und sämtliche Mitarbeiter entsprechend geschult sind, liegt der Fokus auf dem konsequenten Umsetzen der Systeme. Dabei gibt es Systeme, bei denen es darum geht, sie nur auszuführen, wenn es nötig ist. Die Spesenabrechnung (wichtig, aber unspektakulär) ist ein Beispiel dafür.

Viel interessanter und relevanter für das Wachstum deines Unternehmens sind allerdings Systeme, die gemäß dem Motto „Je mehr, desto besser“ nach oben hin offen sind. Die Neukundenakquise ist ein Beispiel für ein solches System. Warum bei 3 neuen Kunden stoppen, wenn man ebenso gut 30 haben kann? Natürlich könnte es im Einzelfall mengenmäßige Beschränkungen bei der operativen Umsetzung der gewonnenen Projekte geben.

Theoretisch richtig. Praktisch treffe ich sehr selten auf Unternehmen, die das Luxusproblem zu vieler Neukunden haben. Und wenn doch, dann sind sie (wie zuvor besprochen) möglicherweise zu billig.

Bei dieser Art von Systemen geht es darum, so richtig auf Touren zu kommen und die Schlagzahl zu erhöhen. Wenn etwas funktioniert und die gewünschten Ergebnisse bringt, mache mehr davon. Wie viel? So viel du kannst!

Wenn die Kontaktgewinnung im Rahmen von Veranstaltungen ein gut funktionierendes System ist, dann solltest du (bzw. deine Verkäufer) nicht einmal pro Monat eine passende Veranstaltung besuchen, sondern besser einmal pro Woche oder jeden Tag.

Oft überschreitet man Grenzen, um dann festzustellen, dass sie gar nicht da waren.

Übertreibe es ruhig. Mit dem, was sich für dich vielleicht extrem oder gar übertrieben anfühlt, bist du oft noch viel weiter von den tatsächlichen Grenzen entfernt, als du es für möglich hältst. Wo die Grenzen für die Skalierung von Systemen dieser Art sind, weißt du erst, wenn du sie ab und an überschreitest.

Achte auf Schattensysteme

Hinweisen möchte ich im Rahmen des Betriebs von Systemen auch noch auf die Gefahr von sogenannten „Schattensystemen“. Was sind Schattensysteme und wie entstehen sie?

Eine Mitarbeiterin in der telefonischen Kundenakquise arbeitet beim Telefonieren gerne mit Papier. Sie macht sich Notizen zu ihren Kundentelefonaten.

Das System sieht vor, dass alle relevanten Informationen unmittelbar nach einem Telefonat in das CRM-System (Customer Relationship Management) eingetragen werden. Die Mitarbeiterin will das aber lieber am Ende ihres Telefonblocks machen. Da sie dann jedoch dringend wegmuss, bleibt dafür keine Zeit mehr. Sie kann das genauso gut noch am nächsten Tag erledigen, denkt sie. Da sie am darauffolgenden Tag aber wieder an denselben Adressen arbeitet, beschließt sie, gleich mit ihren handschriftlichen Notizen weiterzumachen. Es bearbeitet ohnehin niemand sonst diese Adressen.

Und schon ist ein Schattensystem entstanden. Bei einem solchen handelt es sich also um ein parallel laufendes System bzw. um Teile davon, die vom offiziell definierten System abweichen, nicht dokumentiert und nicht für alle zugänglich sind. Dieses Schattensystem in Form von handschriftlichen Notizen mag für die betreffende Mitarbeiterin durchaus funktionieren und gute Resultate bringen. Was geschieht aber, wenn sie krank ist oder das Unternehmen verlässt? In dem Fall ginge eine Menge Know-how verloren.

Gleichzeitig würden bestimmte andere Abläufe innerhalb des Systems nicht gestartet werden. So könnte bspw. automatisiert eine Mailsequenz an Interessenten, mit denen man telefoniert hat, verschickt werden – allerdings nur, wenn deren E-Mail-Adressen in der Software entsprechend eingetragen sind. Derartige Schattensysteme darfst du nicht zulassen! Das Universum hat einen natürlichen Drang zur Entropie (ein Begriff aus der Physik) oder einfach gesagt: zur Unordnung. Das ist nicht nur ein physikalisches, sondern auch ein sehr menschliches Phänomen. Wenn du nicht aufpasst, hast du deine Systeme sehr rasch mit einer Vielzahl von Schattensystemen unterwandert.

Das bedeutet allerdings nicht, dass sinnvolle und erfolgreiche Veränderungen oder Ergänzungen von Systemen nicht in diese einfließen sollten bzw. sogar müssen. Unbedingt sogar. Systeme sollten ständig verbessert werden. Allerdings müssen – und das ist der entscheidende Punkt – solche Veränderungen dokumentiert und zum neuen Systemstandard erhoben werden.

6. Kontrollieren und optimieren

Gerade am Start eines neuen Systems benötigt man besondere Aufmerksamkeit, bis sich die Umsetzung eingespielt bzw. automatisiert hat. Dabei sind Kontrollen in kürzeren Intervallen unbedingt notwendig. Im Laufe der Zeit können die Intervalle dann größer werden.

Damit du das effizient bewerkstelligen kannst, braucht es ein paar Kennzahlen, die die Performance des Systems messen und dir auf einen Blick sagen, ob das System macht, was es soll, und du deine Ziele damit erreichst.

Bei der telefonischen Terminvereinbarung sind das z. B. folgende Kennzahlen:

- Zeit am Telefon
- Anzahl der Anrufversuche (misst die Qualität der Vorbereitung, Konzentration und Fleiß)
- Anzahl der erreichten Zielpersonen (misst das Timing der Anrufe sowie die Qualität der Kommunikation mit etwaigen Mitarbeitern der Zielperson)
- Anzahl der vereinbarten Termine (misst die Qualität der Kommunikation mit der Zielperson)

Gleichzeitig solltest du bei neuen Systemen darauf achten, dass diese genau wie geplant umgesetzt werden. Verbesserungen sind gut und wichtig, allerdings erst dann, wenn ein System zunächst einmal wie geplant umgesetzt wurde und eine Chance hatte, Performance zu zeigen.

Sehr oft finden sich Systeme, die bereits seit Längerem laufen und die sich infolge einer ungenauen Umsetzung vom definierten Standard weit entfernt haben. Gleichzeitig finden sich Systeme, die vor Jahren, als sie eingerichtet wurden, sehr sinnvoll waren, um gewisse Ziele zu erreichen. Falls diese allerdings nicht kontinuierlich den sich ständig ändernden Umweltbedingungen angepasst wurden, sind sie wahrscheinlich inzwischen veraltet und nutzlos. Es ist erstaunlich, wie viele Systeme, die überhaupt nichts mehr bringen, aus Gewohnheit immer noch umgesetzt werden.

Kontrolle als System

Wer kontrolliert die Systeme? Ist das die Aufgabe des Chefs? Deine Aufgabe? Hoffentlich nicht, denn ansonsten wirst du ganz rasch wieder zum Engpass für die Entwicklung deines Unternehmens.

Wenn du den Systemgedanken zu Ende denkst, dann ist es nur logisch, dass auch die Kontrolle der einzelnen Abläufe ein System für sich sein muss: das Kontrollsystem. Im obigen Beispiel der Telefonakquise etwa müsste ein solches Kontrollsystem festhalten ...

- wer die Kennzahlen erfasst und
- was passiert, wenn diese vom Zielbereich abweichen.

Bei heiklen und für dein Unternehmen sehr wichtigen Kontrollsystemen (im Finanzbereich etwa) empfiehlt es sich, immer mehrere Menschen zur Kontrolle einzusetzen, um menschlichen Fehlern oder auch absichtlichen und gezielten Verfälschungen vorzubeugen.

Zusammenfassung der 6 Schritte zu effektiven Systemen

1. Bestandsaufnahme durchführen
2. Ziele und Systeme definieren
3. Systeme einrichten und dokumentieren
4. Mitarbeiter schulen
5. Systeme betreiben
6. Kontrollieren und optimieren

Systeme machen Unternehmen verkaufbar

Einen Vorteil von gut funktionierenden Systemen in Unternehmen habe ich dir noch verschwiegen. Es ist ein ganz wesentlicher Vorteil, wenngleich er nicht für alle Leser relevant sein wird. Systeme machen Unternehmen wertvoller und damit verkaufbar (oder zumindest leichter verkaufbar).

Ein Unternehmen, das aufgrund erprobter und gut ineinandergreifender Systeme funktioniert wie eine gut geölte Maschine, die Umsatz und vor allem Ertrag produziert, ist mehr wert als eines, das zwar ebenfalls Umsatz und Ertrag macht, bei dem aber nicht so genau nachvollziehbar ist, wie. Wenn es dann noch so weit entwickelt ist, dass der Unternehmer selbst operativ gar nicht mehr involviert ist (Phase 5), wird es ganz besonders spannend und wertvoll für potenzielle Käufer und Investoren. Damit kaufen sie ein Investment mit einer absehbaren Rendite, statt sich selbst einen Job zu kaufen.

Möglicherweise hast du dich mit dem Gedanken, dein Unternehmen einmal zu verkaufen, noch gar nicht beschäftigt. Es kann sein, dass du es so lange wie irgend möglich selbst betreiben willst, weil du es gerne machst und ohnehin nichts Besseres mit deiner Zeit anzufangen weißt. Das ist absolut in Ordnung. Dennoch macht es sehr viel Sinn, ein paar Überlegungen auf die Verkaufbarkeit deines Unternehmens zu verwenden. Irgendwann wirst du dein Unternehmen nicht mehr selbst betreiben – weil du keine Freude mehr daran hast oder weil es dir, aus welchen Gründen auch immer, nicht mehr möglich ist. Es wäre doch schade, wenn du dann ganz einfach nur zusperrst und all die Arbeit, die du hineingesteckt hast, der Kundenstamm, die Produkte und Leistungen, schlichtweg alles, was dein Unternehmen ausmacht und was definitiv einen Wert hat, mit einem Schlag vernichtet würde.

Damit genau das nicht passiert und du, wenn du das möchtest, mit einer hohen Wahrscheinlichkeit einen Käufer findest, musst du dein Unternehmen so weit wie möglich entwickeln. Ein Unternehmen in der Phase 4 oder 5, das gute Renditen abwirft, ist zu einem guten Preis verkaufbar. Eines in der Phase 1 überhaupt nicht.

Systeme zu installieren und diese zum Laufen zu bringen, ist ein Meilenstein auf dem Weg dahin und der wahrscheinlich wichtigste einzelne Hebel, um den Wert deines Unternehmens massiv zu steigern. Mehr dazu erfährst du in Phase 5.

Transferaufgabe #6 – Delegiere deine Kerndienstleistung

Deinen ersten Mitarbeiter an Bord zu holen war bereits eine wesentliche Transferaufgabe in Phase 2, um vom Jobbesitzer zum Selbstständigen zu werden. Nachdem du das erfolgreich gemeistert hast, hast du eine Grundlage für diese Transfermaßnahme gelegt.

Doch anders als bei deinem ersten Mitarbeiter, der diverse administrative oder Marketing-Aufgaben übernommen hat, geht es jetzt wirklich ans Eingemachte. Ich spreche von der Delegation der Aufgabe, die wahrscheinlich bisher den größten Teil deiner Zeit beansprucht hat – die Durchführung deiner Kerndienstleistung. Das, was du für deine Kunden machst.

Solange du es nicht schaffst, deine Kerndienstleistung in nennenswertem Umfang abzugeben und Mitarbeiter in deinem Unternehmen aufzubauen, die das zuerst zusätzlich zu dir und in weiterer Folge dann an deiner Stelle machen, ist dein Wachstum stark eingeschränkt.

Deine Kerndienstleistung delegieren

Was ist die Kerndienstleistung? Bei Fotografen ist es das Fotografieren, bei Immobilienmaklern das Besichtigen und Verkaufen von Immobilien, bei Steuerberatern das Beraten der Klienten und bei Webdesignern das

Gestalten von Webseiten. Das heißt, es geht um deine eigentliche Kernkompetenz, um das, womit du dich wahrscheinlich ursprünglich selbstständig gemacht hast. Bei vielen ist es auch das, WOFÜR sie sich selbstständig gemacht haben, weil sie diese Tätigkeit gerne tun und am liebsten nichts anderes tun würden.

Das bedeutet aber, dass du genau hier vor einer wichtigen Entscheidung stehst. Sobald du beginnst, deine Kerndienstleistung zu delegieren, machst du einen entscheidenden Schritt in Richtung Unternehmer. Wenn du diesen Schritt nicht setzt bzw. nicht setzen willst, ist das absolut verständlich und nachvollziehbar. Du bist in guter Gesellschaft. Viele selbstständige Dienstleister können sich nicht vorstellen, ihre Kerndienstleistung an einen Mitarbeiter zu delegieren. Sie machen es viel zu gerne selbst und haben zu wenig Vertrauen, dass jemand anderer das ebenso gut könnte wie sie.

Die diesbezüglichen Einwände und Blockaden haben wir bereits durchgearbeitet, als es um den ersten Mitarbeiter ging. Jetzt sind es im Großen und Ganzen dieselben – sie sind nur noch etwas schwieriger zu überwinden, da es um viel wichtigere Tätigkeiten geht.

Angestellte oder selbstständige Mitarbeiter

Wir haben bereits über die Vor- und Nachteile von angestellten oder selbstständigen Mitarbeitern bzw. externen Dienstleistern gesprochen. An dieser Stelle gehe ich nochmals kurz auf das Thema ein.

Im Zusammenhang mit der Auslagerung deiner Kerndienstleistung stellen sich drei Fragen:

- **Muss ich das Know-how für meine Kerndienstleistung unbedingt in meinem Unternehmen behalten (weil es ganz speziell ist)?**
  Wenn du diese Frage mit Ja beantwortest, dann schließt du damit die Auslagerung deiner Kerndienstleitung an externe Dienstleister

und selbstständige Mitarbeiter aus. Natürlich kann dich auch ein angestellter Mitarbeiter verlassen und dein Know-how mitnehmen, allerdings ist die Gefahr geringer. In der Praxis gibt es bei den Dienstleistern, die ich kenne, aber selten so spezielles Know-how, dass das einen wirklich wichtigen Grund darstellen würde.

- **Ab welcher Auslastung rechnet sich ein angestellter Mitarbeiter?**
  Die Frage, ob angestellt oder extern, ist in vielen Fällen auch eine rechnerische. Im Businesstrainingsgeschäft etwa bezahlt ein Trainingsinstitut für einen selbstständigen Trainer 800 € pro Tag (manche großen, halbstaatlichen Anbieter auch deutlich weniger). Einen guten Trainer kann man wahrscheinlich um 4.000 € brutto pro Monat (6.000 € mit Gehaltsnebenkosten) anstellen. Das heißt, sehr grob gerechnet wäre hier ein angestellter Trainer ab einer Auslastung von mindestens 8 Tagen im Monat für das Unternehmen profitabler.
  Aber rechne das mit deinen eigenen Zahlen durch, um dir dazu eine Meinung zu bilden. Und natürlich ist die Wirtschaftlichkeit (neben der Geheimhaltung) nicht der einzige Faktor. Ganz entscheidend ist – vor allem zu Beginn – auch noch die Antwort auf die nächste Frage.

- **Wie flexibel möchte bzw. muss ich sein, was die Menge der ausgelagerten Dienstleistung betrifft?**
  Wenn du deine Organisation in dieser Art und Weise aufbaust, wird das Wachstum nicht immer linear verlaufen. Es wird Schwankungen unterliegen und bisweilen wird es sogar Einbrüche geben. In solchen Zeiten bist du natürlich mit selbstständigen Mitarbeitern flexibler als mit fest angestellten. Die Kosten für die Angestellten hast du in jedem Fall, die für die selbstständigen Dienstleister nur, wenn du sie in Anspruch nimmst.

> Aus meiner eigenen Erfahrung müssen jedoch auch Selbstständige, die in deinem Auftrag arbeiten, ausgelastet werden, da sie ansonsten – verständlicherweise – ihre Kapazitäten anderweitig vergeben.

Wie du siehst, handelt es sich hierbei nicht um eine Entscheidung, die generalisiert getroffen werden kann. Du musst sie für dein Unternehmen klarerweise selbst treffen. Eine Vorgehensweise, die ich oft in der Praxis antreffe und auch selbst immer wieder so durchgeführt habe, besteht darin, in dem Bereich mit selbstständigen bzw. externen Dienstleistern zu beginnen, um dann später, wenn das Volumen groß genug ist, Mitarbeiter anzustellen.

Dieser Schritt ist kein Muss

Wie gesagt: Du musst diesen Schritt natürlich nicht tun. Wenn du ihn nicht vollziehst, bedeutet das aber auch, dass du dein Unternehmen nicht bis in die Phase 4 entwickeln kannst und irgendwo zwischen Phase 2 und 3 verbleiben wirst.

Aber das ist nichts Schlechtes, ganz und gar nicht. Wenn du beschließt, deine Kerndienstleistung ausschließlich selbst auszuüben, bleibt dir immer noch die Option, möglichst alles andere an Mitarbeiter auszulagern. Auf diese Weise bleibt dir ausreichend Zeit für deine Kerndienstleistung und die übrigen für dein Unternehmen extrem wertvollen Tätigkeiten. Auch mit diesem Modell kannst du natürlich sehr gut verdienen und ein paar Hunderttausend Euro Umsatz machen, vielleicht sogar die Million knacken. Ein Multimillionen-Euro-Unternehmen wirst du so allerdings wahrscheinlich nicht aufbauen können. Ein paar Hunderttausend Euro sind aber immerhin bereits ein Betrag, von dem es sich sehr gut leben lässt. Vieles hängt von der Art deiner Tätigkeit ab. In meinem eigenen Geschäftsmodell als Redner etwa bleibt mir nur genau diese Möglichkeit.

Meine Kerndienstleistung – das Sprechen vor einem Publikum – ist nicht an Mitarbeiter delegierbar. Früher hätte ich vielleicht ebenfalls gedacht, dass sich das klassische Businesstrainings-Geschäftsmodell nicht eignet, um die Kerndienstleistung – das Durchführen von Trainings – auszulagern. Ein Training ist schließlich eine sehr personenbezogene Tätigkeit. Stimmt. Dennoch habe ich genau das gemacht, und es hat sehr gut funktioniert. Ich habe zuerst in Österreich und dann in Deutschland ein Franchisesystem im Bereich Verkaufs- und Führungstraining aufgebaut, bei dem ich als Franchisenehmer sehr wohl auch selbst Trainings durchgeführt habe. Allerdings habe ich den größten Teil der Trainings, die ich verkauft habe, von eigens dafür ausgebildeten Trainern, die wie Mitarbeiter im System tätig waren, durchführen lassen.

Das Ergebnis: Top-Trainings und sehr zufriedene Kunden. Warum hat das so gut funktioniert? Selbstverständlich hatten wir exzellente Trainer, aber das war nur ein Teil des Erfolgs. Wie es sich für ein gutes Franchisesystem gehört, hatten wir beinahe alles – ebenso die Trainingsdienstleistung selbst – als Subsysteme definiert. So konnten auch gut geeignete Quereinsteiger und Anfänger als Trainer in relativ kurzer Zeit zu Trainern mit sehr guter Performance und besten Feedbacks ausgebildet werden.

Meine Lernerfahrung daraus:

- Wenn das Auslagern der Kerntätigkeit bei einer derart personenbezogenen Dienstleistung wie einem Training funktioniert, gibt es wahrscheinlich nur sehr wenige Tätigkeiten, bei denen es nicht funktionieren kann.
- Die Voraussetzung, dass es funktioniert, besteht darin, dass die wichtigsten anderen Systeme in deinem Unternehmen eingerichtet sind und laufen.
- Man muss die Kerndienstleistung selbst in ein System packen und sie so für andere umsetzbar und damit duplizierbar machen.

Zusammengefasst kann man sagen: Selbst, wenn du vorerst (noch) nicht planst, dein Unternehmen zu verkaufen, bedeutet es definitiv einen riesigen Fortschritt für deine Unternehmensentwicklung, wenn du es verkaufbar machst. Dein Unternehmen wird dadurch wachsen, einen höheren Umsatz erzielen und mehr Ertrag abwerfen.

Auch wenn du Tag für Tag weiterhin in deinem Unternehmen tätig bist (was in Phase 3, in der wir uns gerade befinden, ohnehin den Normalfall darstellt), ist es trotzdem ein gutes Gefühl, wenn du weißt, dass dein Unternehmen auf Schiene ist und (fast) wie von selbst läuft (auch für den Fall, dass du einmal krank sein solltest).

Transferaufgabe #7 – Lerne verkaufen

Wenn es dir so geht wie den meisten selbstständigen Dienstleistern, die ich kenne, dann war der Verkauf nie deine Lieblingstätigkeit, sondern eher etwas, das man eben machen muss, wenn der Umsatz aus anderen Quellen nicht ausreichend sprudelt.

Solange Anfragen von Kunden über andere Wege zu dir kommen, du empfohlen wirst, zufällig jemand kennenlernst, der das benötigt, was du machst, oder die Werbung, die du schaltest, tatsächlich Kunden bringt, ist die Wahrscheinlichkeit, dass du massive Verkaufsaktivitäten umsetzt, eher gering. Wenn das bei dir anders ist, gratuliere ich dir. Dann bist du vielen anderen einen riesigen Schritt voraus.

Doch um weiter zu wachsen, wirst du sehr wahrscheinlich nicht ohne professionellen Verkauf auskommen. Über Systeme haben wir uns soeben ausführlich unterhalten. Zu den allerwichtigsten gehören die Systeme in deinem Verkauf und in deinem Marketing. Diese beschaffen dir neue Kunden und versorgen dich mit Aufträgen. Was davon Marketing und was Verkauf ist, darüber könnte man durchaus diskutieren. Pragmatisch betrachtet, definiere ich es so: Verkauf ist überall dort, wo es um die Interaktion zwischen zwei

Personen oder in manchen Fällen einer kleinen Gruppe von Menschen geht. Marketing bereitet den Boden auf und sät, Verkauf erntet.

Oder für die fußballaffinen Leser: Marketing macht den Pass in den Strafraum und der Verkäufer verwandelt diesen zum Tor.

Die Marketingsysteme müssen natürlich eingerichtet und mit Content und Aktivität befüllt werden. Hier ist der Aufwand anfangs manchmal hoch, aber danach – je nach System – teilweise sehr niedrig. Eine E-Mail-Sequenz für jeden neuen Leser deines Newsletters läuft vollkommen ohne menschliches Zutun über Monate oder gar Jahre hinweg.

Im Verkauf ist das anders. Da ist jeder neue Kundenkontakt auch mit Zeitaufwand verbunden und daher schwerer skalierbar.

Selbstverständlich gibt es auch Verkäufe, die ganz ohne menschliches Zutun laufen. Die digitale Welt ist voll davon und es werden immer mehr. Wenn du zumindest für Teile deines Unternehmens solche Geschäftsmodelle einrichten kannst, ist das optimal.

Doch in sehr vielen Dienstleistungsbereichen braucht es immer noch die menschliche Interaktion, um einen Auftrag zu erhalten.

Wie wichtig ist der Verkauf für dich?

Vor allem dann, wenn eines (oder mehrere) der folgenden Kriterien zutrifft, wird häufig eine Verkäuferin oder ein Verkäufer benötigt, um etwaige Unsicherheiten auszuräumen, offene Fragen zu beantworten und die Zusage des Kunden zu erhalten:

- **Wenn es um einen größeren Betrag geht**
  Ein kleiner Onlinekurs um 100 € oder 200 € lässt sich ohne menschlichen Kontakt sehr gut verkaufen. Bei niedrigpreisigen Produkten muss das auch so sein, da sich der Einsatz eines

Verkäufers für sehr kleine Umsätze pro Kunde nicht rechnet. Wenn es allerdings um ein Coaching-Paket geht, das 7.000 € kostet, braucht es im Normalfall ein persönliches Verkaufsgespräch (das allerdings auch am Telefon oder per Skype stattfinden kann).

- **Wenn es sich um eine komplexe, schwer standardisierbare Dienstleistung handelt**
  Wenn ich von einfachen Dienstleistungen spreche, dann können das durchaus solche sein, die schwierig auszuführen sind. Der Begriff „einfach" bezieht sich hierbei auf die Entscheidungsfindung des Kunden. Einfache Dienstleistungen können mit Worten oder mit grafischen Darstellungen so erklärt werden, dass jeder Kunde schnell versteht, was er für sein Geld bekommt.
  Um als Masseur einem Kunden mit Rückenschmerzen zu helfen, braucht es jahrelange Ausbildung sowie viel Know-how und Geschick. Dennoch ist die Kaufentscheidung für den Kunden einfach: Er erhält für 90 € eine 50 Minuten dauernde Massage gegen seine Rückenschmerzen.
  Eine Webseite zu erstellen ist eine deutlich komplexere Dienstleistung. Da gibt es viele Parameter und jede Menge Varianten und Teilleistungen. Hier braucht es sehr wahrscheinlich einen menschlichen Verkäufer, wenngleich sich manche Unternehmen mit standardisierten Webseiten als Angebot versuchen.

- **Wenn der Kunde den Anbieter nicht kennt**
  Bei jemandem etwas zu kaufen ist auch eine Frage des Vertrauens. Speziell bei Dienstleistungen ist Vertrauen noch sehr viel wichtiger, da das Ergebnis oft nicht im Voraus sichtbar oder ausprobierbar ist. Ein physisches Produkt hingegen kann der Kunde angreifen, ansehen oder ausprobieren. Daher braucht es Vertrauen, dass der Verkäufer seine Leistung gemäß seiner Zusage erbringen wird.

Dieses Vertrauen lässt sich leichter in einem persönlichen Gespräch aufbauen.

- **Wenn längerfristig zusammengearbeitet werden soll**
Die geplante Dauer der Zusammenarbeit kann ebenfalls eine Rolle spielen. Wenn es sich um eine einmalige Leistung handelt, fällt dem Kunden die Entscheidung vielleicht leichter, als wenn es um eine dauerhafte Zusammenarbeit geht. Die Übersetzung eines meiner Bücher beauftrage ich im Normalfall online. Ein paar Referenzen, eine gute Bewertung und ein kurzer Chat, wenn überhaupt, reichen mir dafür aus. Für den Betreuer meiner IT habe ich mich erst nach einem persönlichen Kennenlernen entschieden.

Das bedeutet: Je mehr dieser genannten Kriterien auf deine Dienstleistungen bzw. auf dein Business zutreffen ...

- desto eher wirst du einen Verkauf im Sinne einer menschlichen Interaktion benötigen.
- desto mehr Einfluss hat die Qualität des Verkaufs auf deinen Umsatz und deinen Ertrag.
- desto entscheidender ist der Verkauf für das Wachstum deines Unternehmens.

Fokus auf Verkauf

Wenn bei der Analyse dieser Kriterien als Ergebnis herauskommt, dass der Verkauf für dein Unternehmen sehr wichtig ist, solltest du – wenn du es nicht schon bisher warst – zum Spezialisten im Verkauf werden.

Ich weiß, das klingt jetzt etwas unlogisch. In einem früheren Abschnitt dieses Buches habe ich davon gesprochen, dass du dich vom Spezialisten zum Generalisten entwickeln musst, um dein Unternehmen auf den

Wachstumskurs zu bringen. Das stimmt immer noch. Der Verkauf ist da keine Ausnahme. Doch zu dieser Regel gibt es ein paar wichtige Ergänzungen.

Bevor du etwas delegierst, lerne es selbst

Diese Ergänzung gilt nicht nur für den Verkauf. Lass uns einmal annehmen, dass du Social-Media-Marketing machen möchtest, weil du von mehreren Branchenkollegen gehört hast, dass sie damit sehr gute Ergebnisse erzielt haben. Um entscheiden zu können, ob das der richtige Kanal für dich ist, und wenn ja, welche Plattform die passende ist, musst du dir zuerst einmal ausreichend Know-how über Social Media aneignen. Wenn du dann beschlossen hast, dass Facebook die Plattform deiner Wahl ist, und du dort bezahlte Werbung schalten möchtest, musst du selbst zumindest wissen, welche Möglichkeiten es gibt, worin die Vor- und Nachteile bestehen und was entscheidend dafür ist, erfolgreich zu sein. Erst dann, behaupte ich, kannst du z. B. die Facebook-Anzeigenschaltung an einen Mitarbeiter überantworten oder an eine externe Agentur auslagern.

Und wenn das für Social-Media-Marketing gilt, dann gilt es für den Verkauf noch viel mehr. Eine gute Verkaufsleistung zu erbringen ist für Dienstleister vieler Branchen zumindest noch viel wichtiger als Social-Media-Marketing. Das bedeutet jedoch nicht, dass du nun auf ewige Zeiten selbst den Verkauf übernehmen sollst bzw. musst. Du kannst diesen delegieren und musst das auch tun – aber erst in der nächsten Phase.

Im Moment ist es wichtiger, dass du selbst zum Verkaufsspezialisten wirst und die Systeme in diesem Bereich einrichtest und verbesserst. Das kannst du am besten dann machen, wenn du eine Menge Eigenerfahrung sammelst.

Verkaufen ist eine grundlegende Fähigkeit

Das führt uns gleich zur zweiten Ergänzung. Verkaufen gehört zu den grundlegenden Fähigkeiten eines Unternehmers. Zuerst verkaufst du dich und deine Leistung, dann (später in deiner Unternehmensentwicklung) deine Produkte bzw. die Leistung deiner Mitarbeiter, um schließlich in Phase 5 ggf. dein Unternehmen zu verkaufen.

Verkaufen wird dich dein gesamtes Unternehmerleben lang begleiten. Ich würde sogar behaupten: dein ganzes Leben lang. Daher ist es entscheidend, dass du es lernst und zum echten Profi darin wirst. Wenn du das nicht schon gemacht hast, ist es jetzt wirklich an der Zeit.

Mehr Zeit für den Verkauf

Zumindest einen Teil der Zeit, die du durch das Delegieren deiner Kerndienstleistung eingespart hast, solltest du nun in den Verkauf stecken. Es geht jetzt nicht mehr nur darum, ausreichend Aufträge zu bekommen, um deine grundlegenden Kosten abzudecken und davon leben zu können.

Vielmehr hast du inzwischen den Entschluss gefasst, zu wachsen und deine Selbstständigkeit zu einem richtigen Unternehmen zu entwickeln. Dafür braucht es Umsatz als Treibstoff – und zwar deutlich mehr Umsatz, als du bisher erzielt hast. Schließlich gilt es jetzt auch, die Mitarbeiter, an die du deine Kerntätigkeit delegiert hast, mit Projekten zu versorgen. Und natürlich musst du deren Gehälter bezahlen.

Dieses Umsatzwachstum wirst du nur dann erzielen, wenn du die Sache mit dem Verkaufen wirklich ernst nimmst und zu einer deiner allerwichtigsten Prioritäten machst. Und dafür benötigst du jetzt gute Systeme und Prozesse sowie einiges von deiner Zeit. In der nächsten Phase wird sich das ändern, aber im Moment heißt es Gas geben, was den Verkauf angeht.

Lerne, den Verkauf zu lieben – du wirst sehen, dass Verkaufen sogar richtig Spaß machen kann. Und sollte dir das nicht gelingen, dann muss eben eiserne Disziplin herhalten: Augen zu und durch!

Ziel erreicht – Die Vollendung der Phase 3

Damit sind wir am Ende dieses Abschnittes des Buches, aber auch der Entwicklung deines Unternehmens angelangt. Um nicht den Überblick zu verlieren, lass uns die Phase 3 nochmals kurz zusammengefasst betrachten. Was waren die wesentlichen Schritte bzw. Transferaufgaben in dieser Phase?

Transferaufgaben – vom Selbstständigen zum Baumeister

Transferaufgabe #1 – Beginne mit dem Ende

Transferaufgabe #2 –
Gib deinem Unternehmen eine eigene Rechtspersönlichkeit

Transferaufgabe #3 – Werde zum Angestellten

Transferaufgabe #4 – Investiere in dein Unternehmen

Transferaufgabe #5 – Richte Systeme ein

Transferaufgabe #6 – Delegiere deine Kerndienstleistung

Transferaufgabe #7 – Lerne verkaufen

Wenn du sämtliche Transferaufgaben in deinem Unternehmen umgesetzt hast, dann bist du einen Riesenschritt vorangekommen. Ich gratuliere dir! Nicht alle schaffen es, das Buch bis hierher zu lesen, und nur wenige, die beschriebenen Schritte auch tatsächlich in ihrer Praxis umzusetzen.

Du solltest jetzt – nach Umsetzung aller Transferaufgaben der Phase 3 – ein waschechter Baumeister deines Unternehmens und damit bereit sein, dich in Phase 4 zum Manager zu entwickeln. Woran kannst du festmachen, ob du deine Ziele erreicht hast?

Du bis am Ziel der Phase 3 angelangt, wenn …

- alle wichtigen Systeme eingerichtet und dokumentiert sind und erfolgreich laufen.
- du Mitarbeiter an Bord hast, die nicht nur administrative Tätigkeiten übernehmen, sondern die auch deine Kerndienstleistung an deiner Stelle professionell und erfolgreich umsetzen. Du selbst solltest mit dem Verrichten der Kerndienstleistung nur noch wenig bzw. idealerweise gar keine Zeit mehr verbringen. Wenn es wirklich nötig oder sehr sinnvoll sein sollte, könntest du dich bei besonders wichtigen Kunden oder Projekten noch mit einbringen und kleine Teile der Umsetzungsarbeit übernehmen.
- du dich in den Verkauf gestürzt hast und dabei zum Profi geworden bist, der besser als jeder andere weiß, wie Verkauf in deinem Unternehmen am besten funktioniert.
- du selbst etwa max. 50 % deiner Zeit mit operativen Tätigkeiten verbringst, die nicht deine Führungsaufgabe betreffen (auch in dieser gibt es jede Menge operativer Teile).
- du es immer noch schaffst, 2 Tage pro Woche AN deinem Unternehmen zu arbeiten.

Das sind ein paar Indikatoren, an denen du zumindest grob festmachen kannst, wie weit du dich und dein Unternehmen mittlerweile entwickelt hast.

An dieser Stelle gibt es – wie am Ende jeder Phase in diesem Buch – zwei Möglichkeiten: Du bist zufrieden mit dem Erreichten und betreibst dein Unternehmen auf diesem Level, solange es dir Spaß macht bzw. solange du es kannst. Wenn das der Fall ist, dann wünsche ich dir viel Erfolg dabei.

Oder aber du willst dich selbst und damit dein Unternehmen so weit entwickeln, wie es für dich möglich ist.

Es kann aber auch sein, dass du dir noch gar nicht sicher bist, wie weit du gehen willst. Das wäre absolut nachvollziehbar und natürlich ebenso in Ordnung. In diesem Fall lade ich dich ein, weiterzulesen und in die Phase 4 hineinzuschnuppern. Vielleicht findest du ja Gefallen daran.

Also, bis gleich in Phase 4.

PHASE / ENTWICKLUNGSSTUFE 4
MANAGER

Loslassen, loslassen, loslassen

Am schwersten war es ihm gefallen, seine Kerntätigkeit abzugeben, das, worin er wirklich gut ist und womit er in die Selbstständigkeit gestartet war. Schon der Gedanke daran hatte ihm beinahe körperliche Schmerzen verursachte. Nicht, weil er es sich nicht vorstellen konnte, es nicht mehr zu machen. Das war es nicht gewesen.

Nach all den Jahren verrichtete er es mit viel Routine und sehr professionell, doch er würde es dennoch nicht vermissen. Er brennt nicht mehr dafür, sondern hat vielmehr inzwischen Feuer gefangen, wenn es um die Entwicklung seines Unternehmens geht.

Was ihm zu schaffen gemacht hatte, war der Gedanke gewesen, dass es jemand anderer nicht gut genug, geschweige denn so gut wie er selbst, machen könnte. Und hohe Qualität für den Kunden abzuliefern war stets extrem wichtig für ihn.

Das war einer der Grundpfeiler seines Geschäftes.

Doch er wusste, wenn er diesen Schritt nicht schaffte, dann konnte er sein Unternehmen nicht wirklich weiterentwickeln. Er würde sich selbst im Weg stehen und feststecken.

Seine erste Mitarbeiterin, der er zutraute, die Dienstleistung an seiner Stelle durchzuführen, war Mia gewesen. Sie war eine Mitbewerberin gewesen, und er hatte sie im Zuge eines größeren Projektes, das er an Land gezogen hatte, als Subunternehmerin engagiert. Dort hatte sie exzellente Arbeit geleistet und sie hatten sich sehr gut verstanden.

Letztlich hatte Mia ihre eigene Selbstständigkeit aufgegeben, um bei Karl an Bord zu kommen und dasselbe zu machen, was sie als Selbstständige bereits getan hatte. Sie hatte die Unsicherheit sowie das Auf und Ab des Einkommens und der Emotionen satt gehabt und wollte wieder mehr Stabilität in ihr Berufsleben bringen.

Karl erkannte sein früheres Selbst in ihr wieder. Er konnte ihre Beweggründe gut nachvollziehen. Genauso hatte er selbst gedacht. Es hatte einige Momente gegeben, wo auch er knapp davor gewesen war, das Handtuch zu werfen und sich wieder einen Job als Angestellter zu suchen.

Obwohl er bei den ersten Projekten, die Mia allein durchführte, Angst gehabt hatte, dass es nicht gut gehen könnte – eine unbegründete Angst, wie er sich selbst eingestehen musste –, war alles bestens gelaufen. Von Beginn an.

Mia machte nicht nur ihren Job exzellent, sie kam darüber hinaus bei den Kunden hervorragend an.

Nach ein paar erfolgreichen Einsätzen von Mia hatte er sich entspannt. Die Kerntätigkeit komplett abzugeben wurde zur Routine. Karl weiß nun, dass es verhältnismäßig einfach sein würde, einen weiteren Mitarbeiter einzustellen und an diesen noch mehr von seiner Kerntätigkeit zu delegieren. Wie er in den letzten Jahren seiner Entwicklung schon des Öfteren festgestellt hatte, war es manchmal sehr schwierig, eine Hürde zum ersten Mal zu nehmen, aber sehr viel leichter, sie wieder zu nehmen ... und wieder ... und wieder. Mit jeder Wiederholung wurde es einfacher. Karl wird erst jetzt so richtig bewusst, wie viel zusätzliche Zeit er damit gewonnen hat. Zeit, die er dafür verwenden kann ... Ja, wofür eigentlich? Das ist der Hauptgedanke, der ihn zurzeit umtreibt. Was ist das Ziel? Wo soll seine Reise hingehen?

Von Phase 3 in Phase 4 – vom Baumeister zum Manager

Jeder Wechsel von einer Phase in die nächste ist für die meisten Unternehmer und Unternehmen ein riesiger Schritt. Auch bei mir war und ist es immer noch so. Und dem Gefühl nach werden die Schritte, je weiter du dein Unternehmen entwickelst, immer größer – zumindest was die mentalen Hürden betrifft, die du dabei zu überwinden hast. Das bedeutet, es könnte sehr gut sein, dass du den Übergang von Phase 3 in Phase 4 als den bisher schwierigsten empfindest.

Die Ziele für Phase 4

In Phase 4 sind die Zeichen endgültig auf Wachstum gestellt. Am Ende der Phase 4 werden nicht nur deine Leistungen und Produkte skalierbar sein (das war in früheren Phasen bereits ein Schwerpunkt). Letztlich wirst du nach Vollendung der Phase 4 dein gesamtes Unternehmen skalierbar gemacht haben.

Am Ende der Phase 4 wirst du entbehrlich sein, und das ist für dein Unternehmen und auch für dich selbst eine sehr gute Sache – was allerdings nicht bedeutet, dass es sich von Beginn an immer so gut anfühlen wird. Gebraucht zu werden ist das, was den meisten von uns eher ein gutes Gefühl gibt.

Wachstum

Ich bin ja ganz allgemein ein Freund von Erträgen, Deckungsbeiträgen und Gewinnen. Umsätze sind wichtig, aber letzten Endes nur ein Mittel zum Zweck. Dennoch gibt es Phasen in der Unternehmensentwicklung, in denen dem Umsatzwachstum eine etwas größere Bedeutung zukommt. In Phase 4 geht es – mehr noch als in Phase 3 – aber auch sehr stark darum, Volumen und Masse aufzubauen. Du wirst dieses Volumen brauchen.

Im Grunde ist es wie bei Profi-Bodybuildern. Wie bauen diese ihren Körper zum finalen Kunstwerk auf? Das funktioniert in zwei Schritten. Zuerst wird vor allem Masse aufgebaut. Schwerer und größer werden ist das wesentliche Ziel. Natürlich sammelt sich da auch viel Fett an, doch das macht im Moment noch nichts. Im zweiten Schritt wird die aufgebaute Masse dann in Form gebracht und modelliert. Es wird abgespeckt, das Fett wird reduziert, damit die Muskeln hervortreten und sichtbar werden.

In deinem Unternehmen kann das ganz genauso ablaufen. Zuerst Masse aufbauen, dann Überflüssiges weglassen.

Haupttätigkeit Führungskraft

In Phase 3 hast du noch einige operative Funktionen – verkaufen, teilweise das Erbringen deiner Kerndienstleistung oder auch die Produkterstellung – ganz oder teilweise selbst ausgefüllt. Sobald du allerdings Phase 4 vollendet hast, wirst du dich (fast) ausschließlich auf deine Funktion als Manager deines Unternehmens, als Geschäftsführer konzentrieren. Das „fast" deshalb, weil es natürlich auch hier – wie überall im Leben – geplante wie ungeplante Ausnahmen geben kann.

Bereichsleiter sind eingesetzt

Um das Ziel „Geschäftsführer sein" zu erreichen, musst du zuvor das Ziel #3 erreicht haben und für alle wesentlichen Bereiche nicht nur Mitarbeiter, sondern verantwortliche Bereichsleiter eingesetzt haben. Der Unterschied liegt nicht nur darin, dass ein Bereichsleiter, wie der Name schon sagt, eine Führungsfunktion hat.

Mir erscheint ein weiterer Punkt dabei entscheidend, auf den ich bei den Transferaufgaben noch eingehen werde. Nur wenn dieser erfüllt ist, kannst du tatsächlich dein Ziel erreichen, Geschäftsführer deines Unternehmens zu sein.

Transferaufgaben – vom Baumeister zum Manager

Wie du vielleicht bemerken wirst, nimmt die Anzahl der Transferaufgaben in den fortgeschrittenen Stufen deiner Unternehmensentwicklung ab. Jene aber, die umzusetzen sind, um voranzukommen, könnten dir – abgängig von deinem Naturell und deiner Ausrichtung – schwieriger vorkommen.

Transferaufgabe #1 – Delegiere deine Verkaufsaktivitäten

In der vorhergehenden Phase hast du hart daran gearbeitet, zum Verkaufsprofi zu werden und deinen Verkauf wirklich voranzutreiben. Jetzt geht es darum, genau das Gegenteil zu tun, nämlich alle Verkaufsaktivitäten wieder loszuwerden und an kompetente Mitarbeiter zu delegieren.

Nach dem Delegieren der Kerndienstleistung ist das Delegieren des Verkaufs der nächste große Schritt für dich und dein Unternehmen. Das ist aus den folgenden drei Gründen so:

- Erstens ist ein gut funktionierender Verkauf die Lebensader deines Unternehmens und der Motor deines Wachstums.
- Zweitens ist der Verkauf eine der zeitaufwendigsten Tätigkeiten, die du im Moment noch ausübst. Dir zeitliche Freiräume zu schaffen ist nach wie vor sehr wichtig.

- Und drittens wärst du auch im Verkauf ganz rasch der Engpass für das Wachstum deines Unternehmens. In den meisten Fällen würde deine Verkaufspower allein nicht ausreichen, um den steigenden Bedarf nach Umsatz zu stillen.

Delegation des Verkaufs – der Blick in die Praxis

In der Praxis läuft das Ganze erfahrungsgemäß nicht so sauber getrennt ab, wie ich es hier beschreibe. Aus meiner eigenen Erfahrung ist es oft so, dass du damit beginnst, Teile deiner Kerndienstleistung zu delegieren. Auf diese Weise verschaffst du dir zusätzliche Zeit, die du dafür verwenden kannst, um an deinem Unternehmen zu arbeiten. Aber auch für den Verkauf und für den Kundenkontakt wird ein Teil dieser Zeit meistens verwendet. Durch die Arbeit an deinem Unternehmen sowie durch verstärkte Verkaufstätigkeit steigt die Anzahl der Kunden und Aufträge und deine Zeit wird erneut knapp.

Also werden mehr Mitarbeiter an Bord geholt, damit du noch mehr von deiner Kerndienstleistung delegieren kannst. Das kann eine Zeit lang so funktionieren. Irgendwann wirst du jedoch an einen Punkt gelangen, an dem deine eigene Verkaufstätigkeit nicht mehr genügt, um ausreichend neue Kunden und Aufträge an Land zu ziehen.

Spätestens an diesem Punkt wirst und musst du damit beginnen, auch deine Verkaufsaktivitäten zu delegieren. Noch besser ist es natürlich, wenn du damit erst gar nicht so lange wartest, bis es nicht mehr anders geht, sondern bereits frühzeitig beginnst. So kannst du ohne Druck deine Systeme testen und erste Mitarbeiter im Verkauf einschulen.

Transferaufgabe #2 – Sorge für kräftiges Umsatzwachstum

Die nächste Transferaufgabe ergibt sich aus der vorherigen und ist eng mit ihr verknüpft. Durch das Delegieren des Verkaufs schaffst du die Basis für weiteres Umsatzwachstum. Dennoch möchte ich den Aspekt „Umsatz steigern" als separate Transferaufgabe behandeln, da hier deutlich mehr dahintersteckt, als nur den Verkauf zu delegieren und die Verkaufsressourcen auszubauen. Dein Unternehmen muss wachsen, und zwar massiv. Um 50.000 € Umsatz im Jahr zu erwirtschaften, bräuchtest du dir die Entwicklung, die ich in diesem Buch beschreibe, gar nicht antun. Das kannst du auch als Jobbesitzer relativ leicht schaffen.

Was meine ich mit „massiv wachsen"? Das kommt natürlich darauf an, was genau du machst. In manchen Branchen gehörst du mit 500.000 € Umsatz bereits zu den Großen, in anderen sprechen wir von ein paar Millionen. Für viele Dienstleister ist die Umsatzmillion nach der 100.000-Euro-Hürde der nächste wirklich große Schritt. Das soll dich aber definitiv nicht davon abhalten, mittelfristig Umsätze im zweistelligen Millionenbereich anzustreben und zu erreichen. Entscheide selbst, was massives Wachstum für dich bedeutet und wie groß du werden willst.

Umsatzzahlen machen keine Bilder im Kopf

Lass uns für unsere weiteren Überlegungen die Million als Zielgröße hernehmen. Nicht zuletzt deshalb, um für viele Leser den Abstand zur Realität nicht allzu groß zu machen. Wenn jemand die 100.000-Euro-Umsatzgrenze noch nicht erreicht hat, ist die Million definitiv groß genug, um darüber nachzudenken.

1.000.000 € (oder in Worten: eine Million Euro) – erzeugt das irgendwelche Bilder in deinem Kopf? In meinem nicht. Das ist allerdings bei vielen Zahlen so, solange ich sie für mich noch nicht in andere Maßeinheiten übersetzt habe. Und plastische, anschauliche sowie greifbare Bilder dafür zu haben, ist hierbei wichtig.

Man könnte die Million natürlich in Geldscheine umrechnen. Das wären z. B. 10.000 Hundert-Euro-Scheine. Aufeinandergelegt wäre dieser Geldstapel 1 Meter hoch und hätte 10,2 kg bzw. ein Volumen von 12,5 Litern. Der klassische Koffer voller Geld also. Das finde ich zwar interessant – und dieses Bild macht die Million bereits greifbarer –, bringt uns aber dennoch nicht weiter, wenn es um das Erreichen der Million geht.

Wie viel bedeutet 1 Million für dein Business?

Eine wesentlich hilfreichere und zielführendere Darstellung der Million ist es, diese in Leistungseinheiten und Produkte zu übersetzen.

Ich habe das hier beispielhaft für ein paar Dienstleister durchgerechnet. Die folgende Übersicht zeigt dir, wie viele Produkte du pro Jahr verkaufen musst, um die Umsatzmillion zu erreichen.

Gleichzeitig kannst du daraus eine gewisse Handlungsanleitung ableiten. Unter 400 Trainingstagen zu einem Tagessatz von 2.500 € kann ich mir schon einmal deutlich mehr vorstellen als unter der Million. Das sind grob 2 Trainingstage oder 5.000 € Umsatz pro Werktag.

Von hier ausgehend können wir uns den Verkaufstrichter bzw. Sales/ Marketing Funnel nach oben arbeiten. Wir beginnen beim Endergebnis und rechnen aus, wie viel wir zu Beginn in diesen Trichter hineinschütten müssen, um 400 Trainingstage pro Jahr zu verkaufen und abzuwickeln.

Für diese Beispielrechnung habe ich die traditionelle Kaltakquise mit telefonischer Terminvereinbarung, Gesprächsterminen mit dem Verkauf und daraus resultierenden Angeboten und Aufträgen zugrunde gelegt. Diese

Beispielrechnung
1 Million Umsatz

Branche / Leistungseinheit			Menge
Trainer:	Trainingstag	á 2500 €	400 Trainingstage
Coach:	Coachingstunde	á 100 €	10.000 Stunden
Webdesigner:	Website	á 4.000 €	250 Websiten
Herrenfriseur:	Haarschnitt	á 30 €	33.333 Haarschnitte
Masseur:	Massage	á 80 €	12.500 Massagen
Fotograf:	Portraitsession	á 700 €	1.429 Portraitsession
Steuerberater:	Klient	á 5.000€/Jahr	200 Klienten
Grafiker:	Projekt	á 500 €	2.000 Projekte
Auto / Eigenverlag:	Buch	á 5 € Tantiemen	200.000 Bücher

Kennzahlen sind im Bereich Businesstraining durchaus praxisnah. Bei dir werden sie aber vielleicht ganz anders aussehen. Führe daher diese Rechnung mit deinen eigenen Kennzahlen und Werten durch.

Aus diesem Ergebnis kannst du dann die Anzahl der benötigten Verkäufer berechnen, die es braucht, um die Menge an Telefonkontakten und Gesprächsterminen überhaupt bewältigen zu können. Anhand der angeführten Beispielrechnung zeigt sich z. B. auch, dass diese Organisation damit überfordert wäre, die Umsatzmillion mit einer solchen Verkaufsstrategie zu stemmen.

Beispielrechnung
1 Million Umsatz

Aktivität	Menge	Conversionrate Erfolgsrate
telefonische Kontaktversuche	60.000	20 %
telefonische Kontakte mit Entscheidern	12.000	10 %
Gesprächstermine	1.200	50 %
Angebote	600	33 %
Aufträge á 5.000 € (= 2 Tage á 2.500)	200	1.000.000 €

Der Aufwand ist zu hoch. Ansatzpunkt in diesem speziellen Fall wäre es, die Umsätze pro Auftrag deutlich zu erhöhen und größere Produkte bzw. Projekte anzubieten und zu verkaufen. Wäre der Durchschnittsumsatz pro Auftrag 10.000 € statt 5.000 €, bräuchte man nur mehr halb so viele – also 300 statt 600 – Angebote schreiben, um dasselbe Ergebnis zu erzielen. Doch das ist nur der erste Schritt. Der Umsatz von 1 Million Euro muss sich in deinem gesamten Unternehmen abbilden. Ein Wachstum von 100.000 € auf 1.000.000 € verändert ein Unternehmen massiv. Oder anders gesagt: Du wirst dieses Wachstum nicht erzielen, wenn du dein Unternehmen nicht massiv änderst. Genau darum geht es in diesem Buch.

Wenn wir bei unserem Beispiel eines Trainingsinstitutes bleiben, knüpft sich daran die Frage:

Wie viele Trainer brauchst du, um 400 Trainingstage in einem Jahr durchzuführen? Aus meiner eigenen Erfahrung weiß ich, dass ein erfahrener Trainer 100–150 Trainingstage pro Jahr durchführen kann, ohne dass die Qualität leidet oder er ins Burnout schlittert. Ich weiß, manche machen vielleicht mehr, aber das würde ich definitiv nicht als Kalkulationsbasis heranziehen.

Geh also davon aus, dass du 3, besser noch 4 Trainer oder Trainerinnen für deine Umsatzmillion benötigst. Dich selbst planst du hierfür nicht mehr ein, denn du hast in diesem Szenario alle Hände voll zu tun, um für dieses Wachstum zu sorgen und dein Unternehmen währenddessen im Griff zu behalten. Im besten Fall kannst du den einen oder anderen strategisch wichtigen Trainingstag selbst durchführen, was für die Kalkulation der Trainerkapazitäten aber irrelevant ist.

Dieselbe Überlegung musst du auch für alle anderen Teilsysteme anstellen. Was bedeutet das für deine Buchhaltung und die Rechnungslegung? Jeden Tag müssen 2 Trainingstage verrechnet werden. Das ist einfach. Deutlich zeitaufwendiger ist es, die Spesenabrechnungen von den Trainern einzusammeln, um diese an die Kunden weiterverrechnen zu können.

Gleichzeitig müssen die Trainer bezahlt werden. Wenn in Folge 5.000 € pro Tag durch dein Unternehmen fließen, braucht es sicherlich auch ein System für die Liquiditätsplanung, was bei 50.000 € pro Jahr noch keine Priorität hatte. Solche Überlegungen könnten den ein oder anderen Leser rasch einmal überfordern (bei mir haben sie diesen Effekt immer wieder).

Doch keine Angst: Ein Wachstum von 100.000 € auf 1.000.000 € passiert in der Regel nicht von heute auf morgen. Dir steht also ausreichend Zeit zur Verfügung, um deine Systeme und damit dein Unternehmen an die neue Dimension anzupassen.

Sämtliche Auswirkungen und Änderungen auf alle Bereiche und Systeme in deinem Unternehmen im Detail zu diskutieren, würde den Rahmen dieses

Buches sprengen. Das sind Themen für mehrere Bücher und die jeweiligen Experten für die einzelnen Bereiche.

Einem System möchte ich mich in diesem Zusammenhang allerdings doch genauer widmen, und zwar deinem Vertriebs- bzw. Marketingsystem. Das hat zwei Gründe: Erstens kenne ich mich darin wirklich gut aus, denn das ist meine Kernkompetenz. Zweitens – und das ist der entscheidende Faktor – ist es jenes System, das dein Wachstum überhaupt erst ermöglicht.

Die Million muss schließlich erst einmal verkauft werden. Wie du sie mit deinem Unternehmen dann umsetzt, ist nachgelagert und – man könnte sagen – ein Luxusproblem.

Das Hauptproblem vieler Selbstständiger

„Was ist Ihre aktuell größte Herausforderung?" Das ist die Frage, die ich jedem neuen Newsletter-Abonnenten stelle. Die Antworten darauf werte ich regelmäßig aus, und das Ergebnis ist immer wieder dasselbe. Natürlich gibt es unterschiedliche Antworten: Zu wenig Zeit, Mitarbeiter finden oder auch die Digitalisierung finden sich da als Herausforderungen.

Doch die bei Weitem am häufigsten genannte Herausforderung für Selbstständige ist es, Kunden zu gewinnen und Aufträge zu erhalten. Daher möchte ich an dieser Stelle ein paar grundlegende Überlegungen zum Thema Umsatzwachstum anstellen.

Wachstum braucht Hebel

Um deutlich wachsen zu können, benötigst du Hebel. Mehr und bessere Verkaufsgespräche zu führen wird im Normalfall nicht ausreichend sein, allein schon deshalb, weil dein Tag immer noch nur 24 Stunden hat und du inzwischen ein paar wichtige Aufgaben hast, die zu Beginn dieses Buches vielleicht noch nicht auf deiner Agenda standen. Diese Wachstumshebel sind alte Bekannte. Wir haben sie in diesem bzw. in früheren Kapiteln bereits ausführlich durchgearbeitet.

Wachstumshebel – Die Zeit anderer

Deine eigenen zeitlichen Kapazitäten sind an dieser Stelle wahrscheinlich schon mehr als ausgeschöpft. Ohne Mitarbeiter kein Wachstum in dieser Dimension (von einigen speziellen, rein digitalen Geschäftsmodellen vielleicht abgesehen).

Um beim obigen Beispiel der Trainingsfirma zu bleiben: Wenn du einem Trainer z. B. 1.000 € bezahlst und deinem Kunden 2.500 € verrechnest, verdient der Trainer Geld für dich, nämlich 1.500 €. Dabei darf man allerdings nicht übersehen, dass von diesen 1.500 € die Vertriebsleistung, die Konzeptentwicklung, die Unterlagen etc. bezahlt werden müssen. Dennoch: Produktiv eingesetzt, verdienst du Geld an der Leistung deiner Mitarbeiter. Daher ist die Zeit der anderen ein wichtiger Hebel für dein Wachstum.

Wachstumshebel – Geld bzw. das Geld anderer

Genauso verhält es sich mit dem Geld – mit deinem oder dem anderer (Banken, Investoren etc.). Viele sehen es als Hindernis, wenn sie Geld für den Ausbau ihres Unternehmens brauchen. Man könnte das aber auch ganz anders betrachten.

Nachdem Geld ein starker Wachstumshebel für ein Unternehmen sein kann, sind Geschäftsmodelle vorteilhaft, die die Möglichkeit bieten, Geld für das Wachstum zu nutzen. Ganz klassisch ist es z. B. bei Immobilieninvestitionen so. Gewusst wie, lassen sich dort durch den Kauf und Verkauf von Häusern, Wohnungen oder gewerblichen Objekten (ggf. mit Adaptionen) sehr stolze Renditen erzielen.

Dieses Geschäft ist ein kapitalintensives. Doch wenn mit einem Objekt in 1–2 Jahren 50 % Gewinn erzielbar sind und die Geldgeber (in dem Fall Investoren als Eigenkapitalgeber) die Hälfte davon erhalten (was immer noch eine sehr schöne Rendite ist), dann verdient derjenige, der das Projekt betreibt, mit dem Geld anderer 25 %.

Unter diesem Gesichtspunkt ist es eine tolle Möglichkeit, Geld als Hebel einzusetzen. Nicht in jeder Branche und mit jedem Geschäftsmodell geht das so einfach. Für einen Immobilieninvestor ist es nicht schwierig, Kapital von Geldgebern in Höhe von 1 Million Euro sinnvoll zu investieren. Für einen Grafiker, einen Fotografen oder einen Rechtsanwalt hingegen bedeutet dies schon eine größere Herausforderung.

Was sollte die Betreiberin eines Nagelstudios mit der Million machen? Oder ein Berater, Trainer oder Coach? Wohlgemerkt: Es sollte etwas sein, das gute Renditen bringt.

Du siehst also, ein kapitalintensives Geschäftsmodell kann durchaus als Vorteil gesehen werden, weil es die Möglichkeit bietet, Geld, im Besonderen auch das Geld anderer, für das Wachstum des Unternehmens zu nutzen. Darüber hinaus stellt es für viele eine Hürde dar, an finanzielle Mittel zu kommen. Meisterst du jedoch diese Hürde und baust damit einen Burggraben auf, der auf der einen Seite deine Konkurrenz abhält und dir auf der anderen Seite eine gute Rendite beschert, hast du einen enormen Vorteil.

Wenn du also in einem Bereich tätig bist, in dem es nicht ganz so einfach und klar ist, Geld sinnvoll in dein Unternehmen zu investieren, dann solltest du trotzdem zumindest darüber nachdenken, wo in deinem Unternehmen du Geld investieren könntest, das dir gute Renditen bringt. Die Rendite könnte dabei eine sehr direkte sein (wie im Fall des Immobilieninvestors) oder eine indirekte. Wenn du etwa – so wie ich selbst zurzeit – Geld und Zeit in neue Produkte investierst, dann kann dir das zu einer Rendite verhelfen, die so manches Immobilieninvestment schlecht dastehen lässt.

Wenn ich z. B. die Renditen dafür berechne, meine Bücher in fremdsprachigen Ausgaben herauszubringen und online zu verkaufen, dann komme ich damit relativ leicht auf ein paar Hundert Prozent Rendite. Natürlich geht es bei jedem einzelnen Buch um keine riesigen Beträge. Allerdings habe ich inzwischen eine Reihe von Büchern, sodass dieses Investment insgesamt gesehen durchaus attraktiv ist.

Wachstumshebel – Skalierbare Produkte und Leistungen

Spätestens jetzt, wenn es darum geht, deutlich zu wachsen, gewinnt das Thema skalierbare Produkte grundlegende Bedeutung. Diese können ein exzellenter Wachstumshebel für dein Unternehmen sein. Mit der Bedeutung von Skalierung haben wir uns weiter vorne im Buch bereits eingehend beschäftigt.

Für dein Umsatzwachstum in Phase 4 kannst du ...

- entweder deine Dienstleistung als Produkt skalieren
- und/oder echte Produkte – physische oder digitale – dafür nutzen.

Skalierung der Kerndienstleistung

Damit deine Leistungen skalierbarer werden, ist es unbedingt notwendig, dass du nicht nur die Leistung selbst gut verrichten kannst, sondern ein System daraus machst. Das führt dazu, dass du die Leistungen oft weitaus zeit- und kostensparender umsetzen kannst und das Ergebnis für den Kunden gleichfalls ein besseres ist. Wie beim Abschnitt „Systeme“ ausführlich besprochen, ist das Systematisieren deiner Kernleistung eine Grundvoraussetzung dafür, um diese an Mitarbeiter auslagern zu können. Und nur wenn du das schaffst, kannst du deine Leistung skalieren und damit wachsen.

In ein System gebracht und als Produkt verpackt, lässt sich deine Kerndienstleistung leichter verkaufen, weil du im Zuge dieses Prozesses gezwungen bist, intensiv darüber nachzudenken, und das Angebot dadurch besser und mehr kundenorientiert wird.

Das Darstellen deiner Leistung als Produkt (eine der Transferaufgaben in Phase 2) führt auch zur Aufwertung der Leistung im Kopf des Kunden. Ein „Business-Spezial-Package" beim Friseur ist nun einmal etwas ganz anderes als einfach nur „Haare schneiden". Dafür lassen sich höhere Preise erzielen, was wiederum mehr Umsatz und vor allem mehr Ertrag bedeutet.

Die Skalierung der Kerndienstleistung erfolgt einfach dadurch, dass du mehr und mehr Mitarbeiter hast, die deine – optimierte und systematisierte – Kerndienstleistung an deiner Stelle durchführen.

Skalierung mit echten Produkten

Einen riesigen Vorwärtssprung für dein Wachstum wird es bedeuten, wenn du dich intensiv mit dem Gedanken auseinandersetzt, echte Produkte – physische oder digitale – anzubieten und zu verkaufen.

Dabei kann es sich um klassische Handelsware handeln. Diese kannst du im Rahmen deines normalen Kundenkontaktes bzw. beim Durchführen deiner Leistung als Zusatzprodukt verkaufen. Der Fotograf, der Bilderrahmen verkauft, der Friseur, der Haarpflegeprodukte anbietet, oder der Fitnesstrainer, der seinen Kunden Nahrungsergänzungsmittel verkauft.

Das kann zwar ein nettes Zusatzgeschäft sein (und ich würde in jedem Fall empfehlen, es genauer zu analysieren), allerdings wird es in dieser Form keinen wesentlichen Wachstumsschub für dein Unternehmen bedeuten. Schon allein aus dem Grund nicht, weil deine Kundenfrequenz im Normalfall viel zu gering ist, um auf diese Weise große Umsätze zu erzielen.

Damit das Geschäft mit dieser Art von Produkten einen nennenswerten Anteil deines Gesamtumsatzes ausmacht und dein Wachstum vorantreibt, wird es in der Regel nicht ausreichen, diese als Zusatzprodukt anzubieten und ab und an zu verkaufen.

Ich selbst etwa schreibe schon seit Langem Bücher, die ich immer über Fremdverlage publiziert habe. Doch erst seit ich begonnen habe, das Buchgeschäft ernst zu nehmen, einen eigenen Verlag gegründet habe, um mehr zu publizieren, und mich um den Vertrieb, das Marketing und die PR selbst kümmere, kann ich mein Buchgeschäft wirklich als „Geschäft" bezeichnen. Es wächst deutlich. Du brauchst, um dein Produktgeschäft voranzutreiben, dafür geeignete Vertriebskanäle. Welche das sind, hängt ganz von deinen Produkten ab. So werden Onlinekurse als digitales Produkt meist ausschließlich über digitale Kanäle verkauft. Dafür eignen sich z. B. Systeme, die eine Kombination von bezahlter Werbung, bspw. auf Facebook oder Google, und Webinaren sind.

Doch auch bei physischen Produkten, bspw. eine Kosmetikserie als Zusatzprodukt für eine Kosmetikerin oder Stilberaterin, sind es heute vor allem digitale Kanäle, die die Möglichkeiten bieten, schnell und mit überschaubarem Investment zu wachsen. Dabei lassen sich etwa Amazon FBA („Fulfillment by Amazon", hier übernimmt Amazon die komplette Logistik und Zahlungsabwicklung), Ebay oder ein eigener Onlineshop nutzen.

Wachstumshebel – Spezielles Know-how

Ein letzter Wachstumshebel, der in diesem Zusammenhang ohnehin zum MUSS wird, ist spezielles Know-how in bestimmten Bereichen. Die Vermarktung der skalierbaren Produkte verlangt nach spezifischem Know-how.

Gerade der Bereich Marketing entwickelt sich, getrieben durch permanente technologische Neuerungen, sehr rasch. Ständig gibt es neue Plattformen, soziale Medien, Apps, Software etc., die einem das Leben leichter machen und den geschäftlichen Erfolg vorantreiben sollen. Zumindest wird das behauptet.

Man muss allerdings nicht jedes brandneue Tool haben und verwenden. Sich ständig mit Neuem zu beschäftigen fördert die Komplexität und Verwirrung. Dies reduziert die Klarheit, die du benötigst, um dein Unternehmen auf das nächste Level hin zu entwickeln.

Doch wie schon an anderer Stelle erwähnt, ist es sehr wohl notwendig, sich den Überblick über die aktuellen Entwicklungen zu bewahren, um entscheiden zu können, was davon man für das eigene Unternehmen sinnvoll nutzen kann.

Abgesehen vom Spezial-Know-how im Bereich Marketing kann es natürlich auch spezielles Know-how im Bereich deiner eigentlichen Dienstleistung bzw. deiner Produkte geben, das dein Wachstum enorm zu beschleunigen vermag. Eine neue zeitsparende Technik, eine Vorgehensweise, die besonders gute Ergebnisse bringt, oder – im Extremfall – sogar ein Patent, das du selbst innehast. Was genau das ist, hängt natürlich wiederum von der Branche ab, in der du tätig bist.

Das spezielle Know-how kann auch an Maschinen und Geräte gebunden sein, die für die Umsetzung benötigt werden. In Kombination mit dem Wachstumshebel Geld kann es eine sehr gute Rendite für dein Unternehmen abwerfen, in dieses spezielle Know-how zu investieren.

Zusammenfassung – Die 4 Wachstumshebel

- Die Zeit anderer
- Geld bzw. das Geld anderer
- Skalierbare Produkte und Leistungen
- Spezielles Know-how

Die Zauberformel für dein Wachstum

Die Zauberformel für dein Wachstum hat im Grunde gar nichts mit Magie zu tun, wenngleich die Ergebnisse, die du damit erzielen kannst, manchmal wie Zauberei wirken.

Um deutlich zu wachsen, musst du ein System schaffen, das funktioniert und Ertrag abwirft. „Funktionieren" bedeutet in diesem Zusammenhang, dass das, was du aus dem System herausbekommst, mehr ist als das, was du an Zeit und Geld investiert hast.

Wenn du zum Beispiel 500 € in Werbung auf Facebook investierst und damit Kontakte generierst, diese durch ein automatisiertes Webinar schleust und dort ein Produkt (z. B. einen Onlinekurs) anbietest und daraus 1.000 € Deckungsbeitrag erwirtschaftest, dann wäre das ein System, das funktioniert. 500 € Investition (von dem Erstaufwand, den du hast, bis das System funktioniert, einmal abgesehen), 1.000 € Deckungsbeitrag – das ist schon mal eine sehr gute Ausgangsposition.

Was hier theoretisch so einfach klingt, ist es im realen Leben natürlich nicht. Ein funktionierendes Vertriebssystem einzurichten erfordert Zeit, Know-how, Geld und ein hohes Frustpotenzial, um nach den zu erwartenden Fehlversuchen immer wieder aufzustehen und weiterzumachen.

Hast du jedoch erst einmal ein funktionierendes Vertriebs- bzw. Marketingsystem eingerichtet, geht es nur noch um die Frage, wie du es vergrößern, wie du skalieren kannst. Wenn du ein Gerät hast, in das du 500 € einwirfst und das dir im Gegenzug recht zuverlässig 1.000 € ausspuckt – wie viel Geld würdest du in eine solche Maschine einwerfen? 1.000 €? 10.000 €? 100.000 €? Alles an Geld, was du hast? Oder sogar alles, was dir Investoren zur Verfügung stellen?

Vertikale Skalierung klappt nicht immer

Ganz so einfach ist die Skalierung allerdings selbst im digitalen Bereich nicht immer. So bewerbe ich z. B. die Bücher, die ich über Amazon verkaufe, über die Amazon-eigene Werbeplattform. Das funktioniert und bringt eine sehr gute Rendite. Naheliegend wäre es nun, einfach sehr viel mehr Geld in diese Anzeige zu stecken und die „Maschine", die Geld bringt, einfach zu vergrößern – auch „vertikale Skalierung" genannt.

Doch wenn ich in eine Anzeige, die funktioniert, statt 5 € Tagesbudget 10 € stecke, bringt das nichts, weil diese 10 € nicht verbraucht werden. Dafür wird nicht oft genug angeklickt (und bezahlt wird pro Klick). Um die Klickrate zu erhöhen, müsste ich die Sichtbarkeit der Anzeige (die Impressions) verstärken, und das wiederum ginge nur, wenn ich mehr Geld pro Klick biete. Mehr Geld pro Klick reduziert aber auf der anderen Seite meine Rendite. In diesem System gibt es irgendwo eine ideale Größe, bis zu der ich es skalieren kann. Derlei Hürden finden sich in vielen Systemen. Vertikale Skalierung, Systeme, die funktionieren, größer zu machen, ist daher nur ein Weg, den du beschreiten kannst, um zu wachsen.

Beispiele, bei denen die vertikale Skalierung gut funktioniert, sind etwa:

- eine öffentliche Veranstaltung statt im kleinen Rahmen für 10 Personen in einem größeren Rahmen für 100 oder auch mehr Menschen abhalten
- als Immobilienentwickler statt eines kleinen Zinshauses mit 4 Einheiten ein großes Projekt mit 40 Wohnungen umsetzen
- als Trainer statt einzelner Trainingstage größere Projekte mit vielen Durchgängen desselben Trainings verkaufen

Horizontale Skalierung als Alternative

Wie bereits erwähnt, sind der vertikalen Skalierung in vielen Bereichen Grenzen gesetzt. Häufig funktioniert etwas in kleinen Einheiten sehr gut, in größeren dagegen nicht mehr.

Gore, der Hersteller von Goretex, hat dieses Prinzip erkannt und in Bezug auf seine Betriebsgrößen umgesetzt. Die optimale und gleichzeitig maximale Betriebsgröße wurde mit 150 Mitarbeitern definiert. Konsequenterweise wird daher, wann immer eine Betriebseinheit diese Zahl überschreitet, ein neuer Betrieb gegründet und von der alten Einheit abgespalten. Statt wie die meisten anderen Unternehmen immer größere Fabriken oder Verwaltungseinheiten zu errichten (vertikale Skalierung), betreibt Gore horizontale Skalierung.

Horizontal zu skalieren bedeutet also, anstelle der Vergrößerung einer Einheit mehrere (oder auch viele) kleine Einheiten nebeneinander einzurichten.

Für meine Bücherwerbung bei Amazon heißt das, mehrere kleine Anzeigen parallel laufen zu lassen, statt mehr Geld in eine einzige Anzeige zu stecken. Horizontale Skalierung kann nur funktionieren, wenn es immer dieselben Einheiten sind, die dupliziert werden, bzw. wenn den weiteren Einheiten dasselbe System zugrunde liegt. So werden bei meiner Amazon-Werbung im einfachsten Fall lediglich andere Keywords für jede weitere Einheit verwendet – das System und die Vorgehensweise bleiben die gleichen.

Jede größere Abweichung von einem definierten und funktionierenden System führt die Skalierung ad absurdum, weil diese Abweichungen jedes Mal mit unverhältnismäßig viel Aufwand verbunden sind.

Ich kenne Unternehmen, die horizontale Skalierung bei Facebook-Werbung in massivster Form betreiben. Dabei sprechen wir nicht von 5 oder 10 kleinen Facebook-Ads, die parallel laufen, sondern von Hunderten.

Vertikale vs. horizontale Skalierung

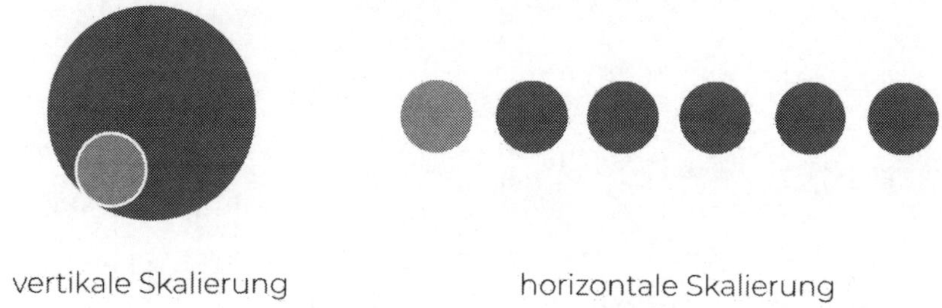

Horizontale Skalierung funktioniert auch offline

Doch es muss nicht immer nur digital sein. Beim traditionellen analogen Vertrieb lässt sich die horizontale Skalierung ebenfalls gut einsetzen. So könnte jemand ein guter Netzwerker sein und zu Kundenkontakten kommen, indem er Veranstaltungen besucht. Dieses System vertikal zu skalieren würde bedeuten, immer größere Veranstaltungen zu besuchen. Das macht in diesem Fall aber keinen Sinn. Einerseits kann man deshalb nicht unbedingt mehr Leute kontaktieren, und zweitens nimmt die Kontaktqualität vielleicht ab, weil Großveranstaltungen anonymer sind.

Horizontale Skalierung hingegen funktioniert ausgezeichnet. Wenn beim Besuch einer kleinen Veranstaltung z. B. drei relevante Kontakte herauskommen, mit zweien davon ein Folgegespräch geführt wird und einer von den beiden zum Kunden wird, kann das ein sehr profitables System sein.

Horizontal skalierend gedacht, bedeutet dies, nun möglichst viele passende Veranstaltungen zu besuchen und von jeder mindestens drei relevante

Kontakte mitzunehmen. Gleichzeitig zeigt sich anhand dieses Beispiels aber auch, dass diese Art der Kundenakquise nicht sehr gut und einfach skalierbar ist. Sie ist sehr eng an den Einsatz deiner Zeit gekoppelt. Und diese ist, wie wir wissen, endlich.

Fokus, Fokus, Fokus

Ein Fehler, der mit Vertriebs- und Marketingsystemen häufig gemacht wird, ist jener, dass zu viele unterschiedliche Systeme verwendet werden – und das gleichzeitig. Bei großen Unternehmen ist das durchaus machbar, doch bei kleinen in der Phase 1 oder 2 hat man hiermit eine Anleitung zum Misserfolg.

Der Grund dafür ist, dass du nicht die nötige Wirkung erzielst, wenn du deine Ressourcen bzw. die deiner Mitarbeiter auf mehrere Vertriebssysteme verteilst. Analysiere besser, welche der Möglichkeiten dir den höchsten Output und das für dich beste Ergebnis bringen, und konzentriere dich auf diese. Idealerweise ist es eine einzige.

Lasse alle sonstigen Möglichkeiten beiseite, und sollten sie dir noch so spannend erscheinen. Du darfst die anderen Wege, Umsatz zu generieren, ebenfalls beschreiten – allerdings erst später, sobald dein Unternehmen groß genug ist und die entsprechenden Ressourcen zur Verfügung stehen. Doch selbst dann ist weniger mehr. Es ist immer besser, auf einer einzigen Social-Media-Plattform richtig professionell zu agieren und präsent zu sein, als auf dreien nur so ein bisschen.

Es gibt sogar eine Bezeichnung für diese Art von Ablenkung und Zerstreuung der Ressourcen – das „Shiny Object Syndrom". Damit ist die Tendenz gemeint, jedem neuen glitzernden Objekt (einer neuen App, der neuesten Social-Media-Plattform, dem neuesten Software-Tool), das gerade gehypt wird, nachzulaufen und Zeit darin zu versenken. In extremen Fällen kann es sogar als psychische Störung gesehen werden. Achtung also vor allzu attraktiven Objekten, von denen alle sprechen und die man scheinbar haben muss, um erfolgreich zu sein.

Werde zum Fanatiker und Extremisten

Von diesem einen (Umsätze generierenden) System gilt es dann, so viel zu machen wie nur irgend möglich, ohne dass die Performance darunter leidet. Die erfolgreichsten Unternehmer betreiben Verkaufs- oder Marketingsysteme, die in einem Ausmaß funktionieren, die an Besessenheit grenzt. Sie machen nicht nur ein wenig davon oder verstärken ihre Bemühungen, sondern sie machen genau das in jeder freien Minute.

Erst, wenn dich dein Umfeld in diesem Punkt für manisch, extrem oder total verrückt hält, weißt du, dass du das auf einem Level betreibst, das dein Unternehmen wirklich voranbringt.

Unter extrem erfolgreichen Menschen findet man sehr oft Fanatiker, Extremisten und scheinbar Verrückte. Das sollte uns zu denken geben. Ich behaupte nicht, dass dieser Fanatismus absolut erforderlich ist, um ein sehr erfolgreiches Unternehmen aufzubauen ... aber ich meine, er hilft definitiv dabei.

Umsetzen, Feedback nehmen, optimieren

Gleichzeitig ist es wichtig, dein Erfolgssystem fortwährend zu analysieren, Feedback daraus zu nehmen und es zu optimieren, damit die Performance noch besser wird. Ein System einmal einzurichten und es dann bis in alle Ewigkeit unverändert zu betreiben, reicht nicht aus, um damit langfristig erfolgreich zu sein.

Selbst, wenn sich bei dir nicht viel geändert haben mag, so hat sich dein Umfeld ganz bestimmt gewandelt und verändert sich laufend weiter.

Das Einzige, was Bestand hat, ist die Veränderung.

Ein regelmäßiges Hinterfragen und Anpassen deiner Vorgehensweisen ist eine Grundvoraussetzung dafür, dass du lange damit erfolgreich bleiben kannst.

Transferaufgabe #3 – Delegiere die Produktentwicklung

Die Produktentwicklung, also das Kreieren von für deine Zielgruppe passenden Angeboten an Einzeldienstleistungen, physischen Produkten oder auch Paketen daraus, ist etwas, das meist sehr lange beim Gründer bzw. der Gründerin eines Unternehmens bleibt. Oftmals ist genau das seine bzw. ihre Stärke, da es in engstem Zusammenhang mit jener Idee bzw. jener Leistung steht, mit welcher einstmals der Schritt in die Selbstständigkeit

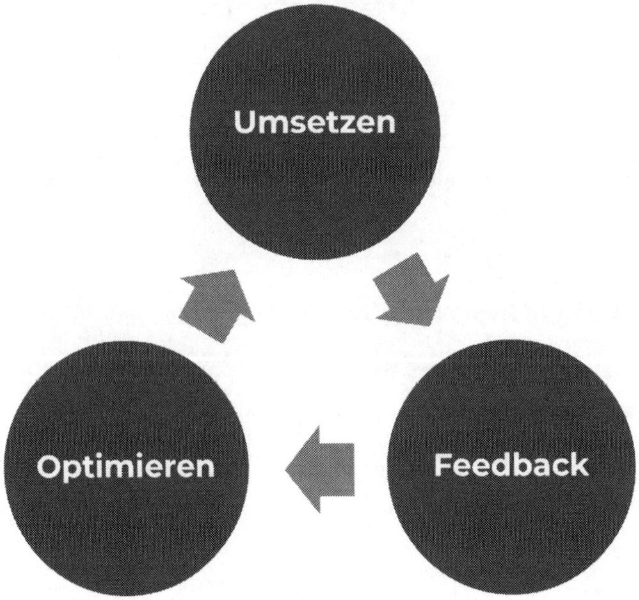

vollzogen wurde.

Und dennoch – irgendwann ist es für dich an der Zeit, dich davon zu lösen, wenn du dein Unternehmen zu einer eigenständigen, von dir unabhängigen Einheit entwickeln willst.

Vielleicht hast du in Phase 3 bereits begonnen, zumindest Teilbereiche daraus zu delegieren. Dies wiederum hängt sehr stark davon ab, ob du zusätzlich zu deiner Kerndienstleistung schon andere Produkte wie z. B. einen Onlinekurs geschaffen hast. Manches davon ist mit wenig, anderes mit etwas größerem oder sogar erheblich mehr Aufwand verbunden.

Generell ist der Aufwand dafür in einem Dienstleistungsbetrieb nicht zu vergleichen mit der oft jahrelangen Forschungs- und Entwicklungsarbeit bei der Herstellung von physischen Produkten. Es ist oft weniger eine Frage der Arbeitszeit oder des Geldes, das investiert werden muss. Was es in jedem Fall braucht, sind Kreativität und gute Ideen.

In vielen Dienstleistungsbranchen ist es nicht nötig, permanent neue Angebote zu entwickeln. Oftmals kann ein und dasselbe Angebot über Jahre hinweg ausgesprochen gut funktionieren.

Wenn ein Friseur seine drei Pakete für Männer oder seine sechs Pakete für Frauen einmal definiert hat, braucht es nicht unbedingt ständig etwas Neues. Dennoch solltest du in deinem Markt permanent am Puls des Geschehens bleiben und deine Zielkunden stets im Fokus behalten. Welche Themen beschäftigen sie? Welche – möglicherweise ganz neu aufgetauchten – Probleme deiner Zielgruppe könntest du mit deinem Angebot lösen?

Wenn deine Branche sehr traditionell ist, kannst du dich bei der Gestaltung deines Angebotes bereits mit wenig Aufwand von deinen Mitbewerbern unterscheiden, auffallen und damit sehr erfolgreich sein.

Wenn du hingegen in einer sehr schnelllebigen Branche zu Hause bist (oft sind das jene, die stark auf neuen Technologien basieren), braucht es sehr wahrscheinlich fortwährend neue Ideen für Produkte und Angebote.

Für Webdesigner etwa oder für Onlinemarketing-Berater ist die beständige Adaption bzw. Erneuerung ihres Angebotes wichtiger und aufwendiger als für einen Masseur oder eine Fotografin. Doch auch für Fotografen gibt es durch das Auftauchen neuer Technologien – bspw. Drohnen – immer wieder Ansatzpunkte und Möglichkeiten für ganz neue Dienstleistungen.

Die Strategie, wenn es um neue Produkte und Angebote geht, wird auch weiterhin in deinen Händen bleiben. Meist ist das sogar noch in Phase 5 der Fall. Die Ideenfindung und Gestaltung neuer Angebote hingegen können dafür geeignete Mitarbeiter übernehmen.

Transferaufgabe #4 – Setze Bereichsleiter ein

In dieser Phase ist dein Unternehmen bereits in mehrere Unternehmensbereiche gegliedert: Verkauf, Finanzen, Produktion (Erbringung der Dienstleistung), Marketing, IT, Einkauf ... Je nachdem, womit sich dein Unternehmen beschäftigt, kann es aber auch Bereiche wie internationale Expansion oder Forschung und Entwicklung geben. Durch die Definition der Bereiche setzt du gleichzeitig auch Schwerpunkte.

Damit du dein Ziel dieser Phase – dich ganz auf die Rolle als Geschäftsführer zu konzentrieren – erreichen kannst, musst du sämtliche operativen Tätigkeiten in den einzelnen Ressorts an fähige Mitarbeiter übergeben. Dazu zählt auch die Gesamtverantwortung für jeden einzelnen Bereich. Die Besetzung dieser Positionen ist naturgemäß noch sehr viel entscheidender für dein Wachstum und den Erfolg deines Unternehmens als die der übrigen. Der Hebel, den Führungskräfte in deinem Unternehmen haben, ist groß – in die eine wie in die andere Richtung.

Über die Auswahl der richtigen Personen für Führungsfunktionen wurden schon ganze Bibliotheken geschrieben. Daher werde ich dem an dieser Stelle nur einen einzelnen Gedanken hinzufügen: Aus meiner eigenen Erfahrung ist es ausschlaggebend, dafür Mitarbeiter zu finden, die diese Führungsverantwortung nicht nur von dir bekommen, sondern sie auch tatsächlich übernehmen.

Dazu gehört es, selbstständige Überlegungen für Verbesserungen in ihrem Bereich anzustellen und ressortinterne Entscheidungen autonom zu treffen. Im Klartext heißt das: Sie dürfen nicht wegen jeder Kleinigkeit zu dir kommen und die Entscheidungen an dich rückdelegieren.

Andernfalls wäre nämlich die Menge an Arbeitsersparnis und Entlastung, die du dadurch hättest, gleich null. Es kann sogar sein, dass eine Führungskraft, die ihre Führungsrolle nicht wirklich voll übernimmt, dir unter Umständen mehr Arbeit verursacht, als wenn du den Bereich gleich selbst leitest.

Doch Achtung! An dieser Stelle sei vor einem Trugschluss gewarnt, dem viele Unternehmer und Führungskräfte aufsitzen. Es wird quasi automatisch unterstellt, dass ein exzellenter Mitarbeiter eine ebenso exzellente Führungskraft sein muss und wird. Daher wird bspw. sehr oft der beste Verkäufer zum Verkaufsleiter befördert. Das kann gutgehen, sich aber auch als kompletter Fehlschlag erweisen. Es sind völlig unterschiedliche Fähigkeiten, die ein guter Verkäufer bzw. ein guter Verkaufsleiter benötigt. Im schlimmsten Fall steht man dann mit einem guten Verkäufer weniger und einer schlechten Führungskraft mehr da.

Transferaufgabe #5 – Lerne, Menschen zu führen

Falls du kein Naturtalent bist bzw. dies bis jetzt noch nicht gelernt hast, dann ist es nun höchste Zeit für dich zu lernen, Menschen zu führen. Solange du nur einen Mitarbeiter hast, ist das noch nicht so wichtig, wenngleich auch dieser eine Mitarbeiter gut geführt werden sollte. Man könnte den ersten Mitarbeiter ein wenig als Übungsobjekt für das Entwickeln von Managementfähigkeiten betrachten.

Sobald allerdings ein zweiter Mitarbeiter dazukommt, hast du bereits so etwas wie ein kleines Team. Spätestens jetzt beginnt die Führungsaufgabe nicht nur deutlich spannender und herausfordernder zu werden, sondern gewinnt als Erfolgsfaktor für dein Wachstum enorm an Gewicht.

Dabei spreche ich gar nicht so sehr von der Menge der Arbeit, die die Führungsaufgabe mit sich bringt, wenngleich das ein Faktor ist, der nicht unterschätzt werden darf. Das Führen von Mitarbeitern ist Arbeit und beansprucht Zeit.

Was ich mit dieser Kurve ausdrücken will, ist die Tatsache, dass der Grad der Anforderung an dich als Chefin oder Chef mit jedem Mitarbeiter stark ansteigt.

Zwei Mitarbeiter zu führen ist nicht doppelt so anspruchsvoll, wie einen zu führen – es ist X-mal so schwierig. Ab dem zweiten Mitarbeiter kommen nämlich die Interaktionen zwischen den Mitarbeitern hinzu.

Mit jedem Mitarbeiter wird die Führungsaufgabe daher mehr und mehr zu deiner Hauptaufgabe, was ja eines der Ziele in dieser Phase ist. Doch diese Kurve steigt zum Glück nicht ewig so stark an, andernfalls wäre es eine nicht zu bewältigende Aufgabe, Organisationen von Tausenden Mitarbeitern zu führen.

Die Kurve beginnt dort abzuflachen, wo deine sinnvolle Führungsspanne endet. Je nach Organisation wird das irgendwo im Bereich zwischen 10 und 15 Mitarbeitern liegen. Werden es mehr, gibt es eine weitere Ebene von Führungskräften, die ihre Teams führen und von dir geführt werden.

Der Unterschied zwischen 10 und 15 Mitarbeitern ist für dich als Führungskraft nicht mehr so groß wie jener zwischen 1 und 3 Mitarbeitern.

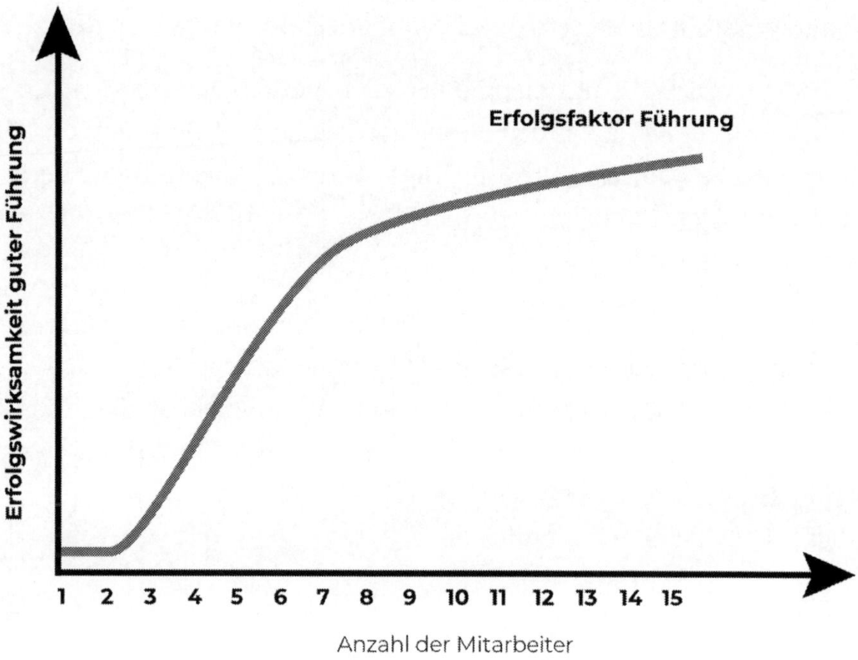

Aber wo auch immer diese Grenzen genau liegen mögen und wie steil oder weniger steil die Kurve im Einzelfall ansteigt, Fakt ist, es braucht professionelle Führungsfähigkeiten, um ein Team bzw. eine Organisation zu führen. Und an diesen Fähigkeiten solltest du intensiv arbeiten.

Es gibt nichts, was von diesem Punkt deiner Unternehmensentwicklung aus wichtiger wäre, als eine bessere Führungskraft zu werden. Nichts. Gar nichts!

„Aber Moment mal!", höre ich da den einen oder anderen Zwischenruf. „Was ist zum Beispiel mit dem Verkauf? Wenn wir zu wenig verkaufen, dann geht die Firma bankrott! Ist Verkaufen daher nicht wichtiger?"

Es stimmt wohl, dass ohne ausreichende Verkäufe das Unternehmen nicht läuft, doch das fällt nicht mehr in deinen Aufgabenbereich.

Transferaufgabe #1 in diesem Abschnitt war es, den Verkauf zu delegieren.

Deine Aufgabe besteht nunmehr darin, den Verkäufer, das Verkaufsteam bzw. den Verkaufsleiter (je nachdem, wie sehr dein Unternehmen bereits gewachsen ist) zu führen. Gute Führungskräfte wählen exzellente Verkäufer aus (bzw. entwickeln sie) und führen diese, ohne den Verkaufsjob immer noch selbst zu machen.

Wenn Führungskräfte an dieser Stelle feststellen, dass die Performance des Verkaufs nicht gut genug ist, ist die Versuchung groß, es selbst besser machen zu wollen. Das ist verständlich und nachvollziehbar. Doch das ist in dieser Phase nicht (mehr) deine Aufgabe. Als Führungskraft ist es vielmehr dein Job, den Vertrieb zu entwickeln und so dafür zu sorgen, dass die Zahlen auf diese Weise besser werden.

Dranbleiben

Wenn du es einmal geschafft hast, alle Transferaufgaben dieser Phase umzusetzen, ist es das Wichtigste, dranzubleiben und nicht wieder in dem einen oder anderen Punkt nachzulassen oder einen Schritt retour zu gehen. Ich sage das deshalb an dieser Stelle, weil ich aus eigener Erfahrung und aus den Erfahrungen vieler Kunden weiß, dass die Gefahr groß ist, wieder in alte Muster zu verfallen und Aufgaben zu übernehmen, die man eigentlich schon delegiert hat. Speziell immer dann, wenn Not am Manne ist, der Mitarbeiter den ihm anvertrauten Job nicht erfolgreich oder gut genug erledigt. Auch aus purer Gewohnheit kann genau das passieren.

Ziel erreicht – die Vollendung der Phase 4

Vollendet hast du die Phase 4 dann, wenn deine einzige verbliebene Funktion die des Geschäftsführers ist. Oft wird es so sein, dass du im Prinzip alle Transferaufgaben umgesetzt hast, aber dennoch ein oder zwei Bereichsleiterfunktionen nach wie vor selbst ausübst. Du wirst dafür deine Gründe haben und das ist absolut okay. Du bist in jedem Fall sehr weit gekommen.

Ob du die restlichen Bereichsleiteraufgaben ebenfalls noch abgibst, hängt wahrscheinlich auch stark davon ab, ob du dein Unternehmen in die nächste und finale Phase weiterentwickeln willst.

Lass uns nochmals zusammenfassen, was in der Phase 4 passiert ist und welche Transferaufgaben du erfolgreich bewältigt hast, wenn du hier angekommen bist.

Transferaufgaben – vom Baumeister zum Manager

Transferaufgabe #1 – Delegiere deine Verkaufsaktivitäten

Transferaufgabe #2 – Sorge für kräftiges Umsatzwachstum

Transferaufgabe #3 – Delegiere die Produktentwicklung

Transferaufgabe #4 – Setze Bereichsleiter ein

Transferaufgabe #5 – Lerne, Menschen zu führen

Auch in der Phase 4 ist wieder viel geschehen. Du hast die Ziele dieser Phase erreicht, wenn ...

- du den Verkauf erfolgreich delegiert hast und dein gut eingespieltes Verkaufsteam auf Basis gut funktionierender Prozesse dein Unternehmen kontinuierlich mit neuen Aufträgen und Kunden versorgt.

- dein Umsatz beständig und deutlich wächst.

- auch die Produktentwicklung und Angebotsgestaltung nicht mehr in deiner Verantwortung liegen, sondern von den jeweils verantwortlichen Mitarbeitern vorangetrieben werden.

- alle oder zumindest fast alle Bereiche deines Unternehmens in den Händen von verantwortlichen Managern liegen.

- du selbst dich darauf konzentrierst, als Geschäftsführer die Bereichsleiter zu führen, und du dich vor allem (auch) mit der zukünftigen Ausrichtung deines Unternehmens und deren strategischer Umsetzung beschäftigst.

- du es immer noch schaffst, 2 Tage pro Woche AN deinem Unternehmen zu arbeiten.

Wie weit stimmt dieses Bild mit deiner aktuellen Wirklichkeit überein?

Was hast du schon umgesetzt und wo gibt es noch Dinge für dich zu tun?

Nachdem du jetzt so weit gekommen bist – entweder als Leser oder vielleicht sogar als jemand, der schon vieles umgesetzt hat –, vermute ich an dieser Stelle, dass es dich brennend interessiert, wie es weitergeht bzw. weitergehen kann. Was bedeutet es für dich und dein Unternehmen, den Schritt – oder besser gesagt: den Sprung – von Phase 4 in Phase 5 zu vollziehen und damit eine komplett neue Dimension zu betreten?

Bist du bereit?

PHASE / ENTWICKLUNGSSTUFE 5
UNTERNEHMER

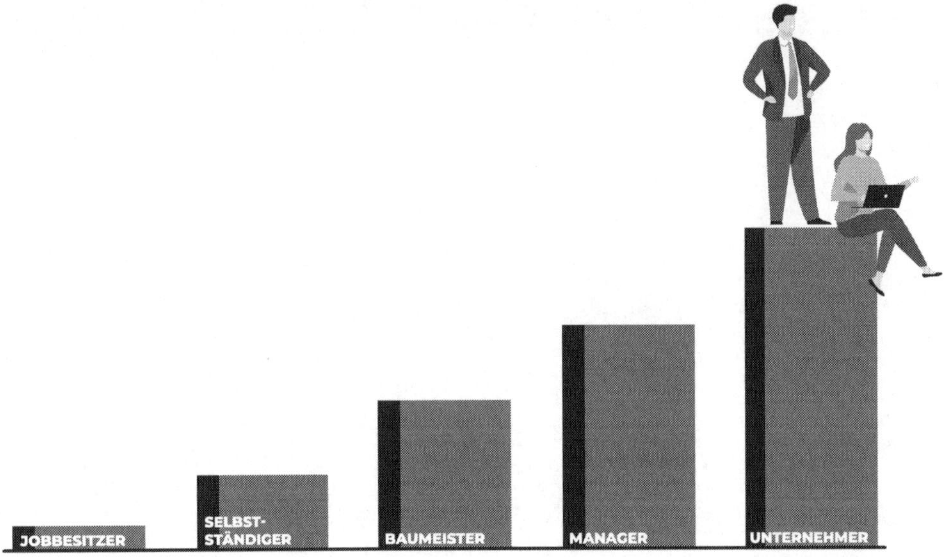

Der entscheidende Schritt

Die Produktentwicklung aus der Hand zu geben, war schon ein großer Brocken. Das hatte er immer extrem gerne gemacht. Da konnte er kreativ sein und seinen Ideen freien Lauf lassen. Seine langjährige Erfahrung in der Branche hatte ihm dabei enorm geholfen. Diese Tätigkeit zu delegieren, konnte er sich lange Zeit gar nicht vorstellen. Doch irgendwann musste er sich eingestehen, dass dieser Schritt noch fehlte, um das Bild, das er zu Beginn des Prozesses von seinem Unternehmen gezeichnet hatte, vollkommen Realität werden zu lassen.

Wenn er ehrlich zu sich selbst war, musste Karl zugeben, dass es mehr als unwahrscheinlich war, dass allein er gute Services entwickeln und diese zu marktreifen und verkaufbaren Produkten machen konnte. Da draußen musste es eine Menge kluger und fähiger Köpfe geben, die das genauso gut konnten wie er ... wahrscheinlich auch welche, die es besser konnten.

Also hatte er sich auf die Suche gemacht und war überrascht gewesen, recht schnell fündig zu werden. Am Ende hatte er sogar zwei sehr gut passende Bewerber gehabt und musste sich schweren Herzens dann für einen entscheiden.

Es war sich bewusst gewesen, dass der neue Mitarbeiter in dem Bereich keinen leichten Start hatte. Er hatte sich fest vorgenommen, ihm nach einer soliden Einschulungsphase den Freiraum zu lassen, den dieser brauchte, damit er seinen Job ausfüllen und sich entwickeln konnte.

Karl konnte sich noch sehr gut daran erinnern, wie sehr er selbst seinerzeit als Angestellter unter einer extrem dominanten Vorgesetzten gelitten hatte. Alles hatte sie ihm vorgeschrieben, in jede Kleinigkeit hatte sie sich eingemischt. So ein Chef wollte er nicht sein. Trotz gewissenhafter Auswahl hatte sich seine Entscheidung als falsch erwiesen. Das zeigte sich bereits in den ersten paar Wochen, nachdem der neue Mitarbeiter an Bord gekommen war. Fachlich war er gut, aber er schaffte es nicht, beim übrigen Team anzudocken, und stellte einen ständigen Unruheherd dar. Nach mehreren Vieraugengesprächen zog Karl die Notbremse und beendete den Dienstvertrag noch innerhalb der Probezeit. Er hatte das Gefühl, dass der Mitarbeiter ebenso erleichtert war.

Zum Glück war die zweite Bewerberin, die in der engsten Auswahl gestanden hatte, noch zu haben und freute sich sehr, als Karl ihr die Stelle anbot. Diesmal klappte es von Beginn an, und zwar fachlich wie menschlich. Doch das war nur eines von vielen Dingen, die im vergangenen Jahr geschehen waren. So viele Veränderungen in so kurzer Zeit hätten ihn in seiner Zeit als Angestellter wahrscheinlich überfordert. Inzwischen hat er nicht nur gelernt, mit Veränderungen zu leben. Sie machen ihm Spaß und er treibt sie voran. Manchmal fordert er sein Team damit bis an die Grenzen und bisweilen sogar darüber hinaus. Doch das hält ihn nicht davon ab. Er ist fest davon überzeugt, dass Stillstand Rückschritt bedeutet, vor allem in einer derart dynamischen Branche, in der sein Unternehmen tätig ist.

„Raus aus der Komfortzone!“ – so lautet nicht nur das Motto, nach dem er seine Mitarbeiter führt, sondern das Motto, nach dem er sein Leben – manchmal auch gezwungenermaßen – seit dem Moment lebt, als er sich selbstständig gemacht hat.

Von Phase 4 in Phase 5 – vom Manager zum Unternehmer

Herzlich willkommen im fünften und letzten Abschnitt dieses Buches. Wenn du bis hierher gelesen hast, gratuliere ich dir. Wenn du es (was ein wenig länger dauern wird als das Lesen) dann noch schaffst, dein Unternehmen bis zu diesem Level zu entwickeln, bekommst du all meine Hochachtung. Ich weiß, wie viel Arbeit und Anstrengung du investiert hast, um bis hierher zu kommen.

Wie erwähnt ist es kein Muss, den Weg ab hier noch weiterzugehen. Ich kann dir aber versprechen, dass es in jedem Fall spannend und lohnend ist, zumindest darüber nachzudenken.

Ich selbst habe in den letzten 20 Jahren schon mehrfach Unternehmen aufgebaut, betrieben, wieder geschlossen oder verkauft. Im Moment, da ich dieses Buch schreibe, befinde ich mich mit meinen Unternehmen und Geschäftsmodellen in den Phasen 2 und 3. In die Phase 5 bin ich selbst ebenfalls ein Mal vorgedrungen. Das reicht zumindest, um zu wissen, dass in der Phase 5 ein ganz anderes Spiel beginnt.

Es braucht ein paar neue Unternehmergedanken und Glaubenssätze, um hier erfolgreich zu sein. Natürlich gilt es auch hier wiederum, Transferaufgaben umzusetzen, um von der Phase 4 in die Phase 5 zu kommen. Es sind nicht viele, aber sehr grundlegende und herausfordernde.

Die Ziele für Phase 5

Was gilt es in der Phase 5 zu erreichen? Vieles wurde in den vorhergehenden Phasen bereits geschafft, doch es gäbe da schon noch ein paar wenige, allerdings – in dieser Situation – richtig große Zielbrocken zu schaffen. Bist du einer oder eine von denjenigen, die das wollen? Finde es heraus. Zumindest konnte ich dich neugierig genug machen, um weiterzulesen.

An dieser Stelle der Entwicklung deines Unternehmens bist du Geschäftsführer bzw. Geschäftsführerin deines gut funktionierenden Unternehmens. Du arbeitest nach wie vor täglich im oder am Unternehmen, hast es aber so weit entwickelt, dass es über längere Zeit – ein paar Wochen oder vielleicht sogar ein oder zwei Monate – auch ohne dich sehr gut weiterlaufen könnte. Was also gibt es an der Stelle noch zu tun, außer den Zustand so, wie er ist, zu erhalten?

Keine Arbeit IN der Firma mehr

Beim ersten Ziel in dieser Phase geht es darum, dass du das, was du in den vorherigen Phasen begonnen hast, nun abschließt. Wenn du vollkommen in Phase 5 angekommen und zu 100 % Unternehmer bis, dann hast du gar keine operativen Tätigkeiten in der Firma mehr. Du arbeitest, wenn überhaupt, nur mehr AN deinem Unternehmen, wenn es darum geht, Strategien zu planen und die wichtigen Weichen zu stellen.

Kein Gehalt mehr

Nachdem du Ziel #1 erreicht hast, ist es nur logisch, dass du kein Gehalt mehr beziehst. Wieso auch sollte dein Unternehmen dir ein Gehalt bezahlen, wenn du keine operative Arbeit mehr leistest? Für deine Tätigkeiten als Unternehmer gibt es eine andere Art der „Bezahlung“. Doch dazu später mehr.

Einen Plan für die Zukunft haben

Wenn du die Phase 4 abgeschlossen hast, wirst du wissen, wie es mit deinem Unternehmen weitergeht und letztlich auch mit dir, was deine berufliche Tätigkeit betrifft. Das ist im Moment wahrscheinlich nicht so klar, weil wir über die Optionen noch gar nicht gesprochen haben.

Unternehmergedanken auf dem Weg in Phase 5

Die meisten Denkweisen und Glaubenssätze, die du für eine erfolgreiche Bewältigung der Phasen 2 bis 4 benötigst, die du brauchst, um zu 100 % Unternehmer zu werden, hast du dir in den vorherigen Phasen bereits angeeignet. Alles, was wir dort an sogenannten Unternehmergedanken besprochen haben, gilt in Phase 5 immer noch. Sie stellen nach wie vor die Grundlage für unternehmerisches Handeln dar. Dennoch gibt es in dieser Phase noch ein paar wenige Ideen hinzuzufügen. Diese sind nicht unbedingt neu, werden aber an dieser Stelle teilweise in einer extremeren Version benötigt.

Unternehmergedanke #1 –
Mein Unternehmen braucht mich überhaupt nicht

Du hast vor allem in den Phasen 3 und 4 schon intensiv daran gearbeitet, dich ersetzbar zu machen, indem du die Kerntätigkeiten, den Verkauf und alle Führungsaufgaben – bis auf die der Geschäftsführung – delegiert hast.

Jetzt geht es darum, dass du diesen Gedanken noch einen entscheidenden Schritt weitertreibst. Der neue, vollendete Gedanke lautet: „Mein Unternehmen braucht mich überhaupt nicht." In seiner reinen Form bedeutet das, dass du jederzeit für einen längeren bis langen Zeitraum – ein paar Monate etwa – unerreichbar sein kannst und dass deine Abwesenheit auf das Geschäft deines Unternehmens keinen negativen Einfluss hat.Es kann sogar sein, dass ebendies einen positiven Einfluss hat, weil du deinem Unternehmen und den verantwortlichen Mitarbeitern den Raum gibst, den sie vielleicht benötigen, um sich zu entfalten.

Dass es noch ein paar weitere Schritte braucht, auf die wir bei den Transferaufgaben zurückkommen, um diesen Gedanken auch leben zu können, ist klar. Doch freunde dich schon einmal damit an und lerne, ihn zu mögen.

Unternehmergedanke #2 –
Für die Zukunft meines Unternehmens gibt es mehrere Optionen

Die meisten, die sich in den ersten Phasen befinden, haben noch nie darüber nachgedacht, wie die Zukunft ihres Unternehmens aussehen könnte. Ganz selbstverständlich wird davon ausgegangen, dass man das Unternehmen aufbaut und ausbaut, den Umsatz steigert, möglichst gutes Geld damit verdient, ggf. Mitarbeiter an Bord holt und sich dann an seiner funktionierenden Firma erfreut und das Leben so gut wie möglich genießt.

Dabei beinhaltet dieses Bild von der Zukunft ihres Unternehmens bei den meisten nicht das Einsetzen eines Geschäftsführers.

Das ist eine mögliche Option für deine Zukunft in Phase 5, doch das muss nicht so sein. Es gibt andere denkbare Möglichkeiten neben jener, dein Unternehmen einfach weiterhin zu betreiben, bis du in Rente gehst.

Du könntest dein Unternehmen verkaufen und dich komplett davon trennen, um mit dem Verkaufserlös und deiner Zeit irgendetwas anderes zu tun. Das wird vor allem dann möglich sein, wenn du das Unternehmen bis hierher wie in diesem Buch beschrieben entwickelt hast. Erst jetzt ist es wirklich gut verkaufbar.

Ein „Unternehmen" auf den Niveau der Phase 1 ist, wie erwähnt, sehr schwer bis gar nicht an den Mann bzw. an die Frau zu bringen, weil es zu wenig Substanz hat und im Grunde nur der Job desjenigen ist, der es betreibt. Es gibt noch weitere Optionen, aber lass sie uns eingehender im Verlauf dieses Abschnittes besprechen. An dieser Stelle möchte ich nur, dass du den Gedanken akzeptierst, dass es nicht so sein muss, dass du für alle Zeiten Geschäftsführer deines Unternehmens bleibst.

Transferaufgaben – vom Manager zum Unternehmer

Um die Ziele der Phase 5 zu erreichen, gibt es auf dem Weg dahin natürlich wieder ein paar Dinge zu tun, ein paar wenige Transferaufgaben umzusetzen. Im Grunde geht es darum, den Gedankengang und die Aktivitäten, die du in den früheren Phasen begonnen hast, konsequent in die Zukunft weiterzudenken und fortzuführen.

Transferaufgabe #1 – Geschäftsführer einstellen

Eine Transferaufgabe, die uns bereits in allen vorherigen Phasen beschäftigt hat, besteht darin, jene Tätigkeiten, die du noch immer selbst machst, zu delegieren. Am Ende der Phase 4 bist du Geschäftsführer deiner Firma und hast strategische, aber auch immer noch eine Menge operativer Aufgaben. Zu viele, werden die meisten Geschäftsführer sagen.

Wenn du den Schritt zum wirklichen Unternehmer gehen willst, bedeutet das, die Geschäftsführertätigkeit ebenfalls auszulagern und dich zumindest von den operativen Tätigkeiten gänzlich zu befreien.

Damit ersetzt du dich in deinem eigenen Unternehmen selbst vollständig. Vielleicht ist es dir einst schwierig vorgekommen, den ersten Mitarbeiter an Bord zu holen, oder vielleicht später dann deine Kerndienstleistung abzugeben und nicht mehr selbst auszuführen. Doch das ist erfahrungsgemäß ein Kinderspiel im Vergleich dazu, die Geschäftsführertätigkeit, die Oberhoheit über dein Unternehmen, abzugeben.

Das ist absolut verständlich. Dieses Unternehmen ist dein Baby, du hast es aufgebaut. Jetzt loszulassen und es – zumindest operativ – komplett aus der Hand zu geben, ist für die meisten ein sehr schwerer Schritt. Genau deshalb wird er häufig nicht gemacht.

Viele haben sich in ihr Unternehmen „verliebt“. Sich nun, in dieser Form zumindest, teilweise davon zu trennen, erscheint ihnen daher vollkommen unvorstellbar. Manche empfinden es beinahe so, als würden sie den geliebten Partner jemand anderem anvertrauen und nur mehr ab und an besuchen. Wenn du das also nicht übers Herz bringst – kein Problem. Du kannst auch in Phase 4 bleiben. Doch es gibt durchaus Gründe, warum es Sinn machen kann, den entscheidenden Schritt zu setzen.

Eine Frage deiner Stärken

Ein wesentlicher Grund hat mit deinen Stärken zu tun und damit, was dein Unternehmen in dieser Entwicklungsphase benötigt. Es erfordert gewisse Fähigkeiten, um ein Unternehmen zu gründen und aufzubauen, jedoch vollkommen andere, um es auch strukturiert zu führen.

Klassische Unternehmer sind oft gut beim Aufbauen, aber schlecht beim Führen. Sie kommen daher über einen gewissen Punkt in der Unternehmensentwicklung nicht hinaus. Manchmal geht es sogar so weit, dass sie zunichtemachen, was sie zuvor aufgebaut haben. Ab einem gewissen Punkt in der Unternehmensentwicklung braucht eine Firma keinen Unternehmer, der die operativen Geschäfte leitet, sondern einen Manager. Doch worin liegt der Unterschied?

Mit einfachen Worten könnte man es so beschreiben: Der Unternehmer ist der Leader, der Führer des Unternehmens. Er sagt, wo es langgeht, und gibt die großen Ziele, die Richtung vor. Der Manager ist gut dabei, dieses Ziel mit seinem Team auf möglichst direktem Weg und möglichst rasch zu erreichen.

Jetzt kenne ich dich und deine Fähigkeiten und Stärken natürlich nicht. Doch ich hoffe, dass du dich selbst gut genug kennst, um diesen Aspekt für dich beurteilen und entscheiden zu können. Es bedeutet, dass es für die weitere Entwicklung deines Unternehmens – oder sei es nur für dessen erfolgreiches Fortbestehen – sehr förderlich sein kann, die Zügel für das Tagesgeschäft zur Gänze aus der Hand zu geben.

Bessere Verwendung deiner Zeit

Dieser Grund, deine Tätigkeit als Geschäftsführer abzugeben, hat in gewisser Weise auch mit dem vorigen Grund – deinen Stärken – zu tun. Wenn du an deiner Stelle einen anderen Geschäftsführer einsetzt, erhältst du eine Menge zusätzlicher freier Zeit. In dieser Zeit kannst du dich auf Dinge konzentrieren, die mehr deinen Stärken entsprechen.

So gesehen kannst du deine Ressourcen, vom wirtschaftlichen Standpunkt aus betrachtet, sinnvoller und gewinnbringender einsetzen. Oder einfach gesagt: Vielleicht bist du ja als Gründer bzw. als jemand, der ein Unternehmen aufbaut, wertvoller als in der Funktion, ein Unternehmen zu führen.

Mehr Spaß

Falls dem so ist, dann könnte es sein, dass dir genau das mehr Spaß macht. Das ist eine Erkenntnis, die zahlreiche Unternehmer haben. Sie bauen etwas mit viel Freude und Elan auf, um dann irgendwann festzustellen, dass es früher mehr Spaß gemacht hat, in ihrem Unternehmen zu arbeiten. Das muss nicht so sein, ist aber, wie gesagt, immer wieder einmal der Fall.

Geschäftsführer einstellen – aber wie?

Einen passenden Geschäftsführer für dein Unternehmen einzustellen ist leicht gesagt, aber in der Praxis eine nicht ganz so einfache Aufgabe. Wo findet man einen solchen? Welche Fähigkeiten muss er haben? Was kostet so jemand? ...

Fragen über Fragen. Die grundsätzlichen Überlegungen dabei sind dieselben, die du schon bei der Besetzung deiner anderen Führungspositionen angestellt hast. Der wesentliche Unterschied ist allerdings, dass die Position des Geschäftsführers eine viel gewichtigere Rolle für den Erfolg deines Unternehmens spielt.

Es gibt jede Menge Spezialliteratur über die erforderlichen Qualifikationen eines Geschäftsführers, über die Suche nach der geeigneten Person und die Auswahlprozesse. Daher möchte ich an dieser Stelle nur wieder ein paar grundlegende Gedanken mit dir teilen.

Jemand von außen

Dein Geschäftsführer kann jemand sein, der bis jetzt noch nicht in deinem Unternehmen gearbeitet hat. Es ist ein durchaus gangbarer Weg, eine Führungskraft von außen zu holen. Der Vorteil ist, dass diese neuen Sichtweisen, Prozesse sowie Ideen einbringen und dadurch Potenzial wecken kann, das noch in deinem Unternehmen schlummert. Vielleicht kommt diese Person von einem Unternehmen, das etwas Ähnliches wie deine Firma macht oder eventuell sogar ein Mitbewerber ist. Aber auch Quereinsteiger in deine Branche tun sich manchmal leichter, für frischen Wind zu sorgen und neue Ideen einzubringen.

So jemand muss übrigens nicht sofort als Geschäftsführer beginnen, sondern könnte vorübergehend eine andere Aufgabe bei dir erfüllen, um dein Unternehmen von innen kennenzulernen. Dann, nach einer oft schon im Vorhinein definierten Übergangsfrist, kann er bzw. sie die geplante Funktion als Geschäftsführer übernehmen.

Diese stufenweise Regelung hat für alle Beteiligten den Vorteil, dass man sich besser kennenlernen und die Arbeitsweisen aufeinander abstimmen kann. Speziell für dich selbst ist dann die Übergabe deiner Funktion nicht so ein harter Schnitt.

Jemand aus dem Team

Die zweite grundlegende Variante dockt an dieser schrittweisen Lösung an, denn natürlich könnte auch jemand aus dem bereits bestehenden Team die

Geschäftsführertätigkeit von dir übernehmen. In dem Fall bekommst du zwar keine neuen Sichtweisen von außen, dafür kennst du die betreffende Person mit allen ihren Stärken und Potenzialen sehr gut und weißt, was du erwarten darfst. Dies ist die mehrheitlich risikofreiere Option. Vor- und Nachteile gibt es in beiden Varianten.

Wenn es (was sehr wahrscheinlich ist) einer der Bereichsleiter sein sollte, dann hast du zudem den Vorteil, dass diese Person ihre Führungsfähigkeiten schon unter Beweis gestellt und gefestigt hat. Viele Unternehmer, die sich in Phase 5 befinden und ihre gewonnene Zeit nutzen, um neue Unternehmen aufzubauen, machen das oft von dem richtigen zukünftigen Geschäftsführer abhängig. Sie wissen somit bereits bei der Gründung des neuen Unternehmens bzw. zu dem Zeitpunkt, da sie eine bestehende Firma übernehmen, um diese auszubauen, ganz genau, wer in Zukunft die Geschäftsführung übernehmen wird.

Diese Vorgehensweise – sich zuerst für die geeignete Person zu entscheiden, bevor man ein Unternehmen gründet oder kauft – beweist, wie wichtig und entscheidend die Wahl der passenden Person für die Position des Geschäftsführers ist.

Beteiligung am Unternehmen

Auch zu Entlohnung von Führungskräften gibt es tonnenweise Fachliteratur. Ich möchte hier nur kurz auf den Punkt der Unternehmensbeteiligung eingehen. Worüber du an dieser Stelle ernsthaft nachdenken solltest, ist die Frage, ob du deinem Geschäftsführer Unternehmensanteile abgeben willst.

Diese müsste er sich natürlich schrittweise verdienen, indem er über einen gewissen Zeitraum hinweg gute Leistungen erbringt. Du könntest ihm diese aber auch zum Kauf anbieten. Wenn dein neuer Geschäftsführer bereit ist, Geld in dein Unternehmen zu investieren, dann verstärkt das ganz sicher die Bindung und seine Motivation. Damit demonstriert er seinen Glauben an den zukünftigen Erfolg des Unternehmens.

Mit einer solchen Beteiligung finanzierst du im Übrigen, aus Sicht der Liquidität betrachtet, auch einen Teil der Bezahlung des Geschäftsführers selbst, da du ja finanzielle Mittel für die Unternehmensanteile erhältst. Nebenbei erwähnt ist es sehr verbreitet, dass die Bezahlung des Geschäftsführers zu einem größeren Teil in Form von variablen, erfolgsabhängigen Gehaltsbestandteilen erfolgt.

Transferaufgabe #2 – Kündigen

Wenn dein Geschäftsführer an Bord ist und fest im Sattel sitzt und du ihm alle deine Aufgaben übergeben hast (von den paar großen und strategischen, die du als Unternehmer immer behalten wirst, einmal abgesehen), dann hast du eigentlich in deinem Unternehmen nichts mehr zu tun.

Und wenn du nichts mehr zu tun hast – warum sollte dich das Unternehmen dann weiterhin beschäftigen? Natürlich wird dich deine Firma nicht hinauswerfen ... wobei auch das in besonderen Fällen schon mal vorkommen soll (man erinnere sich nur an den Werdegang von Steve Jobs bei Apple).

Konsequenterweise musst du jetzt deinen Job im Unternehmen kündigen. Statt wie bisher Gehalt zu beziehen, ist deine einzige Einnahmequelle aus dem Unternehmen ab nun jener Anteil am Gewinn, der dir aufgrund deiner Unternehmensbeteiligung zusteht.

Das ist nur ein winziger Schritt für die Menschheit, aber ein riesiger Sprung für dich und dein Unternehmen. Mit diesem kleinen, formalen Schritt wirst du zum echten, zum astreinen Unternehmer. Erstmals seit der Gründung deines Unternehmens hast du nun ganz offiziell keine operativen Tätigkeiten mehr. Du bist mit einem Mal offiziell arbeitslos.

Damit du jedoch nicht in ein tiefes Motivationsloch fällst und dem Unternehmen, insbesondere deinem Geschäftsführer, auf die Nerven gehst, weil du dich aus purer Langeweile immer noch ins Tagesgeschäft einmischst, brauchst du einen Plan für deine Zukunft. Diesen besprechen wir in der nächsten Transferaufgabe.

Transferaufgabe #3 – Herausfinden, wohin deine Reise geht

Jetzt hast du viel Zeit und hoffentlich auch ausreichend Geld. Idealerweise hat dein Unternehmen in den letzten Jahren Gewinne abgeworfen und macht diese weiterhin, sodass du von diesen Einkünften sehr gut leben kannst.

Die Frage, die sich dir nun stellt, lautet: Wie geht es weiter? Was willst du mit deiner Zeit anfangen?

Aus meiner Erfahrung gibt es an diesem Punkt deiner Reise folgende Szenarien für dich:

Szenario #1 – Unternehmer bleiben

Du kannst einfach Unternehmer bleiben und das von dir aufgebaute Unternehmen behalten. Du unterstützt die Geschäftsführung weiterhin in strategischen Angelegenheiten und stellst gemeinsam mit dem Unternehmen die großen, wichtigen Weichen.

Die Einnahmen aus den laufenden Gewinnen nutzt du, um davon zu leben und, so wie jeder andere auch, einen Teil davon zu sparen bzw. zu investieren. Ansonsten gehst du deinen Hobbys nach, verbringst viel Zeit mit deiner Familie und machst dir ein möglichst schönes und angenehmes Leben.

Dieses Szenario sieht zwar auf den ersten Blick ein wenig wie das Schlaraffenland aus, hat aber bei genauerer Betrachtung durchaus ein paar Schwächen und Fallstricke eingebaut.

Die echten Unternehmer, die ich kenne, würden das schlichtweg nicht aushalten. Das Tempo im eigenen Leben von 150 auf 15 zu reduzieren ist unglaublich schwierig. Tempo 15 ist nur etwas für Menschen, die 150 niemals erlebt und genossen haben.

Ehrlicherweise wäre es schade, so viel unternehmerisches Talent und Know-how auf diese Art und Weise zu verschwenden. Aber das ist natürlich nur meine bescheidene persönliche Sichtweise, weil ich weiß, dass das keinesfalls ein Szenario wäre, das ich selbst leben möchte. Die Entscheidung liegt nur bei dir allein. Abgesehen von persönlichen Befindlichkeiten gibt es in diesem Szenario aber auch eine finanzielle Seite der Betrachtung. Mit deiner Kündigung steht dir mit einem Mal weniger Einkommen zur Verfügung als vorher, denn du beziehst ab nun kein Geschäftsführergehalt mehr. Wenn die Gewinne so hoch sind, dass sie deinen Lebensstil und deine Altersvorsorge locker finanzieren, ist alles in Ordnung.

Natürlich wird es bei deinem Unternehmen in Zukunft sowohl bessere als auch schlechtere Zeiten geben, was dein Einkommen mehr oder weniger stark schwanken lassen wird. In Jahren ohne Gewinne wirst du daher keinerlei Einkünfte beziehen können. Falls dieser Gedanke im Hinblick auf dein Unternehmen ein wichtiger und relevanter ist, könntest du über Szenario #2 nachdenken.

Szenario #2 – Dein Unternehmen verkaufen

So, wie dein Unternehmen jetzt dasteht, ist es gut verkaufbar. Eine bestimmte Art von Investoren kauft lieber Unternehmen in einem fortgeschritteneren Stadium, denn in frühen Phasen gibt es viel zu viel zu tun, noch viel aufzubauen und damit einhergehend eine hohe Unsicherheit. Investoren kaufen am liebsten Unternehmen, die ohne ihr Zutun wie ein Uhrwerk funktionieren und regelmäßig Geld produzieren, aber gleichzeitig noch Potenzial haben, weiter zu wachsen. Wenn du dein Unternehmen jetzt verkaufst, kannst du bei gutem Wind dafür ggf. einen sehr guten Preis erzielen. Dieser Verkaufserlös kann für dich interessanter sein als die Gewinnausschüttungen, selbst wenn diese im optimalen Fall sehr regelmäßig kommen. Lass uns dazu eine kurze Rechnung anstellen. Angenommen, dein Unternehmen wirft 200.000 € Gewinn pro Jahr ab und gehört dir zu 100 %. Mit 200.000 € pro Jahr (selbstverständlich müssen davon noch Steuern etc. abgezogen werden) lässt es sich heute zwar nicht im Luxus, aber immerhin doch sehr gut leben. Vielleicht schaffst du es, davon 20 %, d. h. 40.000 €, pro Jahr auf die Seite zu legen und zu investieren, in Immobilen etwa. Investment-Profis werden sicherlich noch andere, ähnlich attraktive Investmentmöglichkeiten kennen. Für eine Beispielrechnung bleibe ich allerdings bei Immobilien, da ich mich damit aus eigener Erfahrung sehr gut auskenne.

Immobilen sind – gewusst wie – ein Investment, das meist weniger Risiko mit sich bringt als das Investment in Unternehmen. Die Einnahmen fließen vielleicht in etwas niedrigerem Ausmaß, aber dafür beständig. Das gilt, um genauer zu sein, für das Kaufen und Vermieten von Immobilien. Es gibt noch andere Geschäftsmodelle im Immobilienbereich (z. B. Immobilienhandel), die mehr Risiko, dafür aber auch höhere Erträge bereithalten.

Wie im Abschnitt über Passiveinkommen erwähnt, eignen sich Immobilien aber nicht so sehr (bzw. nur sehr langfristig) zum Aufbau von passiven Einkommensströmen. Wenn du 40.000 € pro Jahr in Mietimmobilien investierst, dann hast du bei einer Mietrendite von 5 % (eine Mischung von Wohnimmobilien und Gewerbe angenommen) ein passives Einkommen von 2.000 € pro Jahr. Das macht für dich kurzfristig keinen Unterschied; langfristig jedoch summieren sich diese Kleinbeträge zu interessanten monatlichen Summen.

Exkurs: Unternehmensbewertung

Wenn du dein Unternehmen allerdings verkaufst, könnest du z. B. einen Verkaufserlös von 2.000.000 € erzielen. Das ist eine reine Annahme auf Basis einer attraktiven Rendite.

Diese wäre bei 200.000 € Gewinn dann 10 % vor Steuern. Du kannst natürlich auch andere Zahlen verwenden. Unternehmensbewertung ist eine komplexe Sache, wie ich aus eigener Erfahrung weiß. Ich selbst habe zwei meiner Unternehmen verkauft, allerdings eines in der relativ frühen Phase 3 und ein anderes in Phase 4.

Bei der Bewertung eines Unternehmens spielen viele Einflussfaktoren – nicht zuletzt der richtige Käufer – eine Rolle. Dennoch möchte ich hier eine wichtige Grundlage erörtern. Der Wert deines Unternehmens steigt, wenn du an deinem Unternehmen arbeitest und es zu einem gut funktionierenden Gesamtsystem entwickelst, dessen Erfolg idealerweise nicht von einzelnen Mitarbeitern abhängt und schon gar nicht von dir. Je unabhängiger dein Unternehmen, so betrachtet, ist, desto wertvoller ist es für potenzielle Käufer. Allerdings – und das ist wichtig! – steigt dieser Wert nicht linear, sondern exponentiell an.Auch dieser Anstieg ist, wie in der Grafik gezeigt, keine feste Größe, sondern soll dir nur eine Idee von einer Größenordnung geben. Doch warum steigt der Wert in den höheren Phasen so stark an?

Üblicherweise ist der operative Gewinn, den ein Unternehmen erzielt, eine wichtige Grundlage für dessen Bewertung. Bei börsennotierten Unternehmen wird der Wert auf einen Preis pro Aktie heruntergebrochen und ist als Kurs sichtbar. Doch wann ist eine Aktie billig und wann teuer? Dafür wird das Kurs-Gewinn-Verhältnis (KGV) als Kennzahl herangezogen. Es sagt aus, zum Wievielfachen des Gewinns eine Aktie gehandelt und damit das Unternehmen bewertet wird.

Jetzt hast du wahrscheinlich (noch) keine börsennotierte Gesellschaft. Trotzdem hat diese Kennzahl eine wesentliche Auswirkung für deine Unternehmensbewertung. Das KGV, das als Kaufpreis für dein Unternehmen möglicherweise akzeptiert wird, steigt nämlich in den höheren Phasen deiner Unternehmensentwicklung stark an. Man könnte sagen, die Formel für den Wert bzw. Kaufpreis deines Unternehmens lautet:

Jahresgewinn x Hebel = Preis

Damit entwickelt sich der Preis sehr dynamisch nach oben, selbst wenn der Gewinn gleich bleiben oder nur linear steigen würde. Der Hebel (blauer Balken in der Grafik) steigt exponentiell.

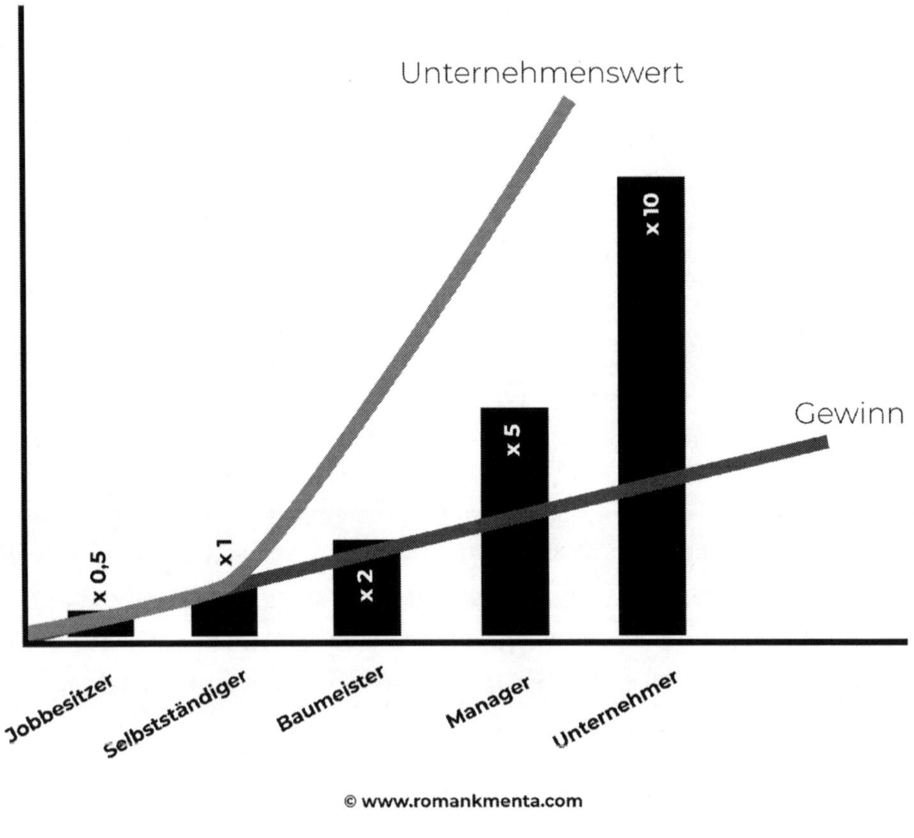

Dein großer Zahltag

Wie du siehst, kann es also deinen großen Zahltag bedeuten, wenn du dein Unternehmen bis hin zur Phase 5 entwickelt hast und dann verkaufst.

Das ist die Möglichkeit, all deine Arbeit, die du vielleicht über Jahre hinweg hineingesteckt und somit Wert aufgebaut hast, bezahlt zu bekommen. Um bei unserem Beispiel zu bleiben, hättest du dann einen stattlichen Betrag von 2 Millionen Euro zur Verfügung. Natürlich wird der Finanzminister davon seinen Anteil haben wollen. Daher ist es wichtig, solche Szenarien sehr frühzeitig, d. h. nicht erst dann, wenn du in Phase 5 angelangt bist, mit Unterstützung von Profis durchzudenken. Die Wahl der Rechtsform könnte dabei eine wichtige Rolle spielen.

Wenn du 2.000.000 € in Immobilien investierst, ist das ein anderes Spiel. Mit solchen Beträgen kommst du an attraktive Investments heran, die mit 40.000 € pro Jahr noch außer Reichweite sind. Die Rendite wird dadurch höher. Lass uns annehmen, sie steigt von 5 % auf 7 %. Mit 7 % Rendite hättest du dann ein laufendes Einkommen von 140.000 € pro Jahr. Bei dieser Betrachtung ist die Möglichkeit, zusätzlich Fremdkapital (z. B. in Kreditform) einzusetzen und auf diese Weise deine Investitionen zu hebeln und noch profitabler zu machen, noch gar nicht eingeflossen. Der Betrag mag zwar kleiner als die Gewinnausschüttung deines Unternehmens in Szenario #1 sein, allerdings handelt es sich um ein hochgradig passives Einkommen mit geringer Schwankungs- oder Verlustgefahr. Hinzu kommen noch etwaige Wertsteigerungen von Immobilien, die in machen Lagen in den letzten Jahren und Jahrzehnten höher waren als die Mietrenditen. Und seien wir ehrlich: Auch von 140.000 € lässt es sich gut leben.

Die Entscheidung, ob du dein Unternehmen verkaufst oder behältst, ist demzufolge auch eine Frage der Risikoeinschätzung. Wenn es gerade besonders gut läuft, könnte es ein guter Zeitpunkt sein, um zu verkaufen.

Ebenso, wenn du dich von den strategischen Aufgaben, die du als Unternehmer immer noch hast, zur Gänze lösen möchtest. Als Immobilieninvestor mit einem konservativen, gut verteilten Portfolio von 2 Millionen Euro lebst du geschäftlich in den meisten Fällen sehr viel ruhiger denn als Unternehmer und 100%iger Eigentümer einer Firma. Wenn du für dein Unternehmen einen höheren Verkaufserlös erzielst, macht dieses Szenario natürlich noch mehr Spaß. In diesem Szenario könntest du, wie in Szenario #1, ein beschauliches oder abwechslungsreiches Leben führen und deine Zeit mit deiner Familie und deinen Hobbys verbringen.

Da dieses Szenario aber, wie vorhin erwähnt, für viele Unternehmer gar nicht so attraktiv ist, sehen wir uns noch eine dritte mögliche Zukunft an.

Szenario #3 – Serienunternehmer werden

Ein spannender Weg, den du an dieser Stelle einschlagen könntest, ist jener, weitere Unternehmen zu gründen bzw. zu übernehmen und Multi- bzw. Serienunternehmer zu werden. Die Entscheidung ist im Prinzip unabhängig davon, ob du dein Unternehmen und deine Aufgaben als Unternehmer dort behältst oder ob du es verkaufst und das Geld in neue Unternehmen investierst.

Dieser Weg würde natürlich insofern sehr viel Sinn machen, als du in deiner Entwicklung beim Durchlaufen der verschiedenen Phasen umfassende Erfahrung gesammelt und ein fundiertes, praktisches Know-how aufgebaut hast. Es wäre schade, diese Ressourcen nicht dafür zu nutzen, um damit weitere Unternehmen aufzubauen. Das musst du natürlich nicht allein machen. Wie schon erwähnt, kannst du dir gleich zu Beginn des Prozesses jemanden suchen, der das Unternehmen gemeinsam mit dir aufbaut und später die Geschäftsführerfunktion übernimmt. Das hat den Vorteil, dass mehr Zeit und ggf. auch mehr Know-how zur Verfügung steht und du beim Aufbau schneller vorankommen kannst. Deine Erfahrungen mit deinem ersten bzw. vorangegangenen Unternehmen werden dazu führen, dass du so manche Hürde leichter und schneller meisterst. Gleichzeitig werden neue, bis dato unbekannte Hürden auftauchen, die du zuvor noch nie überwinden musstest. Ohne die genauen Zahlen zu kennen, würde ich behaupten, dass viele Unternehmer Szenario #3 wählen. Sie haben Blut geleckt.

Der Aufbau bzw. das Betreiben von Unternehmen ist zu ihrer Passion geworden. Oftmals haben sie sich weitgehend vom Inhalt des Unternehmens gelöst. Es geht ihnen um das Unternehmen selbst. Für den Inhalt und das fachliche Know-how gibt es Mitarbeiter und Spezialisten. Als echter Unternehmer bist du in diesen Details oft gar nicht mehr zu Hause. Deine Aufgabe ist es, Strukturen und Systeme aufzubauen und diese mit den richtigen Mitarbeitern zu besetzen und zum Laufen zu bringen.

In vielen Fällen zeigt sich, dass sich Serienunternehmer in Bereichen und Branchen oder auf Technologien oder Vertriebskanäle „spezialisieren“. Das dürfte damit zu tun haben, dass sie in den jeweiligen Bereichen bereits erfolgreich als Unternehmer tätig sind bzw. waren und auf diese Weise funktionierende System einfach übernehmen und duplizieren können. Natürlich spielen hier auch persönliche Interessen eine Rolle. Der eine brennt für alles, was online ist, die andere findet den direkten Kontakt zu Menschen interessant, und den Dritten zieht es zu Geschäftsmodellen, bei denen sich Fremdkapital besonders gut als Hebel einsetzen lässt (wie etwa bei Immobilien). Du merkst, es gibt innerhalb dieses Szenarios zahlreiche Möglichkeiten. Letztlich musst du selbst den Weg finden, der für dich passt. Eine wichtige Regel gibt es dafür allerdings.

Ein Fehler, den etliche Unternehmer (teilweise sogar in frühen Phasen) machen, ist der, dass sie zu viel gleichzeitig machen. In Phase 5 bedeutet das für dich, dass es ratsam ist, immer nur ein Projekt anzupacken. Wenn du versuchst, mehrere Unternehmen gleichzeitig aufzubauen, verteilst du deine Ressourcen auf zu viele Projekte und nimmst dir damit selbst die Kraft, die es braucht, um das nächste Unternehmen erfolgreich aufzubauen. Sehr weit fortgeschrittene Serienunternehmer, die zum Teil schon mehr Investor als Unternehmer sind, bauen mehrere Unternehmen gleichzeitig auf. Allerdings haben diese gänzlich andere Ressourcen zur Verfügung, viel mehr Geld und ein Team von Spezialisten in verschiedenen Bereichen, die übergreifend mehreren oder allen Projekten des Unternehmers zur Verfügung stehen.

Die Zukunft ist das, was du daraus machst

Kann es noch mehr als diese drei genannten Szenarien geben? Ja, ich bin überzeugt, wir würden weitere Varianten finden. Einen Börsengang mit deinem Unternehmen in Phase 5 anzustreben ist zwar ein sehr großes, aber kein unmögliches Ziel.

Doch darum geht es mir bei den Szenarien gar nicht. Ich wollte vor allem mit der meiner Meinung nach sehr festgefahrenen Sichtweise brechen, dass man ein Unternehmen aufbaut und dann betreibt, bis es in Konkurs oder man selbst in Rente geht. Das muss definitiv nicht so sein. Es gibt, wie man sieht, eine Menge andere und aus meiner Sicht auch deutlich spannendere Möglichkeiten.

Wie deine Zukunft nach Phase 5 aussieht, bestimmst du selbst. Du musst diese Entscheidung noch nicht treffen, solange du dich noch in einer frühen Phase befindest. Aber es ist zumindest sehr ratsam, sich damit zu beschäftigen und sich Gedanken über die Möglichkeiten zu machen.

Gerade jetzt, da ich dieses Buch schreibe, denke ich selbst über genau diese Themen nach, soweit es mein eigenes Geschäft betrifft. Ich habe noch keine finale Entscheidung getroffen, aber ich merke, dass es Varianten gibt, die mir spannender erscheinen, während andere für mich weniger spannend sind.

So könnte ich es mir (selbst bei ausreichenden finanziellen Mitteln) nur sehr schwer bis gar nicht vorstellen, mich gänzlich zurückzuziehen und künftig nur mehr zu privatisieren. Das entspricht nicht meinem Naturell.

Ich bin vielmehr überzeugt, dass ich – eine gute Gesundheit vorausgesetzt – selbst jenseits der 70 immer noch Unternehmer sein, neue Unternehmen gründen und andere wieder verkaufen werde. Für mich gibt es einfach nichts, das spannender und erfüllender wäre. Aber das ist nur meine Sicht der Welt.

10 Jahre später

Karl steht vor dem Fenster seines Büros und genießt den Ausblick auf die Stadt. Vor 5 Minuten hat er mit einem Kunden telefoniert, dem allerersten, den er vor 10 Jahren gewinnen konnte. Es war ein sehr kleiner, aber für ihn damals – nach einer längeren Durststrecke – extrem wichtiger Auftrag gewesen.

Vieles hat sich inzwischen verändert, vieles ist geschehen. Karl hat mehrere Unternehmen aufgebaut, ein paar inzwischen wieder verkauft. An manchen ist er nur beteiligt. Drei, die ihm zu 100 % gehören, betreibt er im Moment selbst. Für zwei hat er schon Geschäftsführer eingesetzt. Im dritten übt er diese Funktion zwar noch immer selbst aus, ist aber gerade auf der Suche nach der passenden Person.

Dieser erste Kunde ist ihm interessanterweise über all die Jahre hinweg treu geblieben. Er kauft nicht nur bei einem von Karls Unternehmen, sondern ist im Laufe der Jahre bei mehreren seiner Firmen Kunde geworden bzw. gewesen.

Das Telefonat hat eine Lawine von Erinnerungen bei ihm ausgelöst. Erinnerungen an die Anfänge seiner Selbstständigkeit. Aus heutiger Sicht ist es kaum mehr nachvollziehbar, wie wenig er damals davon wusste, was es heißt, Unternehmer zu sein.

Mit seinem heutigen Wissen wäre es unendlich viel leichter gewesen, Fuß zu fassen und erfolgreich zu sein. Ein neues Unternehmen zu gründen und aufzubauen bzw. ein bestehendes zu übernehmen und besser zu machen, das sind immer noch herausfordernde Tätigkeiten. Nach wie vor kann es passieren, dass etwas nicht so läuft wie geplant, und manchmal ist das auch so.

Doch im Unterschied zu früher hat Karl jetzt einen genauen Plan für jedes neues Projekt. Er weiß, wo er damit hinwill, und in den meisten Fällen hat er bereits zu Beginn jemanden, der ihn auf dem Weg begleiten und später die Geschäftsführung übernehmen kann.

Er hat gelernt, dass Systeme entscheidend für den Erfolg eines Unternehmens sind. Gleichzeitig braucht es die richtigen Personen, vor allem die richtige Führung (weil diese ja die anderen Personen auswählt), um die Systeme mit Leben zu füllen und erfolgreich zum Laufen zu bringen.

Wohin wird ihn sein Weg wohl noch führen? Eines seiner größeren Ziele ist es, eines seiner Unternehmen an die Börse zu bringen und damit richtig groß zu werden. Nicht, weil er das Geld bräuchte. Finanziell hat er inzwischen längst ausgesorgt.

Und wenn er ehrlich ist, dann geht es ihm gar nicht so sehr darum, dieses Ziel zu erreichen. Er hat Gefallen daran gefunden, den Weg zu gehen, der ihn zum Ziel führt. Der Moment der Zielerreichung, so toll dieses Gefühl auch immer wieder sein mag, ist schließlich nur ein Moment.

Der Weg dahin heißt Leben.

NACHWORT

Offenbar hast du das Buch bis zum Ende gelesen (vorausgesetzt, du hast nicht geschummelt und nach hinten geblättert, was ich dir jedoch nicht unterstelle). Das freut mich als Autor natürlich sehr. Wahrscheinlich hast du es in einem durchgelesen und nicht mit dem nächsten Abschnitt gewartet, bis du alle Veränderungen in dir und in deinem Unternehmen auch tatsächlich umgesetzt hast. Das hat den Vorteil, dass du nun weißt, wohin deine Reise gehen kann, selbst wenn du vielleicht noch am Anfang oder in der Mitte des Weges bist.

Doch viel spannender – und für dich und dein Unternehmen natürlich auch viel entscheidender – ist die Antwort auf die Frage, wie weit du mit der Entwicklung deines Unternehmens vorangekommen bist bzw. wie weit du gehen willst.

Was ist dein Ziel? In Phase 1 oder 2 bleiben? Oder vielleicht doch die Entwicklung bis Phase 5 vorantreiben? Egal, was es ist, nichts davon ist in Stein gemeißelt. Es könnte durchaus sein, dass die Phasen 4 oder 5 für dich fast undenkbar sind, wenn du dich derzeit noch in Phase 1 befindest. Aber glaube mir: Wenn du erst einmal Phase 3 erreicht hast, kann das ganz anders aussehen.

Was immer dein Ziel ist und dein Weg mit sich bringt, ich wünsche dir sehr viel Erfolg dabei.

Ich freue mich übrigens, mit dir über dieses Buch hinaus in Kontakt zu kommen bzw. zu bleiben. Praktische Erfahrungen von Unternehmern beim Aufbau ihres Unternehmens finde ich viel spannender als die meisten Thriller.

Lass mich also wissen, wie es dir mit und bei der Entwicklung deines Unternehmens geht. Was von den Inhalten dieses Buches kannst du gut anwenden und umsetzen? Was waren die entscheidenden Impulse in dem

Buch für dich? Was fällt dir schwer oder passt gar nicht zu deiner Art von Geschäft? Welche zusätzlichen Erfahrungen hast du gemacht, die sich im Buch nicht wiederfinden?

Ich bin immer auf der Suche nach Geschichten, Informationen und Impulsen von Menschen, die sich mit denselben Dingen beschäftigen wie ich. Schicke mir dazu eine Mail an service@romankmenta.com oder hinterlasse mir eine Nachricht auf einer der vielen Plattformen in den sozialen Medien, auf denen ich vertreten bin. Und wenn du schon mal da bist, verlinke dich dort mit mir ... wer weiß, wozu es noch gut ist. Kontakte schaden ja bekanntlich nur denjenigen, die sie nicht haben.

Dein

ÜBER DEN AUTOR

Marketing- und Preisexperte Roman Kmenta ist seit mehr als 30 Jahren als Unternehmer, Keynote Speaker und Bestsellerautor international tätig. Der Betriebswirt und Serienunternehmer stellt seine langjährige internationale Marketing- und Verkaufserfahrung im B2B- wie auch im B2C-Bereich heute über 100 der Top-Unternehmen sowie vielen Kleinunternehmen und Einzelunternehmern in Deutschland, der Schweiz und Österreich zur Verfügung.

Mehr als 25.000 Menschen lesen wöchentlich seinen Blog bzw. hören seinen Podcast. Mit seinen Vorträgen gibt er Verkäufern, Führungskräften und Unternehmern Denkanstöße zum Thema „profitables Wachstum" und setzt bei seinen Zuhörern und Lesern Impulse in Richtung eines wertorientierten Verkaufs- und Marketingansatzes.

www.romankmenta.com

Foto: Matern, Wien

Hier bestellen >> https://amzn.to/2xp8DeP

Als Amazon-Partner verdiene ich an qualifizierten Verkäufen.

„In diesem Buch findet man nicht nur die allgemeingültigen Erklärungen über den USP, sondern in weiterer Folge auch zahlreiche Beispiele aus der Praxis, die man für seinen jeweiligen Geschäftsfall sofort adaptieren kann. Das Buch richtet sich nicht nur an pure USP-Rookies, sondern auch an jene, die schon begonnen haben, darüber nachzudenken, und weitere Impulse suchen. Obwohl ich mich nicht erst seit gestern mit USP beschäftige, habe ich wertvolle Anregungen erhalten. Sehr empfehlenswert."

Leopold Pokorny, ECDL-Projektleiter

www.elege.online / www.mentor.at

„Positionierung und USP sind oft die Achillesferse von Selbstständigen und Verkäufern. Roman Kmenta gibt sehr praxisnahe Schritt-für-Schritt-Anleitungen zur Umsetzung. Er verschweigt nicht, dass Positionierung und USP oft kreative Prozesse sind, die auch mal etwas dauern können. Zur Hilfe gibt er mehr als 500 USPs aus der Praxis, um diesen Prozess für jedermann kreativ, sicher und einfach zu machen!"

Mario Büsdorf, Business Profiler

www.mario-buesdorf.de

Hier bestellen >> https://amzn.to/2VVfbLJ

Als Amazon-Partner verdiene ich an qualifizierten Verkäufen.

„Das schlechte Gefühl, wenn der Kunde den Preis hinterfragt und sagt: ‚Zu teuer', kenn ich zu gut. Erstmals dann: sprachlos. Gut, wenn man da eine Handlungsanleitung oder besser noch jede Menge fix und fertige Sätze hat. Wie immer bei Roman Kmenta 100 % praxisrelevant und sofort anwendbar. Ich hab's probiert – es macht einfach ein gutes Gefühl im Gespräch, die Antworten im Kopf zu haben. Sprachlos war gestern!"

Maria Husch, Die Raumexpertin

www.mariahusch.com

„Wirklich Klasse! – Roman Kmenta ist ein wahrer Experte für alles rund um den Preis! Wer sich unsicher ist beim Preise Festsetzen und welchen Preis bin ich wert, dem hilft sein E-Book ganz bestimmt!"

René Klampfer, Geschäftsführer Skillswerk

www.skillswerk.at

Hier bestellen >> https://amzn.to/2I6gRjW

Als Amazon-Partner verdiene ich an qualifizierten Verkäufen.

„Endlich sagt mir mal jemand aus seinem berufenen Munde – populärwissenschaftlich fundiert und gut zu lesen und zu verdauen –, was beim Thema ‚seinen Preis wert sein' wirklich Sache ist. Ansprechendes Cover, flott geschrieben, inhaltsstark. So darf's ja sein. Lesen!"

Jon Christoph Berndt

Geschäftsführer Brandamazing Managementberatung

www.brandamazing.com

„Roman Kmenta versteht es in seinem Buch ‚Nicht um jeden Preis', den Leser mitzunehmen. Er schreibt flüssig und unterhaltsam, ohne in endlose Fachtermini zu verfallen. Das Buch ist für jeden Unternehmer, Vertriebler oder Freiberufler, der seine Gewinne steigern möchte, ein absolutes Muss."

Marc Heemskerk, Sales Expert

Printed in Germany
by Amazon Distribution
GmbH, Leipzig

28059173R00165